數位
民主治理
主權、創新與社會發展的公共反思

作者／陳敦源、張濱璿、廖洲棚、黃心怡、王千文

助理編輯／陳郁函

五南圖書出版公司 印行

推薦序

唐鳳

數位浪潮正席捲全球，各國無不積極推動轉型，以期提升治理效能，回應人民對更優質公共服務的期待。本書《數位民主治理：主權、創新與社會發展的公共反思》在此關鍵時刻，為我們勾勒出一幅深入探索數位時代治理挑戰與機遇的思想藍圖。

作者們憑藉深厚的學術素養和對臺灣社會的深刻洞察，從公民主權、權利保障、政府治理、智慧創新與社會發展等五個面向，全面剖析了數位技術對民主治理所帶來的衝擊與變革，並深入探討了數位時代中的人文關懷與社會價值。

畢竟，在面對不確定且複雜的挑戰時，唯有善用集體智慧與公民協力，方能實現更具創造力與應變能力的公共治理。因此，數位轉型不僅僅是技術的升級，更是一場深刻的社會變革，必須奠基在開放、合作與共創的基礎上進行。

作為一部兼具理論深度與實務洞見的行動指南，本書透過豐富的案例分析，以及國際經驗的借鑑，為政府、企業與公民社會提供了數位轉型的具體策略及可行路徑。

我誠摯推薦這本《數位民主治理》給所有關心數位發展的讀者。讓我們攜手並進，在數位浪潮中共同守護民主價值，開展無限未來。

推薦序

廖達琪

財團法人臺灣民主基金會執行長

中山大學政治所榮譽教授

曾有一位外國朋友問起：想想人類一千年前怎麼處罰犯罪的人？大部分回應是：關監牢。他又問：千年前的主要交通工具為何？答案很一致：馬車或步行。他再拋問：千年後的當下，怎麼處罰犯罪的人？回：主要還是關監牢呀。那麼現在使用的交通工具呢？汽車、飛機都不夠看了，一般人乘火箭去太空都在進行中！這一段對話常繞我心，隨時提醒：科技進步一日千里，呈線性成長；但人文社會制度卻常原地踏步，似呈迴路狀態。

如果再拉大到政治制度的設計面，對比於今日數位科技當道的AI、元宇宙、區塊鏈、量子電腦等，感慨豈止是萬千！因為當下民主政治制度的標配——行政、立法、司法的三權區分，遠在兩千多年前就被希臘先哲亞里斯多德所提出，而後來在民主體制中被置入的官僚體系，在東西文明中更有數千年的歷史！當存活逾千年的政治制度，遭遇靈活多變、非人非物、虛實穿梭、又去中心的當代資訊技術，會擦出什麼火花？千年變化並不大的政治制度能駕馭日新月異的數位科技嗎？

答「不能」很容易，但也關閉所有學習、開創及努力的空間；陳敦源、張濱璿、廖洲棚、黃心怡、王文千等做了不一樣的選擇，以集體協力方式，將數位科技目前發展出的各項技術工具，如AI、元宇宙、區塊鏈及量子計算等，融入民主治理中，企圖回到民主的根本，以民為主，培育推廣「知情」（informed）的公民，並在政府端，導入開放創新等概念及作為，鼓勵公民、企業社會等利害關

係人，利用數位工具參與政策過程的倡議、形成及評估等。作者們還特別用心鼓勵企業做數位轉型（如與政府協力做資料治理），並能建構社會共享價值（如以服務消費者需求爲鵠的，不純以營利爲目標），擴大數位民主治理的共融圈。這一企圖將數位科技納爲政府行政端落實民主治理工具的努力，以及前無古人的寫成第一本教科書，實值得大大鼓勵。

本書除了欲將數位科技降伏於民主治理的企圖心可嘉外，其展現的跨域（疆或界）能力，亦值得推薦佩服。猶記數年前，筆者在中山大學負責高中生人文社會科學訓練營，最後一天的結訓晚會，由同學們分組創意表演，有一組演出屈原和灰姑娘辛德瑞拉（Cinderella）的愛情故事；筆者當場聽得瞠目結舌，怕也是終身難忘！因爲他們太犯規跨界了，地理上東和西且不說，時間上或有很大落差吧？！更詭異的是實境跟虛擬的搭配；不過，元宇宙來了，什麼都似可能，當初的跨域創意，當下似接近數位世界中的日常！

政府治理、學校教育面對愈來愈多的數位原住民（大約 1990 年代以後出生的，從小接觸數位工具），跨域的思考、設計、溝通成爲必要。而本書的基本組成，就跨了數位及民主治理兩個基本學術領域，寫作的作者則含納公共行政、法律及商業管理；不僅於此，本書「上窮碧落下黃泉」，高思在雲的憲政哲學要引入，民主治理的轉型策略思路要介紹，規範性治理目標要言明，這些都還在「碧落」上呀！下「黃泉」的是數位治理的法律實務及具體案例，且多跨疆界地取經歐盟、參酌美國、詳介愛沙尼亞等；讀來甚爲豐盛，也難怪作者群設定的讀者群不僅是公務人員、大學生，研究所亦可納爲教材。本書確實開放很多問題點，值得讀者細讀、反思、質疑及辯難。

　　就個人而言，作為比較政治學門多年教學者及經驗政治研究者，讀本書的小小遺憾有兩個：第一是數位民主治理似較限於行政部門的視角，但在民主體制中立法部門更不可忽略。本書重視數位公民主權，強調數位人權的保障，提倡公民、企業與政府的協力，尤其在資料治理的層面；獨獨未涉及代表民意喉舌的立法部門，其資料的數位化及開放，並與行政等協力共治，應也是數位民主治理的一環，希冀未來有所補實。第二是如何提升數位信任，或社會信任？本書曾提到愛沙尼亞能發展 i-Voting 成功，並成為典範，關鍵是社會信任；臺灣的資訊技術不是問題，但缺乏社會信任，導致不僅電子投票不成，缺席投票及移轉投票等較基礎的權利保障，都尚未實行！本書雖多處強調數位民主治理中，「信任」的關鍵重要性，但如何建立發展或提升，則留了白。個人想像作者們或是蓄意將此難題留給臺灣的數位公民們眾包思考，來提解方！

　　最後，本書是前無古人之作，但盼後有來者，作者群丟了個不算小的石子到數位民主治理的大池中，相信漣漪重重，回應不斷！

推薦序

在數位變革中尋路：數位民主的重構與未來探索

戴豪君

世新大學法律學院專任專技副教授

前行政院研究發展考核委員會副主任委員

　　數位時代與 AI 的浪潮襲來，使得民主治理的傳統模式正面臨著前所未有的挑戰與機遇。很榮幸有機會搶先一睹國內首本探討數位民主治理之專書《數位民主治理——主權、創新與社會發展的公共反思》。個人有幸與本書作者們作為長期學術夥伴，深刻瞭解他們具深厚的學術背景與實務經驗，並且深入研究國際前瞻理論與案例探討，同時與政府部門公務同仁並肩參與實現政府數位轉型的各項工作。因此本書能從巨觀、中觀與微觀層次，提供全新視角來審視我國的數位治理模式，並探索未來在公民主權、權利保障、政府治理、智慧創新與社會發展之未來方向。

　　在數位公民主權與權利保障方面，如何確保數位民主的價值得以體現，需要良好的法令與政策機制的支持。例如面對言論自由的課題，從美國《通訊端正法》第 230 條之重大訴訟、歐盟《數位服務法》之實施與我國「數位中介服務法草案」引發眾聲喧嘩，顯示數位民主推動時所面對的困難與挑戰。本書從人民主權、數位民主困境，以及數位環境發展對人權的影響，並從新興社群媒體、元宇宙等，探討數位技術與民主人權的交匯的課題，本書提出關於資料治理、數位主權、隱私保護和跨國平臺治理之建議，深具參考價值。

　　數位政府治理與數位智慧創新將重新定義政府與公民之間的互動方式，AI 與演算法更是在公共政策中的應用影響巨大。例如，在 2021 年荷蘭因政府部門使用 SyRi 演算法進行排除冒領育兒津貼，

因決策具有偏見，引發社會重大爭議，荷蘭總理因而請辭。2024 年 8 月歐盟《人工智慧法》正式生效，其立法目的爲促進以人爲本、值得信賴的 AI 的應用，同時確保對健康、安全和歐盟權利憲章規定的基本權利，包括民主、法治和環境保護的高度保護。該法要求政府機關部署高風險 AI 系統時，應進行基本權利影響評估。同年 7 月我國國科會提出「人工智慧基本法草案」，規範政府推動 AI 之研發與應用，應在兼顧社會公益與數位平權之前提下，揭示隱私保護、透明可解釋、公平不歧視及問責等基本原則。本書因應國際 AI 治理趨勢，提出 AI、演算法對公共服務和政策制定的變革性影響，透過國際與我國的許多政府數位轉型經驗案例分析，爲讀者提供理論與實踐緊密結合的精彩篇章。

在全球數位化的背景，社會不平等、數位鴻溝及公民參與議題日益重要，本書透過數位涵容、公私協力、資料治理與公民科技等角度，描繪了數位社會發展的軌跡與關卡；同時提出具體的政策建議，以解決數位民主時代的社會挑戰。

《數位民主治理——主權、創新與社會發展的公共反思》不僅是探究數位民主治理，具有理論內涵與實務操作經驗的著作，更是數位智慧創新與數位政府治理等數位治理領域的重要參考文獻。誠摯推薦本書，相信爲讀者帶來具洞見的啓發並激發更多深入的思考。

作者序

資通科技能否引領民主治理走出自滿與失敗的泥沼？

陳敦源、張濱璿、廖洲棚、黃心怡、王千文

民主政治自己與自己競爭的時代已經結束？

過往數百年中，人類推動民主政治之路是起起伏伏的。近代歷史上，20世紀二次世界大戰之後，世界分爲民主主義與社會主義兩大陣營展開體制的競爭，在那個兩極的世界中，美國與蘇聯在國際政治、經濟、軍事、甚至運動與文化等各個層面進行全面競爭。其間雖有至1970年代的三波民主化世界性風潮，大約有三十年的時光，民主政

圖1 美國學者福山與他著名的專書《歷史終結與最後一人》
說明：福山宣告美國與蘇聯的制度競爭，美國爲首的民主陣營已勝出。
資料來源：維基百科。

治高居世界政體選擇的道德制高點，加上1990年代蘇聯垮臺之後，樂觀如學者福山（Francis Fukuyama, 1952-）曾說民主體制已得到最終勝利，美國這個在經濟與軍事上最強盛的民主國家，成爲一個全新單極世界中唯一的領導者；她在全球促銷民主制度（exporting democracy），一如推銷麥當勞、可口可樂與蘋果手機一像自然，民主只與自己競爭，沒有對手。

然而，進入20世紀末與21世紀初的這段時間，因爲不同因素民主國家發生倒退（backsliding）成爲威權獨裁體制的個案頻傳，比方說俄羅斯；更重要的，中國以威權國家治理之發展奇蹟強勢崛起後，有意或無意地挑戰民主資本主義政體在國家與社會治理上的效

能問題，成功激起西方世界對自家民主政體治理績效的反思；雖然這波新冷戰的治理競爭被美國學者戴雅門（Larry Diamond, 2020）稱之為「（民主）妖風」（Ill Winds）過境，不過，資通科技累積了數十年的知識資本，在 21 世紀的前二十年出現爆炸性的發展，不論是 2010 年的社群網站、大數據及物聯網，或是 2020 年的 AI、機器人及元宇宙，席捲人類生活的各個層面，前述「民主 vs. 非民主」陣營的政體治理競賽也無法倖免。

從政治學民主理論的角度來說，那個民主體制沒有強大對照組的年代，只要能滿足「程序性的要求」，包括定期選舉、開放的媒體、與多黨體制等條件就可加入俱樂部；不過，這新一波以國家治理成果上的比賽，追求的是「認知性的結果」，民主不能只有程序，也要關心國家治理的成果。已故政治經濟學大師林布隆（Charles E. Lindblom, 1965: 275）曾言，民主是「政黨相互調適」（partisan mutual adjustment）的機制，我們接不接受它的標準在於其結果是否能夠走向公共利益與大眾福利（public interest & general welfare）。因此，本書要處理的主要問題是：「這一波由資通科技所激起全面性的數位轉型壓力，對於陷入苦戰的民主政體來說，到底能否帶來民主治理品質的提升？還是讓其結果更加墮落？」

數位轉型為何不談民主就好，非得要牽扯治理呢？

從公共行政專業興起的 19 世紀末與 20 世紀初來看，剛好是美國政府從殖民地維持現狀為主，轉變成為二戰後主導國際政治的大國政府時代，領航人美國第 28 任總統威爾遜（Woodrow Wilson, 1856-1924）在他那篇行政學詔書《行政學的研究》（*The Study of*

Public Administration）中，提出「行政是政治運作之外」（administration lies outside the proper sphere of politics）的政治／行政二分看法，他也認定行政問題是行憲而不是制憲，他說：「行憲與制憲比較起來，是愈來愈困難了。」[1] 民意政治可以決定要什麼，但做不做得到還得看行政運作的狀況，兩者之間可能的落差，就是行政學的專業所在；而資通科技的發展對行政學來說，

▌圖 2　美國第 28 任總統威爾遜
說明：威爾遜總統在 1887 年發表一篇《行政學研究》的論文，指出一個國家的運作，除了政治上民主的決策之外，還需要行政國家治理能力的協助，缺一不可。
資料來源：維基百科。

也是行不行得通之目標下的新生獨立變數而已。

　　事實上，由於行政活動常是自隱的，與一個家庭內傳統母親所扮演的角色非常類似，因此美國公法學者 G. Scheffler 與 D. E. Walters（2024）才會說，行政國是「在水面下運作的」（submerged administrative state），運作得愈好，大眾就愈不會察覺它的存在與重要性；這就是為什麼，老子說的「治大國，若烹小鮮」，常會被解讀是「一塊小蛋糕」（a piece of cake，西諺，小事一樁，誰都能做的意思），事實上，行政運作像是處理飛機上成千上萬的螺絲釘，每一個釘子都要小心處理，不能轉太緊，也不能太鬆，類似廚藝要抓得剛好，海鮮才不會糊了，飛機飛上天空的時候，才不會因為一顆螺絲釘而出現事故，因此，資通科技是新的調味廚藝，也是革命

1　原文：“It is getting harder to run a constitution than to frame one.”

性的鎖螺絲技術，治理結果的好壞，常在一念之間。

正因如此，在當前 AI 大爆發的時代，從治理的結果面來評論資通科技下的民主政治運作，顯得愈來愈重要。比方說，隨著數位公共領域（digital public sphere）的出現，民主決策過程迎來了互動性與透明度前所未有的機遇與挑戰。J. Cohen 與 A. Fung（2021:24）在〈數位民主與公共領域〉（Democracy and the Digital Public Sphere）一文中指出，資通科技的發展不僅改變了人們參與政治的方式，也重新定義了公共討論的範圍與深度；也就是說，當代數位公共領域雖然提供了前所未有的溝通與參與機會，但也伴隨著虛假資訊、極端言論和資訊過濾等挑戰；因此，數位民主的關鍵是如何在提升參與的同時，保持討論的品質與多樣性，防止極端言論或操控性的資訊傳播而損害民主，不論是推動還是管制，都是治理問題。

討論民主政治數位轉型的治理需求，要如何開始呢？

2020 年至 2022 年間 COVID-19 在全球肆虐，截至 2024 年 9 月，已造成全球 7 億 7,000 多萬人感染，以及 700 多萬人的死亡，[2] 疫情期間許多學者從民主與非民主的體制優越性比較來討論政府的防治的作為（Cassani, 2022），但是國家危機處理的主要目標，是一個標準的治理議題，比方說，美國的華裔公共行政學教授楊開峰（Yang, 2020），在美國公行的頂級期刊 *Public Administration Review*（PAR）上面發表了一篇名為〈從未遇見的挑戰，但非常熟悉的（治理）矛盾〉（Unprecedented Challenges, Familiar Paradoxes），他從治理效

2　資料取自世界衛生組織網站，https://www.who.int/zh/emergencies/diseases/novel-coronavirus-2019

能的角度討論疫情期間中國與美國所同時面臨之「專業與政治」矛盾的問題，這個問題超越民主與非民主的政權型態爭論。

　　事實上，治理問題一直都是政府運作相關理論的重要源頭，即便單從民主理論切入，一個民主國家不能只有程序上的民主（比方說，選舉），該民主決策體系還要能夠滿足解決公共問題與促進社會進步的專業能量，這個需求是奠基於政治與專業之間的制度性調和；也就是楊開峰教授在前面那一篇論文中所指出，在疫情期間，政治與專業各司其職並且相互調和，一國才能有效應對疫情所帶來的挑戰，他說：「專業知識應受到民主責任的指導，而政治決策應以科學證據為依據」[3]（Yang, 2020: 659），而資通科技在這個民主治理的調和過程中，同時扮演了促進與摧毀調和功能的潛在角色。

　　而本書的出現，是被前述同時討論民主治理與資通科技發展的需求給「逼」出來的，怎麼說呢？臺灣推動電子化的這幾十年來，技術主導政策是常態，其中公共行政扮演非常有限的角色。

■ 圖 3　數位治理研究中心、國發會與數發部
　資料來源：維基百科。

2008 年政治大學公共行政學系與當時行政院研究發展考核委員會合作「臺灣數位治理研究中心」（Taiwan E-governance Research Center, TEG）的研究外包案開始，公行專業才有機會系統性地進入電子化政府的政策領域；多年來在 TEG 同仁的持續努力下，近七十

3　原文："Expertise should be guided by democratic responsibility, while politics should be informed by scientific evidence."

項從行政管理角度出發的數位轉型研究集群拔地而起，在國家政策的各個領域都發揮了影響力；2022 年 8 月 27 日，行政院數位發展部掛牌成立，國家發展委員會的資管處一下子成為一個行政院二級的部會，需要走出科技主導的輔助單位，轉化成為民主治理的政策議題發動者。

最終，民主的困境能否經公行加持過的數位治理而獲得改善？

嚴格說起來，民主政治在當下的世界受到愈來愈多的挑戰，氣候變遷、能源危機、科技競爭、流行疫情、價值衝突、與區域戰爭等，強調審議程序與凝聚共識的民主政體，在解決上述棘手問題所展現的效率與效能似乎陷入泥沼；雖然根據一份 2024 年的研究顯示，民主國家的民眾對於中國式舉國體制所創造出的經濟奇蹟，不會產生轉換政權類型的想法，最多只是對民主政體的運作本身有更嚴屬的批評（Becher et al., 2024）；不過，如果捍衛民主價值者最多只能提出「民主的特色就是國家治理沒有長期規劃、政策不確定性高，並且在多元差異下很難做出決策」這樣消極的論點，似乎更加顯示面對中國非民主治理結果的對照，民主治理已陷入不只是運作上的泥沼，策略上也已失卻方向！

因此，本書的出現，顯示作者們有意識地在民主治理的運作與論述陷入自滿與泥沼的當下，從民主價值為本的角度所提出的一個解方思考路徑。本書的主旋律希望能討論民主政體如何能善用新興的資訊與通訊科技，將民主政治從治理的泥沼中自我救拔出來。我們的核心策略是從臺灣民主治理最基礎的憲政價值出發，將數位公

民主權、數位權利保障、數位政府治理、數位智慧創新及數位社會發展等五個支柱當作架構，從各種新興之數位科技的認識與應用經驗中，尋找重新檢視民主治理問題的視角，並且從科技所創造出來的可能性中，提出各種治理問題解方及其預評估，希望能在約23萬字的專書空間中，帶著讀者一起思考應用資通科技「拯救」民主治理困境的可能性與可行性。

　　本書成功的出版，首先要感謝前數位發展部部長唐鳳女士，沒有她的起心動念，對於民主治理領域發展的關注，就絕對不會有本書；事實上，對於一個科技出身而進入政府的專業人士來說，這種程度的跨域知識包容力是很少見的；再者，五南圖書公司的副總編輯劉靜芬，長期以來支持數位治理叢書的出版，功不可沒，另外，責任編輯黃郁婷不離不棄地催著五位作者，與助理編輯博士生陳郁函之高效行政溝通的支援，都在此一併感謝；最後，要向我們自己相互道賀一下，幾年一起在 TEG 做研究的日子是歡樂且有生產力的，我們稱自己是 A-team 不是沒道理，大家在百忙中的積極投入與高度回應性，是非常難得的團隊合作經驗！年度品酒會的情誼希望可以持續下去，除了好好做研究，能夠盡情享受工作以外的友誼，也是人生一大成就！

2024 年 9 月 22 日
秋分時完稿於國立政治大學所在之貓空山下

CONTENTS

i ◥ 推薦序／唐　鳳
iii ◥ 推薦序／廖達琪
vii ◥ 推薦序／戴豪君
ix ◥ 作者序

1 ◥ 第 1 章　尋找政府數位轉型與優化民主治理的思想地圖？

PART 1　數位公民主權

19 ◥ 第 2 章　人民主權困境與資通科技的發展
29 ◥ 第 3 章　數位網路發展與人民主權困境的改革實驗
39 ◥ 第 4 章　政府數位轉型與人民主權困境的數位優化

PART 2　數位權利保障

57 ◥ 第 5 章　新型態數位環境發展對人權的影響
67 ◥ 第 6 章　新型態數位發展環境中的人權價值
79 ◥ 第 7 章　多元宇宙發展政策方向

PART 3　數位政府治理

95 ◥ 第 8 章　從後應性到回應性政府的數位轉型
113 ◥ 第 9 章　官僚體系與民主的數位調和
123 ◥ 第 10 章　應用新興科技推動政府數位轉型

PART 4 　數位智慧創新

139 　第 11 章　為什麼要推動數位智慧創新？
149 　第 12 章　AI 與機器學習演算法是官僚的聖杯嗎？
163 　第 13 章　擁抱政府創新的工具

PART 5 　數位社會發展

179 　第 14 章　以協力與資料治理落實數位社會發展
193 　第 15 章　共享價值生態圈作為數位社會發展的平臺
203 　第 16 章　公民作為數位社會發展的轉型主體

215 　**結語**
240 　**名詞索引**
242 　**參考文獻**

CHAPTER 1

尋找政府數位轉型與優化民主治理的思想地圖？

> 未來屬於那些能夠抓住 AI 創造的機會的人。但這需要政府對它帶來的挑戰保持清醒，並且對其明智地進行監管。[1]
> ——法國總統馬克宏（Emmanuel J. F. Macron, 1977-）

科技發展對國家的存在造成兩面的影響，一方面是拆解政府存在的意義，另一方面因為新科技所帶來的社會風險，政府又被民眾廣泛地需要，法國總統馬克宏在本章一開頭的引言，真實地回應了政府面對這樣兩面影響情勢的最佳策略——「保持清醒且明智地進行監管」，這正是數位民主治理（democratic governance）知識生產的一個最重要的倫理基礎。民主治理是公共價值

圖 1 法國總統馬克宏
資料來源：維基百科。

（public values）衝突平衡下，為這樣一個議題帶來的新意義，好的方面，數位科技是前述制度設計與落實的新利器，協助民主治理落實民主回應（responsiveness）、專業責任（responsibility）與系統課

---

1 原文：\"The future belongs to those who can seize the opportunities created by AI. But that requires governments to be clear-eyed about its challenges, and smart about its regulation.\"

責（accountability）三項公共價值的目標（陳敦源，2019），而數位民主治理在本書的定義如下：

> 在回應性、責任性與課責性的三大公共目標價值的引領之下，政府與社會各利害關係個人與團體之間，應用數位科技作為最重要的協力平臺與操作工具，對大家所共同面對的重要問題，經過民主的正當程序的共識凝聚，以及政策專業知識的充分應用等兩項制度功能的充分調和之下，達到同時完全應用數位科技所帶來的便利與效率，又能明智地管理數位科技所可能給人類帶來的傷害與不公平，用以推進民主社會所要達到的最大多數人之最大幸福的理想。

在前述的定義之下，政府與社會要如何攜手、有效地應對科技發展對民主治理場域的影響，而獲得去蕪存菁的結果，也需要對科技發展的本質進行理解。第一，科技發展都是福禍相依：一般認為科技的發展將帶動人類福祉的進步，這是一種科技樂觀論，不過科技的發展同時也會帶來前所未見的棘手問題（wicked problem），等待人們提出解方來處理之。第二，科技的發展都是疊套（pile up 或 layer upon layer）的發展路徑：比方說，沒有公告欄式的 Web 1 與手機的普及，Web 2 的社群媒體無法建立，而 **Web 3** AI 化與分權化的發展，更是奠基於 Web 2 的基礎之上。第三，政府的雙重角色：面對科技發展，

Web 3

第三代網路這個概念最早是由 Dale Dougherty 在 2000 年網路經濟泡沫化的大環境下所提出，他提到未來新一代的網路必須更加各人與客製化。但是隨著新科技的不斷發展，奠基於全球資訊網之父 Tim Berners-Lee 在 1998 年提出的語意網（Semantic Web）的基礎概念，網路將朝向智慧化邁進。最終，由以太坊共同創辦人 Gavin Wood 於 2014 年再次充實 Web 3 的想法。Web 3 應有一種不受審查、低門檻的基礎網路傳遞協議來取代傳統網路技術，比方說，區塊鏈技術應用下的網路，在其中網民在可受驗證的前提下，去保護網民的資訊與資金流動等活動。總括來說，這個概念指向一種智慧化、個人化、且不受從上到下但是卻能夠從下到上自我治理的新型網際網路。

政府一方面扮演輔助的角色，管得愈少愈好，但是面對科技發展所帶來的新興社會問題，政府介入（government intervention）監管又常是必要的處理手段，科技發展或有文化層次的問題，但本書將只限於討論政府與社會協力運作的問題。

　　從全球經濟發展來看我們所處的時代，不論從經濟、社會與政治等層面，以人類心智為基礎的科技的發展，不斷造就了翻天覆地的改變。1996 年經濟合作暨發展組織（Organization for Economic Cooperation and Development, OECD） 首 先 提 出「 知 識 經 濟 」（knowledge-based economy）一詞，認為未來主導世界經濟的核心，將會從過去勞力或資本密集的生產方式，轉而進入以知識的擁有、配置、生產與應用的新時代，**資通科技**（information and communication technologies）的發展一日千里，就是知識經濟時代的最大趨勢。通訊設備從 19 世紀末發展到 20 世紀中的普及，徹底改變了人類生活；而 1995 年線上購書平臺 Amazon 公司成立，1998 年 Google 公司出世，2005 年 Facebook 登記公司，2007 年 9 月美國 Apple 公司向市場展示了第一代的 i-Phone，科技發展不但是套疊的，也是源源不絕的。

　　綜合而言，自 2000 年初網際網路 Web 2 逐漸商業化以來，人類的社會結構產生了巨大的變化。人與人之間的互動關係因行動裝置普及化，橫向互動成本大大降低，社會組織的運作也面臨改變的衝擊：**數位轉型**（digital transformation）一詞出現並歷經二十載至今蔚為風潮（圖

資通科技
是一個結合資訊相關科技在溝通領域應用的一個範圍定義的名詞，其主要目的就是讓包括有線與無線通訊裝置發展的電訊產業與電腦的硬體、軟體、影音及儲存的科技進行結合應用，讓人類接近、儲存、傳遞、理解與操弄資訊可以更有效率，且對社會上的協調與合作產生正面的影響。

數位轉型
指採用數位科技來改變組織中尚未數位化的產品、服務與實作方法。轉型的目標在於利用新科技發明、新的顧客體驗或是新的效率表現來增加組織的多元價值。

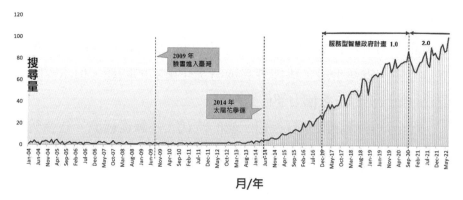

■ 圖2　Google Trend 上「數位轉型」的關鍵字搜尋（2004-2022）
　　資料來源：作者繪製。

2），它的內涵剛好也與我國進入 Web 2 時代、太陽花學運，以及政府推出服務型智慧政府計畫有著密切的關係。因此，這個由資通科技所引領的第四次工業革命，各類組織（政府、企業與第三部門）皆需要做好統合性與策略性變革的準備，使之能在數位科技所創造出的可能性中，跟上社會發展的腳步，特別是政府運作若能藉由這波聚焦智慧發展而更有效率、更節省資源，以及更符合民眾（或內、外部顧客）的期待，將會是政府改革有識之士長年的願望。

壹、超前部署：智慧競爭時代數位民主治理轉型的本質

　　政府數位轉型不是單純的口號就能成事。在民主治理的大環境中，政府在既存的法制框架下，每天必須忙於執行國家各種既定事務運作，以及應對無時無刻內外控機制對公部門績效和廉潔的監督，因此，對每一位兢兢業業的公務人員來說，能夠靜下來好好思考未來是一種奢侈；不過數位轉型是政府想消極也躲不掉的趨勢，舉例來說，2022 年底一砲而紅的生成式聊天機器人 ChatGPT，其公司的科技長默拉提（Mira Murati）在接受美國《時代雜誌》專訪時認為，

這項科技的爆紅是可以預期的，但因使用者與 AI 本身都有「捏造事實」（make up facts）的問題，他認為接下來的發展需要管制者、政府與各方人馬的參與（Smith, 2023）。很明顯地，科技發展所帶來的社會風險而產生對政府介入的需要是存在的，政府無法消極以對。

根據由臺灣數位治理研究中心所出版的《政府數位轉型：一本必讀的入門書》（陳敦源等人，2022）指出，政府數位轉型是一種公共價值的轉型，它涵蓋數位民主、數位服務、數位行政、數位建設及數位社會等五大領域，據此或可當作未來我國推動政府數位轉型之基本概念素養的粗略藍圖；然而，資通科技的發展不會止於政府本身的改造，根據 OECD 於 2019 年所發表的數位政府指標報告（Digital Government Index Report）（Ubaldi & Okubo, 2020），強調政府數位轉型的不只是流程與資料的數位化，而是利用最新的數位科技，以政策創新的心態解決政府組織所面臨最急迫與棘手問題（Head & Alford, 2015），更重要地，它非僅協助改善現有體系，它的終極推動目標是全面調整政府在社會中的角色與結構。

這樣的轉型目標當然不能只是追求效率價值，而是會對政府在社會中的角色產生根本性的轉變；事實上，隨著資通科技的發展，傳統極小化國家（minimalist state）以及無政府主義（anarchism）的討論也重新燃起，這些已有百餘年歷史的想法，認為國家政府組織對個人自由是有害的，因此，民主的治理問題，只要人民可以從下到上來自我管理，政府就應該愈小愈好或根本無存在必要；最多只是美國思想家潘恩（Thomas

■ 圖 3　湯瑪士·潘恩
資料來源：維基百科。

Paine, 1737-1809）所說的「必要之惡」（necessary evil）！[2] 有趣的是，Web 3 與區塊鏈（blockchain）的科技中被提及的「分散式自治組織」（decentralized autonomous organization, DAO），常被認為是科技深化民主與消滅科層組織的希望所在，但是民主社會中多元的個人價值統合的決策，是如何能防止個人智慧限制、隱藏偏好，以及完全去除遊戲規則從上到下制定與監管等問題卻很少被討論。

　　因此，本書雖然對焦於我國於 2022 年成立數位發展部的主要目標之一：「推動政府數位轉型」，但是本書將從民主國家（democratic state）的政府背景：「民主治理」這個較廣泛的概念出發，討論資通科技對於數位民主治理所能產生的影響，並進行系統性地反思。根據學者陳敦源（2019：37）定義，民主治理是「當代民主制度在多元（去中心）化統治及有效性要求的環境中，從公共課責機制建立的角度切入，找尋價值衝突制度性調和的一種過程，其目的是試圖藉此獲致良好的治理績效」，而本書討論「數位民主治理」（digital democratic governance）之目的，則是任資訊與通訊科技進入建構課責機制、調和價值衝突與追求良善治理的目標，所產生正面與負面影響的基礎上，於公共價值與治理制度的調和過程中，推動者可以從政治、法律與管理層面採取怎樣的因應作為。

　　正如美國著名哲學家杭士基（Noam Chomsky）曾說，「樂觀是追尋更好未來的策略。因為除非你相信未來是更加美好的，否則你不會站出來負起責任讓它發生。」[3] 面對資通科技的快速發展，相信

2　潘恩在他 1776 年的名著《常識》（*Common Sense*）中曾經這樣說：「政府，即便在它最良好的狀態，也只是必要之惡而已，在它最糟的狀態下，是絕對不應被容忍的存在。」（Government, even in its best state, is but a necessary evil; in its worst state, an intolerable one.）

3　原文：“Optimism is a strategy for making a better future. Because unless you believe that the future can be better, you are unlikely to step up and take responsibility for making it so.”

它會帶來美好未來是前進的動力之一；不過，美國另一位民主理論家巴伯（Benjamin Barber, 1998）曾經對科技帶來民主社會的未來提出三個情景，第一是樂觀，科技狀似無所不能；第二是悲觀，科技為民主打開了潘朵拉的盒子；第三是謹慎前行，類似鄧小平對中國經濟改革所提出的務實口號「摸著石頭過河」。本書依循第三條路的務實邏輯，從建構一個數位民主治理轉型的策略地圖出發，以概念的引介、詮釋與應用的科普寫作為手段，深入討論轉型所可能涵蓋的科技、人文與社會的關鍵議題（issues，或是關鍵字詞），作為建構數位民主治理的知識基礎。

貳、思想路徑：多層次數位民主治理轉型的策略地圖

前述數位民主治理下的政府數位轉型，可以被視為一種不折不扣的社會創新（social innovation），當然，我們可以藉此推動制度性的巨觀、中觀、微觀的多層次整合模式進行知識建構的工作（van Wijk et al., 2019）。第一，巨觀是一種具有功能性的社會既存結構層次，資通科技的發展會為這個層次帶來正面與負面的影響，不過，以政府層次介入這個功能性層次的切入點就是政治場域；第二，中觀層次是社會公共價值與專業領域互動與調和的層次，包括政治專業中的回應性價值、法律專業中的課責性價值，以及管理專業中的效率（能）價

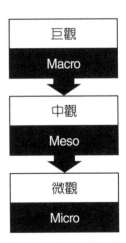

■ 圖4　數位民主治理三層次圖
資料來源：作者繪製。

值。政府因應科技創新的策略中，需要在這個層次中進行制度與價值的調和作為；第三，微觀則回到個人與組織的層次來討論治理問題。

一、巨觀層次

　　根據學者海思曼（Hensmans, 2021）的討論，資通科技的發展對於民主自由文化的影響有正面與負面兩種循環，特別是這樣的科技發展會對社會上政治、媒體、認同、教育與市場這些民主自由文化展現的公共場域（public spheres）造成「更新」或「倒退」的影響；事實上，這樣的討論是結構功能性的，民主社會的進步與發展之關鍵在於這些場域的正常運作與相互協同，比方說，資通科技的發展，一方面因為其強大的橫向溝通能量，有可能更新政治公共場域內代議民主或直接民主的運作效能；但是，另一方面，資通科技也可能放大了爭議訊息的傳遞效率，用演算法（algorithm）將個人推入各自的同溫層（echo chamber）中，不但造成社會上對立的加劇，也會影響到民主政治公共決策統合差異與消化爭端的社會功能，因此改革的切口可從政治場域開始。

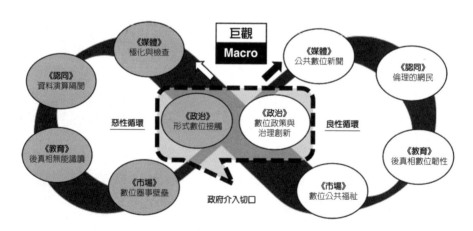

▍圖 5　數位轉型下民主治理變遷巨觀層次的功能良／惡雙元循環論
　　資料來源：參考修正自 Hensmans（2021: 4），作者繪製。

二、中觀層次

社會在前述功能性的公共場域之中，因專業分工與價值的多元化，形成一個非結構功能也非個人或組織選擇的中介制度環境，其中，民主治理的數位轉型會與美國公共行政學者羅森布魯姆（David Rosenbloom）提出之公共治理的三種專業途徑交互作用，包括政治、法律與管理等（Rosenbloom et al., 2009）；而在這專業上的制度性場域中，不同專業領域有著極為不同的公共價值圖像，但是社會運作在前一層次的功能性場域，不論是平時還是關鍵時刻，仍需要以政府為首的公共問題解決能量，從政治上的回應性價值、法律上的課責性價值，以及管理上的效率（能）價值之相互折衝與調和而能釋放出來，面對資通科技的迅速發展，社會處理層出不窮的相關問題時，將會需要有識者在中觀層次進行如圖6中之制度性的調和。

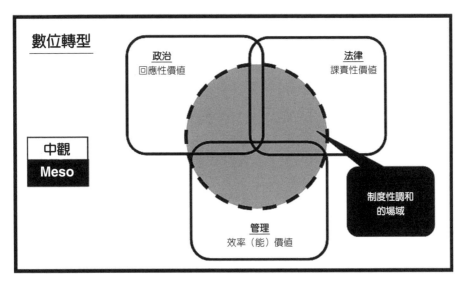

圖 6 數位轉型下民主治理變遷的中觀層次公共價值圖像
資料來源：參考修正自 Rosenbloom 等人（2009），作者繪製。

三、微觀層次

　　面對資通科技的發展，國家存續、調適與其面對來自各方公共議題的挑戰有密切關係，這些挑戰大概可以用公民主權、個人權利、政府治理、創新知能，以及社會發展等面向展現出來。因此，數位民主治理最終的目標，就是要讓我國憲法賦予國家的正當統治權柄，在資通科技的發展協助下，能夠維繫公民主權、保障個人權利、精進政府治理、積累創新知能，以及輔助社會發展等五個主要目標，這也是本書各篇寫作的結構所在。當然，挑選這五個項目，主要著眼於它們在政治、法律與管理專業領域的引導下討論數位轉型議題，都必須進入個人權利與組織運作的微觀層次來思考，這個層次與個人或團體在民主社會中的生活最為息息相關，當然也是資通科技發展最深入且最容易產生權利爭議與價值衝突的所在，因此值得羅列並仔細討論。

圖 7　數位轉型下民主治理變遷的微觀層次制度調和五柱圖像
　　資料來源：作者繪製。

　　這五個項目的選擇邏輯包括兩個部分：其一，早年政治哲學中關於國家基本組成的元素，包括：主權、人民、政府、土地等；其二，在這些國家元素之上，最根本的法律結構就是憲法，因此，憲法的主要內容也是五大架構選擇的由來，包括國家主權論述、基本權利保障、政府組織，以及增修條文當中各種生命、經濟及社會權等內容。以下分別說明本書五個主要篇章之來源與核心主旨：

㈠ **數位公民主權**：從憲法闡明之民有、民治、民享的目標下，推動數位公民主權的深化與實踐。呼應「維繫公民主權」之目標（主權＋人民兩個元素，並且是憲法的主權論述）。

㈡ **數位權利保障**：從憲法的權利保障出發，數位時代所面臨的新增、改變、挑戰的因應與實踐。呼應「保障個人權利」之目標（人民加上憲法與增修條文中的權利保障部分）。

㈢ **數位政府治理**：從憲法的政府結構為基礎，導入並增加政府存在基本功能價值的研發與實踐。呼應「精進政府治理」之目標（政府加上憲法與增修條文中的政府組織）。

㈣ **數位智慧創新**：從憲法自我調適的設計理念，建構國家數位治理所需相關知能的積累與實踐。呼應「積累創新知能」之目標（人民、政府與土地等元素，再加上憲法與增修條文中之教育創新）。

㈤ **數位社會發展**：從憲法所明示的社會願景，以數位科技協力公民社會自治發展的推進與實踐。呼應「輔助社會發展」之目標（人民、政府與土地等元素，再加上憲法與增修條文中之社會權益與經濟發展）。

參、策略目標：本書架構緣起、論著性質及出版期望

　　民主政治將權力交付於民，若要取得統治之正當性，須從人民身上獲得支持。此制度為當今治理制度上最好的嗎？從各式制度的

比較中，都可以發現其優缺點，雖然制度設計與執行上不完美，但民主政治卻又是最能保障人民自由的制度。因此，在眾多制度上，雖然非最佳，但仍是最適的制度。雖然如此，其目標為保障人民自由之下，仍有很多進步空間，應設法找出落實民主的困難處，將民主的現實厚度豐富之，才能使理想與現實之落差得以漸漸縮減，是為追求進步的關鍵目標；而「數位網路」（digital network）之所以是改革的重要元素之一，原因在於尊重個人意志是民主政治的理想，但如何落實應著重於人與人之間的連結與協調之現實層面，才能豐滿民主政治（democracy），以上討論是本書撰寫的最早緣起。

21世紀的民主政治面對數位化進步快速的社會發展，首先國家組織運作已面臨重大挑戰，該如何讓政府組織能適應環境變遷而得以使其重要的公共服務提供能更加貼近民情所需，是必要的改革起點；另外，面對數位化的社會來臨，個人的自由與權利要如何在改革中得以保障，也是一項民主治理的重大考驗；政府的良善治理應如何勇於擁抱創新、改善效能亦是重要課題。為此，政府數位轉型的最終目標，即是在憲法體制賦予國家的正當性之治理權力之上，面對資通科技的極速發展，能夠達到一、維繫公民主權；二、保障個人權利；三、精進政府治理；四、積累創新知能；以及五、輔助社會發展等五個主要目標。基於上述目標，本書有其需扮演之承先啟後的角色，因此，它有需要問世之三個理由：

第一，本書以科普、循證之筆調撰寫之，目標是希望我國公民藉著閱讀本書能輕易入門，瞭解我國面臨數位轉型的浪潮，民主治理五大面向之公民主權、權利保障、政府治理、智慧創新與社會發展該何去何從。

第二，本書為我國第一本談論數位民主治理的專書，除了具有理論之陳述，亦有實務案例之搭配，在閱讀上更能理解理論對於實

務之支持，以及實務之發展。

第三，以政府數位轉型所能引導與改變的社會結構出發，深入討論這個轉型所可能涵蓋的各種包括科技、人文與社會的關鍵議題，從概念的引介、詮釋與應用的科普寫作為基礎，作為與未來政府推動數位轉型的相關業務與運作進行對話的基礎。

當然，本書的出版希望能夠達到以下目的：其一，本書是臺灣第一本談論數位民主治理之專書，對於政府面對數位轉型與 AI 快速發展的時代，有著重要引領與啓發的作用；其二，透過理論科普化加上案例的探討，本書期待成為下至高中教育，上至大學教育及公務人員訓練的參考書籍；其三，本書儘量以科普化的論述來引介這個複雜但重要的議題，由於專有名詞眾多，作者在文中將以小方塊的方式對專有名詞進行解釋，以增加讀者對本書的理解程度。最後，對於政府數位轉型的策略來說，本書在理論與實務之間的交織，一方面帶出「宣言」（manifesto）式之政府改革的「願景陳述」（mission statements），因此具備未來性的「理念白皮書」性質但又不只於此；另一方面，本書是以理論觀點與實務個案混合而產出的專論，它是學界相關領域、關心數位民主治理發展的人士的研讀材料，並且也能被實務工作者所應用，當作培養個人數位民主治理整體性概念（holistic viewpoint）的學習材料；當然，不論是公務人員或是高等教育（大學與研究所層級）的訓練課程，本書都會是不錯的課前研讀與上課討論的教材。

回到本章開頭法國總統馬克宏的說法，數位民主治理轉型工作的焦點，在於政府在未來整體社會不斷數位化的進程中，能夠在思想上先進行超前部署，接著就是落實各種必要的監管工作，同時又能節制公權力過度介入以至於扼殺了數位創新的生息，這是一個有高難度的政府角色扮演，也是老子「治大國，若烹小鮮」的眞意

所在，當然，這也是本書出版最重要的目的所在，作者們意圖透過一部經過多元專業共同創作出來的思想啓蒙論著，對於一般民眾、治理專業人士、甚或是社會運動團體，這樣的開路工作不只是必要的，也是需要持續被傳承下去的，英國思想家舒士津律師（Jamie Susskind, 2018: 1）曾經在他論著《未來政治》的前言中這樣說：

> （因科技創新）一些我們緊抓著（對民主治理）的假設可能會被修改甚或完全捨棄，因此我們必須一起來重新想像自由與平等、權力與財產、甚或是一個政權是民主的等概念（在數位民主治理的社會中）到底是什麼意思？未來的政治會與過去的政治非常地不同！[4]

　　如果舒士津說得對，本書的出現，將開啓關心民主治理未來發展的有識之士們，一個面對未來的策略思考模式，對於科技及其可能帶來的影響與改變，科技雖然來自於人性，但是不受限於人性的關鍵，就是經過深思熟慮的變革，這也是本書期待爲臺灣社會面對科技創新的衝擊，在政府民主治理的知識場域上，意圖孕育與推廣「知情」（informed）公民能量的基本動能所在。

4　原文："… Some of our most deeply held assumptions will be revised or abandoned altogether. Together we will need to re-imagine what it means to be free or equal, what it means to have power or property, and even what it means for a political system to be democratic. Politics in the future will be quite unlike politics in the past."

PART

1

數位公民主權

◆ 引言：數位公民主權要往何處去？ ◆

2024 年 5 月 15 日，大陸國臺辦新聞發言人陳斌華在例行記者會上，點名宣布將嚴懲黃世聰、于北辰、劉寶傑、李正皓、王義川等五名臺灣名嘴及其家屬，稱這幾位名嘴胡亂編造大陸人民吃不起茶葉蛋、高鐵沒靠背等虛假訊息，散布謠言抹黑大陸，引發兩岸人民對立。此事件赤裸裸地彰顯自從1990 年代網路興起之後，傳統政治領域「主權論」（sovereignty）是否能夠被國家機器在網路上好好守護的問題；此事件也將海峽兩岸近一甲子的主權未定爭議彰顯了出

圖 1-1　數位主權與網路認知作戰
資料來源：作者以 DALL-E3 繪製。

來。中國大陸長久以來一直對外聲稱擁有臺灣主權，但臺灣卻是實質上（de facto）未受大陸政治控制的現實，因為網際網路天涯若比鄰的虛擬連接下，產生新型態虛實整合的主權糾纏，這個問題讓臺灣無法經由實體主權區隔的角度，來面對兩岸虛擬網路互連的現實。

1996 年美國的作家兼網路自由主義倡議者 John P. Barlow（1947-1998）利用網路環境發表了一篇著名的《網路空間的獨立宣言》（*A Declaration of the Independence of Cyberspace*），他在這篇短短的文字中聲稱，網路世界已經離開血肉築成的主權現實：「工業世界的政府呀，你們這疲憊的血肉與鋼鐵巨人，我來自網路空間，這是我們心靈的新故鄉。我們代表未來，請過去的你們別管我們了，我們不歡迎你，你在我們聚集的地方沒有主權。」[1] 以海峽實體兩岸分治的舊戲碼進入虛擬的網路時代，最有趣的「新生事務」就是對岸可以藉由網路，亦步亦趨地得知臺灣媒體

1　原文："Governments of the Industrial World, you weary giants of flesh and steel, I come from Cyberspace, the new home of Mind. On behalf of the future, I ask you of the past to leave us alone. You are not welcome among us. You have no sovereignty where we gather."

「反共精神教育」的內涵。還記得小時候臺灣推動「殺朱拔毛，反共救國」的精神教育理念，過程中描繪文革時代中國人民「吃樹根鬧飢荒」的狀況深深烙印在臺灣人心中，不論這些資訊的真實性如何，其本質就是一種政治宣傳並且鞏固心防的目的；對岸也用「蔣幫竄逃到至今未解放的臺灣」進行對內宣傳。事實上，在網際網路時代，各國的實質主權如果在網路世界發生缺口，實體的政治體系中的決策者與人民也會努力維繫其「數位主權」（digital sovereignty），也就是說，中國大陸對臺灣網路資訊傳播中關於大陸之錯假資訊的長臂管轄作為顯示，一方面，因虛擬網路無國界的開放性質，兩岸民眾可以實體聽聞對岸的「精神教育」內容，而兩岸網路宣傳資訊戰是一個實存的主權意識戰場；另一方面，因兩岸特殊的主權糾纏關係，已經從實體的國際政治爭議點，擴大到網路上美國為首的西方，與崛起中的東方中國之間，就主權價值差異「認知作戰」（cognitive warfare）的環節之一。

　　本篇之所以排在第一章中五根柱子的第一根，主要是本篇乃後面其他柱子討論的基礎篇章（見第一章圖7），如果就憲法的概念來看，憲法的生成類似一種後面將談到的社會契約，**人民主權**（popular sovereignty）事實上是在憲法之上，當然，如果透過政府日常運作的角度，人民主權在制度上需要透過政府經過權利保障、政府組織、創新改革及

協力社會來完美地落實，因此，這樣看來，第一根柱子與其他四根柱子一樣，都是政府運作的一個環節。然而，人民主權的落實也會需要討論應用資通科技進行變革之可能性的問題，更重要地，民主政治的理想是，不論選舉辦得如何，立法機關有沒有監督的效果，最終的目標皆為充實人民主權在人類社會中的運作效能。從國家存在之目的層面來看，另外四根柱子應用資通科技所要達到的終極目標，就是第一根的主要目標，也是國家存在的唯一目標。

接下來，本篇將分三章行文，第一章將討論三個人民主權的落實難題，包括主權困境、集體的不理性，以及審議的溝通難題。再者，本篇將在第二章先引介網際網路在人民主權改革中的重要性，並且舉流動式民主的實驗來討論資通科技的幫補可能，最後討論資通科技的應用下，人民主權改革的可能天花板所在；最後，在第三章當中，本篇將先討論政府數位轉型在落實人民主權上的定位，接著討論 Web 3 新興資通科技的發展仍然需要注意的資料治理、數位落差，以及事實查核的問題，最終總結出一個應用資通科技落實人民主權之小結論，作爲後面四個柱子討論的基礎。

人民主權困境與資通科技的發展

　　從引言案例中兩岸主權的虛實糾纏問題來談起，臺灣內部民主政體的運作品質議題，一樣受到網際網路時代的影響。民主政治的特點是將公共決定的權力完全交給一般民眾，稱之為人民主權（popular sovereignty），並且以此當作統治正當性的唯一來源；從最早發展的英國開始，目前已經是全球正當性最高的統治模式。然而，近年民主政治面對中國集權體制的治理效率挑戰，人民與政府對於政體運作下自由與效率之間的平衡產生了治理困境，其中，相對於非民主體制，民主雖然尊重人權，但是冗長的共識形成對於面對緊急災害或是氣候變遷等重要問題的因應，顯得力不從心。因此，對於民主政治的落實與發展有著特殊的認識，帶領英國人經歷二戰的著名首相邱吉爾（Winston Churchill, 1874-1965）曾經說：「民主政治是一種非常差的制度，除了與其他已經試過的制度比較起來，還算是不錯的。」[1] 這句充滿對前述治理困境的睿智話語，隱含了對於民主政治本質的清楚認知。

　　事實上，民主是一個有瑕疵的制度，但是與其他制度的瑕疵比較起來，民主算還可以的，這個意思是，民主如果經過評鑑，只拿了不及格的 45 分，但是其他的制度的評鑑分數都比 45 分低；再者，如果不跟其他制度比較，單單關注民主政治本身的問題，其問題是顯而易見的，比方說，民眾對於要用選票決定的事不具備相關知識，因此投票的決定會受到與好好決策未必有關的因素，被稱為「不知

1　原文：“Democracy is the worst form of government, except for all the others.”

情的民意」（uninformed opinion），事實上，邱吉爾也曾經說過：「要找出民主政治不是好制度的最佳論述，只要與一般選民聊五分鐘就會知道。」[2] 這句話如果反過來說，就是在所有不完美的統治制度之中，不管總分是多少分，民主政治算是較好的一種制度，而它比較好的地方不是治理的效率與效能，而是它的制度專注在人民主權保障的特點。

最後，有一句流行的話說：「理想是豐滿的，現實是骨感的。」套到民主政治的運作上，也是很有意義的。我們將民主政治拿去跟評鑑分數更低的制度比較，專門挑剔非民主國家的統治問題，花盡心思陳明非民主體制比 45 分低，並不能讓民主政治的評鑑分數超過 60 分；因此，民主政治的有識之士應該要設法找出落實民主的困難處，設法提升民主現實的豐滿程度，才是民主改革與追求進步的關鍵目標；事實上，當代最被寄與厚望的改革元素，就是資通科技的發展，其原因在於，民主政治不但尊重個人的自由意志，它還需要人與人之間相互協調，集體做出大家的共識決策，尊重個人自由意志是一種豐滿的理想，後面人與人相互協調的制度設計是骨感的現實，因此我們必須先討論一下落實民主政治的骨感現實。

壹、盧梭的全意志困境，資通科技是解方嗎？

從前述引言所提及的內容，談到主權這個「絕對權威」的概念，隱含力大無窮的動物性想像。有趣的是，西方的《聖經》中有個大海怪，名叫「利維坦」（Leviathan，請參《約伯記》41: 1），在 17 世

2　原文："The best argument against democracy is a five-minute conversation with the average voter."

紀被一位英國政治思想家湯瑪士・霍布斯
（Thomas Hobbes, 1588-1679）用來形容由
人民主權所組成的國家主權象徵；圖 1-2
是當時這本書出版時的封面木刻版畫，上
半段有一位手拿利劍與權杖並且戴著皇冠
的巨人，這個人的身體是由無數人民所組
合起來的。因此，人民主權的想法中，開
始出現一個「個體－整體」的連接問題，
這個問題是由一個三段論所構成。首先，
人民之間有強凌弱的問題，因此需要國家
的保護；再者，國家的絕對權柄不是來自
於天啓的聖諭，而是來自於人民自己意
志，經過**社會契約**（social contract）的組
成，最終，這國家不論是君主、民主還是
極權體制，國家主權的權威都是絕對的。

■ 圖 1-2　霍布斯巨著《利維
　坦》原始封面版畫
　資料來源：維基百科。

社會契約

這個概念源自於歐洲啓蒙時
代的思想界，因為希望尋找
一個能夠取代當時君權神授
的主權概念，便提出這樣一
個一般性契約的概念，指出
國家之所以有主權來統治人
民，是來自於全體民眾的同
意，這樣的同意好像是放棄
且過渡自己一些自由給政
府，以換取自己的權益與維
持社會秩序。

　　這樣看來，民主國家是以「人民主
權」為其最主要的統治正當性來源，而國
家機器的運作，接續前敘利維坦的人民
集體意念組成，法國 18 世紀思想家盧梭
（Jean-Jacques Rousseau, 1712-1778）在歐
洲政治實體大多仍在君權神授的框架之
下，以「全意志」（general will）這個概念取代了君權神授的傳統。
簡單來說，全意志就是相對於個人意志的一種集體意志，這個集體
意志的本身就是該國統治正當性的唯一來源，公民個人對於全意志
的服從，就等於是對自己主權意志的服從。有趣的是，由於全意志
的至高無上，它幾乎擁有一個世俗信仰的「神祇」地位，也就是說，

就民主統治正當性來說，過去是西方宗教思維中的「獨一真神」為其唯一的來源，而盧梭的思想雖然終結了君權神授的傳統思想，為民主政治的建立打下正當性的根基，不過全意志的豐滿理想，也有殘酷骨感的落實問題。

首先，盧梭雖然提出一個能夠取代君權神授思想下，與絕對王權完全不同的統治正當性理論，但是這樣的一個豐滿的理想，還是需要關心全意志這個至高無上概念的制度性落實，他的做法是，除了創造「全意志」這個概念外，也創造並且定義了一個「人民意志」（will of all）的概念。全意志是主權國家的意志，它是指向整體國家公共利益與福祉目標的，人民意志則是每一位公民意願的加總（sum total），在一個健康的民主國家，人民意志就等於是全意志，這樣的論述指出民主制度落實的一個「主權困境」：人民主權論公開表明除了人民自己之外，沒有更高的意志可以判斷全意志是否有被落實，然而，當人民意志與全意志有落差時，任何民主國家都不會找到更高的正當性意志來處理這個落差，因此民主的全意志有可能被不協同的人民意志所摧毀。

再者，根據美國政治學會第一任會長古德諾（Frank Goodnow, 1859-1939）的說法，國家的功能分為「人民意志的展現」與「人民意志的落實」兩部分。前者表示國家需要定期舉辦公開的人民偏好聚合（preference aggregation）活動，也就是選舉與公投，一方面，決定誰是國家領導人，以及共同決定公共政策的走向；後者，人民意志落實就是民選人物領導文官，在以稅收為財政支援的政府組織中，代理或協力各種社會力量（包括民眾自己），一起解決國家治理所面對的公共問題。前述的這些活動，都不是「無成本的」（costless）比方說，英國在 2016 年舉辦了一個全國性的脫離歐盟與否的公投活動，就是一個讓全民對特定政策表達意見的活動，根據

統計，這一場公投花了英國約 1.3 億英鎊（大約 50 億新臺幣），這是一種**主權交易成本**（sovereign transaction costs）。

最後，科技的發展有可能帶來解決前述主權困境的解方。最重要的目標就是藉由改善選舉制度的運作困境的解方。包括其展現正確全意志的可能性，以及降低其運作的成本，後者從投票的電子化與網路化的發展，已經在程序上降低人民意志展

> **主權交易成本**
>
> 為經濟學理論中的一種有別於生產成本的市場運作成本，主要是市場的買賣雙方因為交換的需要，其衍生的溝通、協商，以及律定合約等活動所需付出的成本。如果我們將統治者與被統治者之間的主權正當性的共識形成過程，當作公共領域中類似市場的互動場域，在此場域中的任何互動作為都必須付出的交易成本謂之。

現的主權交易成本；然而，網路科技的發展所能帶來的優化潛能，在解決人民意志與全意志之間的落差是比較使不上力的。比方說，二次大戰之前德國威瑪共和的憲法之下，由人民選出希特勒的納粹黨執政，後續發展顯示德國民眾當時做出了一個違反全意志的選擇，如果假設當下民眾已擁有 Web 2 的個人社群網路（social media），獲取資訊的成本低廉，該主權困境的落差有可能被處理嗎？答案當然會是「不可能」，因為網路科技主要功能仍侷限在降低資訊成本，但無法改變個人的偏好與價值觀，當然也就無法處理主權困境的落差問題。

貳、雅若的不可能定理，區塊鏈會是解方嗎？

前述的「個體－整體」的連接問題，在 20 世紀的一個經濟學定理得到充分的思考。1972 年，一位年輕時醉心於社會主義的羅馬尼亞猶太移民後代的美國經濟學者雅若（Kenneth Arrow, 1921-2017），以社會選擇理論（social choice theory）的創見榮獲諾貝爾經濟學獎；他在一篇演講稿中，說出了他對於民主政治運作最深的憂慮，他說：「在資本主義的社會，經濟權力是極度不平等地分布

在社會上，因此，民主政府（註：一人一票，票票等值）無可避免地只是一個假象，從某方面來說，努力維繫民主理念還會讓情況更糟，因為它會讓社會權力配置的不平等，在假冒偽善的政治平等之下更加惡化。」[3]（Arrow, 1978）

　　他最有名的「雅若不可能定理」（Arrow's Impossibility Theorem），從福利經濟學個人偏好排序加總的概念，討論民主政治從個人到社會偏好的加總過程是否可能的問題；首先，他從民主價值觀中萃取了五項條件，加上一個決策的邏輯條件，以數學模式證明沒有一個存在的「人民意志」加總制度，可以滿足所有的條件，民主政治是由個人理性所建構的集體不理性。舉個例子來說明，前面學者雅若所提的民主條件其一是「非獨裁性」（non-dictatorship），也就是說，民主的偏好加總不能是一人說了算，但弔詭的是，要全部六項條件都滿足的民主是邏輯上不存在的，如果放寬一條就可以實踐的話，民主政治可以實踐的方式，就是選出一位獨裁者，讓他個人偏好成為我們的偏好，集體的不理性就會消失！雅若清楚當代納粹德國的興起，就是一個鮮活例證。

　　基於前述民主集體不理性的困境，人們對民主的信心喊話都是基於不合社會選擇邏輯的想像，從雅若不可能定理產生的集體不理性困境，讓盧梭在兩百多年前倡議的「全意志」概念受到挑戰；根據美國政治學者 William H. Riker（1922-1993）基於雅若理論的進一步推

圖 1-3　Dr. William H. Riker 美國政治學者，應用社會選擇理論研究全意志
資料來源：Britannica。

3　原文：“In a capitalist society, economic power is very unequally distributed, and hence democratic government is inevitably something of a sham. In a sense, the maintained ideal of democracy makes matters worse, for it adds the tensions of hypocrisy to the inequality of power.”

導顯示，民主政治的關鍵不是應用選舉制度尋找盧梭的「全意志」，民眾要在邏輯上展現集體理性是困難的，因此，而是在有限政府與分權制衡的制度框架之下，Riker（1988）說了下面這段話：「民粹主義能否在道德上具有強制力的論述，取決於是否存在一個由投票所產生的全意志，如果投票無法展現這樣的意志，這種道德上的強制力就會馬上消失了，因為全意志並不存在，如果人民意志表達得模糊不清，他們無法設立法律讓自己得到自由。民粹主義的失敗並不在於它道德上的錯誤，而是它根本是一個空殼子！」

　　最後，資通科技的發展是否可以解決前述的社會選擇之集體不理性的困境？O'Leary（2018）認為，如果雅若理論中的「獨裁者」是一個被大眾信任、獨立、沒有偏見的第三者機制，它的功能是讓所有參與者的互動關係客觀且公開地在網路上被記錄下來，這樣的一個機制類似介於區塊鏈技術中公有鏈與私有鏈之間的「聯盟鏈」（consortium blockchain, CB），這個程序獨裁者所持有的偏好，不是它個人的偏好，而是經過聯盟鏈過程所產生的集體偏好的過程記錄器，作為加總偏好的一個公開資訊互動（open information transaction）紀錄。不過，這個區塊鏈對集體不理性問題的解方，仍較偏向程序面的安排，對於實質上這個公開資訊互動中如何模仿並且優化共同選擇的制度，比方說，制度設計問題如：「可以在區塊鏈的互動中納入多數決的機制嗎？」，還需要學界與實務界協力再做更多深入討論，才能找到答案。

參、哈伯瑪斯溝通理性難題，AI 是解方嗎？

審議式民主（deliberative democracy）的倡議是來自學者哈伯瑪斯（Jürgen Habermas, 1929-）對於人類溝通理性的觀察，他認為民主社會過去太過強調工具理性，因此缺乏對於人本面向的關注，他特別提出人類社會互動關係中的溝通理性面向，作為相對應於工具理性的一種追求社會進步的角度。簡單來說，溝通理性就是人際間溝通因為開放、自主，以及可成長

> ### 審議式民主
>
> 為一種修正式的民主運作概念與運作形式，強調人民做出各種基於人民主權的選擇時，應該考量他們是否是基於真正知情的狀態下，因此選舉投票前，國家應該提供民眾各種增加知情程度的活動，包括選舉（不論是選人還是公投政策）的政見發表會、辯論會，以及公民會議在內的深化知情活動，都是正當且必要的。

的互動所產生的追求共識的理性意識，這個討論焦點的轉變，呼應了前述民主困境，特別是邱吉爾對於民主政治的軟肋正巧在於民眾缺乏公共知能下的選舉活動，無法滿足讓人民意志趨近全意志的要求。因此，所謂審議式民主的優化概念應運而生，主要就是讓民主政治人民投下神聖一票之前，能夠投注資源進行個人以至於集體的「知情民意」（informed opinion）的塑造。

嚴格來說，始於 20 世紀中期的民主政治的學界與實務界的倡議，正是對於民眾參與公共事務的過程中，缺乏相關自我治理能力的一個明證，因此，民主政治落實最敏感的一個問題，就是民主運作中「公民能力」（citizen competence）的缺乏；顧名思義，參與民主決策的人民本身缺乏應該有的自我管理能力，包括認知、情感、溝通能力，以及相關的公共事務知識與態度的缺乏，導致參與民主政治的人民被譏為「會投票的驢」或是「群眾只有 5 歲大」等無法有品質地參與政治的問題。當然，這樣的討論也包括所謂的公平問題，民主政治雖然強調人人平等，但是人民面對參與公共事務之個

人識讀公共事務問題的能力有明顯差異，導致民主政治過去在英國曾經出現過知識分子可投兩票，女性和不識字者不能投票的制度。

從另一個層面來看，審議式民主作爲一種「修正主義」在西方學界與實務界的出現，最主要想回答的問題是：「民主政治是否在知識生產的層面，仍然存在比其他政體更優的『篩檢事實』（truth-tracking）潛力？而民主政治如要具備這種潛力的條件是什麼？」這個問題攸關民主在西方知識界一直享受的正當性是否眞實的疑慮。事實上，2006 年哈伯瑪斯本人對於攸關民主政治的修正主義之風的大行其道，有著偏向保守的評估，單純的審議活動還不足以優化民主，他說：「請大家注意這個非個人與不對稱的大眾傳播結構，公共領域只有在環境條件許可下，才會產生知情（有同理）的民意，這裡我特別使用有條件性的概念就是要告訴大家，公共領域的權力結構，會讓大眾傳播的結構失眞，並且干擾（審議民主）動員議題關聯性、資訊需求，以及各方貢獻的規範性條件。」[4]（Habermas, 2006: 418）

關於審議民主運作的種種限制，其中最重要的支援性科技應用是 AI。2022 年底，生成式聊天機器人 ChatGPT 橫空出世，挾其自然語言的回應模式，讓人們創造「論述」的工作受到強烈的衝擊。事實上，AI 發展的目標之一，乃是希望能夠對人類有限的理性能力進行「智慧增強」（intelligence amplification, IA）的協助，這樣

4　原文：“Notwithstanding the impersonal and asymmetrical structure of mass communication, the public sphere could, if circumstances were only favorable, generate considered public opinions. I use the conditional here to draw your attention to the other obvious reservation: The power structure of the public sphere may well distort the dynamics of mass communications and interfere with the normative requirement that relevant issues, required information, and appropriate contributions be mobilized.”

的功能近年也逐漸進入人們日常生活的工作軟體當中。比方說，Microsoft 的試算表（excel）之功能鍵中，也加入 AI 的功能，使用者可以按下「資料分析」（analyze data）的按鍵，用類似 ChatGPT 的提問方式，讓試算表自行計算，另外，資料分析還可以主動將資料進行通透的分析，畫出所有的表格，讓使用者選擇使用之！如此的 AI 加強版的加持，擁有初步數量分析知能的個人，可以因為 AI 的協助，而能在量化的審議能力上得到智慧增強的協助，不過這個好消息仍然無法改變人在倫理上的行動限制。

　　當審議式民主的修正主義，遇見 Web 2 時代資訊消費者與生產者同體的現實中，因為價值衝突、專業不對稱，以及政治激烈衝突所導致社會信任低落等問題，可以藉由最新的資通科技發展而得到舒緩嗎？以至於這個修正主義風潮可以真正拉近人民意志與全意志的要求？2017 年兩位俄國學者 Velikanov 與 Prosser（2017）提出「群眾線上審議」（mass on-line deliberation）系統的概念，雖然該系統有著解決審議民主參與數量的問題，但是過程中也有一個導入專家知識的程序，這個程序在未來或許可以藉由 AI 的持續發展，讓公共討論中「硬知識」（hard-core knowledge）的事實底線，可以被這個系統自動檢查與保持；然而，這個發展中，我們還是必須重視「事實」（fact）與「價值」（value）的差異，AI 的發展是否能完全處理價值衝突的問題還處於未知的狀態。

CHAPTER 3

數位網路發展與人民主權困境的改革實驗

壹、數位網路科技的發展:過去、現在與未來

　　數位網路科技的發展一日千里,回頭來看,民主政治的運作也受其侉大的影響,不論在形式還是內涵的層次,尤其是在前述民主運作困境下的政治發展,民眾對於「代議民主」(representative democracy)違背人民主權的瑕疵已經逐漸失去耐心。最特別的是網際網路的發展,雖然剛開始只有高能物理學家及軍事單位人士使用,但是經過多年的發展,它已經將人類世界經過個人裝置連成一個巨大的人際網絡,在這個網絡不斷更新與智慧化的過程中,科技能夠增強民主運作、去除代議民主的宿疾,彷彿成為一種不用協調的社會共識,這樣的社會心態當然也造就了科技成為民主運作困境「救贖主」(messiah)的科技樂觀論,因此,讓我們來一起回顧網路科技是如何從下面三途徑一步一步進入我們的日常生活,並且接著討論其優化民主治理的可能性。

一、降低知識尋索成本

　　網站的興起是第一波網路民主的改革想像,傳統實體的「告示版」功能網路化,1990 年代末開始,各種部門的組織(公、私、與第三部門)紛紛在 World Wide Web 上建構「官網」(website),肩負對內外利害關係人的公關行銷,以及組織相關之公開資訊的累積

與儲藏的任務，而個人也開始在網路上建構「部落格」（blog），記錄個人生活、思想評論，以及與他人互動的資訊，個人獲取公共知識因為網路的可搜尋性（Google 搜尋引擎的興起）與立即性而大大增加，過去要去圖書館花半天時間尋找書面知識才能搞清楚的事，可以在分秒之間從網路上得知，被稱作 Web 1 的發展。民主選舉中不知情民意的問題或可得到部分紓解，有事問「Google 大神」成為個人知識管理效率的開端，也讓政府無法再以公開程序的成本問題而迴避民主政治需政府資訊公開的責任。

二、改善橫向聯繫能量

2005 年 Facebook 在美國登記成為公司，人類正式進入第二波 Web 2 社群網路的變革時代。Facebook 約在 2009 年以一個著名的「開心農場」遊戲打入臺灣網路言論市場，目前已是最大的社群網站。過去，閱聽人獲取公共知識通常為專業的新聞與教育機構，但是社群網路與個人裝置興起後，人們除了從傳統機構之外，還可以很快速地從朋友圈知道他人對於公共事務的意見，眾人橫向溝通的低廉管道被正式開啟，傳統新聞與教育機構的公共知識獨占優勢被打破，公共資訊的消費者本身也可以是生產者，稱為「生產消費者」（prosumers），個人生產消費公共資訊的能量因為社群網路的輔助而壯大，公民參與民主審議並且影響公共事務的能量不斷增強；然而 2016 年開始的「假新聞」（fake news）問題，讓前述樂觀預期大打折扣。

三、開啟 AI 協力

以「語意網路」（semantic network）所建構的 Web 3，配合「區塊鏈」的公開網路記帳系統的輔助，人們又開始第三波（the third wave）的民主變革想像。語意網路代表網路不再是聽命令的功能性

平臺，它是藉由語言來暸解人類的偏好、情感甚至價值的 AI 代理人（agent），在人與電腦之間開展了一個**協力智慧**（collaborative intelligence, CI）的時代。語意網路配合前述區塊鏈的導入，民主治理過程中因為處理人與人之間互動的需要，所產生的程序、規章、甚至官僚組織，

> ### 協力智慧
>
> 是指人類和 AI 系統之間的合作，以共同解決問題、做出決策或創造價值。這種協力強調人類的創造力、判斷力，與 AI 的計算能力、數據分析能力相結合，從而達成單方面無法完成的目標。

都可以被公開的 AI 網路取代；從下到上的人民主權理想，有可能因為這樣的科技進化，而能夠逐漸離開長久以來因為主權運作成本過高，需要政府組織與菁英領導這種從上到下的統治結構的既有運作方式。然而，區塊鏈本身制定規則的主權歸屬，以及 AI 進展的緩慢及其偏差運作等問題，仍然讓數位民主改革者仍有疑慮。

貳、流動性民主的實驗成功了嗎，我們學到什麼？

1991 年，王力雄發表了一本名為《黃禍》的中文政治寓言小說；書中虛構了中華人民共和國因為福建省起義想改行共和體制而引發內戰，後來又不小心引起中美的核戰爭，很快席捲了整個世界，引發了第三次世界大戰。中國政府的統治中樞因為核戰而遭到摧毀而歸零，無政府狀態下民眾向全世界流離失所，有人提出了一套從下到上重建人民主權的「逐級遞選制」，由三人一組互選一位出線，再進入下一層的互選程序，直到最終在最高且最後的層級選出一位中國的新領導人為止，這個預言小說中所描繪的這個人民主權展現的制度，就是一種由下到上的決策制度，但這看似合理的制度理想，並沒有說明誰扮演程序監督的「第三者」，這個主權交易成本等於零的理想體制，是思考人民主權改革的一個好的原點。

　　1884 年間，創作《愛莉絲夢遊仙境》的英國詩人暨數學家道格森（Charles Dodgson, 1832-1898），創作了《國會代表性的原則》（*The Principles of Parliamentary Representation*）一書，內文想像一種與當下國會選舉截然不同的選區制度，一個選區可以選出多個議員（非單一選區），每位選民可選擇自己投票或是將自己的票轉給別人代行，是爲流動性民主的濫觴，後續學者將這種選民不只投票還可以將選票授權給別人或自行擔任被授權者的制度，稱爲「授權民主」（delegative democracy），這套制度的目標就是讓從下到上的人民主權活動，可以愈少受到選民角色、選區框架及選舉時程的束縛，進而淡化代議民主在定期選舉、政黨提名，以及選戰等攔阻人民主權影響政府權力運作的運作問題，網際網路的出現，可以解決代議民主運作過程中，受到少數菁英操縱與把持的問題。

　　前述這種「流動式民主」（liquide democracy）成爲一個破除代議民主制度轄制的民主改革努力，其主要成分包括三點：一、選民有兩種身分選擇，投票者或被授權的代表，後者可以自己決定擔任代表；二、被授權者需要向投票者負責，但是投票者的隱私受到完整保護；三、重新授權的時間可以讓授權者自行訂定，沒有定期選舉的需要。這樣的制度設計雖然尙未到達前述逐級遞選制之絕對從下到上的程度，但是很顯然該制度將代議士看作是柏克（Edmund Burke）眼中隨時要向授權者交待的代理人，而非全權代表（trustee）。因此，過去在各國實驗中發現資通科技的平臺是其運作的必要條件，另外，因爲重新授權時間由選民決定，過程中會需要導入「演算法」以維持政府運作的穩定性；接著，民眾在這樣的一個系統中，因爲課責的關係需要知道更多關於他人的完整資訊。

　　試舉一個範例來展現這樣一個新的民主形式。圖 1-4 中每一位選民可以選擇自己投票或是把票授權給其他人或是組織，後者比方

說選民將自己的票授權給「董氏基金會」來投票，被授權的人民或組織可以再授權給其他人或是組織，比如最左列的第一位選民將自己的票授權給左邊數來第二列第三位選民，這位民眾手上連同自己的票一共有 3 票，他接著又將這 3 票再次授權給左邊數來第三列的第四位選民，而這位選民連同自己的票一共代表了 8 票，再來，他又將自己手上的 8 票一起再次授權給一個公民團體，這個團體最終被授權 11 票，這些票最終以贊成的意見進入票櫃，最終贊成 13 票、反對 5 票為集體投票的結果；從這整個過程來看，每一個人手上的票在進入票櫃以前，被允許以授權的方式進行統整，這個投票過程中的統整活動，有 Web 3 介入協助的巨大空間。

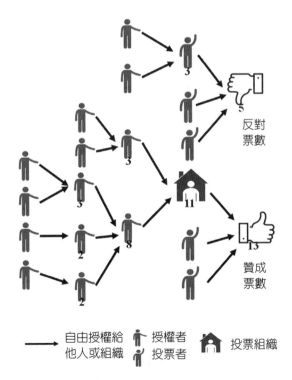

圖 1-4　流動式民主的一個範例
資料來源：作者繪製。

前述這個意圖將代議制度從囹圄中解放出來的人民主權改革作為，資通科技的幫助到底在哪兒？其運作的結果是否值得向外進一步推廣？雖然目前還沒有一個國家真正導入這個代議民主的選舉過程，但是從過去的實驗範例中顯示，有三件值得注意的問題：一、傳統選舉當中候選人各自向選民負責的意涵將會有重大改變，某些人因為受託投票的關係，對候選人來說是更加重要的「選民」，但是這些資訊需要公開透明的選舉資訊系統來協助處理；二、這個複雜的選舉授權體系，如果因為存在造假或脅迫的可能而需要政府介入管制其過程時，最有效率的做法可能是建構一個授權的區塊鏈體系，以至於能在有限的政府資源之下，順利推動民主改革；三、不論這個變革在其授權方法上是如何複雜，選舉課責資訊的處理能力依然是提升民主決策體質最重要的關鍵，因此應用 AI 的資料處理與智慧應用的功能，針對議會投票與發言紀錄進行更縝密且公開透明的管理，將會有助於代議民主的課責體質更趨健康。

參、人民主權從下到上的改革，資通科技可以幫上什麼忙？

大約在 1955 年左右，當代 AI 的奠基者，美國數學暨電腦科學家約翰‧麥卡錫（John McCarthy, 1927-2011）曾經提出第一個關於 AI 的研究計畫，該計畫的目標是要「尋找如何讓機器使用（自然）語言，形成抽象意識與概念，解決目前只有人類可以解決的問

圖 1-5　AI 領域奠基者約翰‧麥卡錫
資料來源：維基百科。

題，並且可以自我進化」。[1] 人民主權的表達與應用在人類冗長的民主發展歷史當中，本身就是一個程序性的問題，過去，這個問題如麥卡錫所言，是只有人類自己可以解決的，不過因爲資通科技的不斷發展，人類自己所創造出來的智慧裝置是否可以有效地協助我們處理這個問題？可以幫助到什麼程度？當然，這個問題的核心還是要回到本書一開頭就討論過的民主正當性之「個體－整體」的連接問題，個別的人民要如何在從上到下國家的絕對權威之下仍然享有高度的自主性？

　　事實上，從前述包括流動式民主等一波又一波從下到上的民主政治改革作爲，到底要如何調和國家與人民之間的主權之爭呢？事實上，人民主權隱含「自治」（self-governing）的概念，但是國家主權在面對外部或內部敵對勢力的時候，又有可能轉變成爲壓迫人民自主權的一股力量，比方說，COVID-19 威脅大眾健康時，民主政府可以動用公權力要求大眾不得出門或是一定要戴口罩，而民眾也有權利不服從，在這個互動過程中，資訊與通訊的技術可否減輕兩者之間的衝突？一方面，民眾懷著國家極小化（minimalist state）及無政府（anarchy）的夢想，資通科技可以有效降低主權交易成本，讓民眾反抗政府的成本大大降低；另一方面，民眾彼此之間的價值差異與利益衝突，資通科技也可協助民眾之間的審議成本，有利於共識的追求與產生。

　　不過，前面應用資通科技輔助民眾自主管理的樂觀論，並不是眞實世界的全貌。最主要的問題在於，輔以 Web 3 智慧網路的民主決策，仍然要面對來自民眾社會中「自我」、「集體選擇」（collective

---

1　原文：“… find how to make machines use language, form abstractions and concepts, solve (the) kinds of problems now reserved for humans, and improve themselves.”

choice）及「不確定性」（uncertainty）等優化民主決策之三個關鍵因素的影響程度而定。首先，就自我的角度來看，一個人面對網路上排山倒海的資訊，要如何篩選與應用和公共決策主題相關的資訊，並且協助自我改變偏好，以至於可以做出更好的決策，事實上，偏好的重組是審議式民主優化的重要指標之一，理性的個人在做政治決策時，需要學習更新資訊來因應不斷變遷的大環境，不過因這公共心智活動對專業知識的需求極高，即便有網路協助資訊搜尋成本之降低，最終判斷的能力並非網路可以提供，這樣看來，在個人自我公共參與能力的成長上，資通科技的協助有限。

再者，「集體選擇」的部分來看，如果多元代表一種自由的表現，那麼如何讓大家的偏好趨同並且形成共識，便是一個很弔詭的制度性要求。電影《阿凡達》（*Avatar*）中潘朵拉星球上的原住民納美人（Na'vi），以一棵象徵生命起源的巨樹「伊娃」（Eywa）來連接所有的族人，這個意志的連接除了有生物性的接觸外，也有類似宗教的心靈層次連接；如果應用到人類社會，面對個人主義高漲下的多元社會，這種社群連接就是一種「全意志」的形成方法，這種連接讓納美人彼此之間的意識聚合成為

圖 1-6　2009 年上映的美國科幻環保電影，外星族納美人社群有強韌的連接
資料來源：維基百科。

可能，因此我們可以問，資通科技的發展，特別是 Web 3 的逐漸成形，是否能產生類似「伊娃」的智慧網絡來協助多元分歧的社會尋找公共事務的共識？這個問題從 Web 2 運作的世界，「同溫層」所導致的政治極化會顯得有些悲觀。

　　從決策的後果來看，因爲沒有人知道未來且非全知全能的，「不確定性」充斥著決策環境，更不要說是公共事務這個更複雜的領域，因此資通科技本身對於人類決策的不完美本質，最多達到優化但是無法根除的地步。通常決策環境中的不確定性來自於三方面——資訊、環境與個人意圖（Wu & Shang, 2020）；個人的意圖雖然可以從人與機器的互動中獲得，但是人心隨時都會隨著環境而改變，這讓資通科技的協助永遠是被動且有限的，而環境資訊的豐富程度，取決於將環境數據化並且降低長期蒐集成本才有可能，臺灣空氣盒子的案例就可以顯示蒐集環境資料的成本爲民主治理引進資通科技的難題所在，而資訊的方面，配上「物聯網」（internet of thing, IoT）的資訊蒐集雖然成本降低，但是就龐大資料的除錯與整理工作，資通科技的協助功能還是有限的。

CHAPTER 4

政府數位轉型與人民主權困境的數位優化

壹、政府數位轉型可以改善民主的主權困境嗎？

　　近年政府數位轉型成為新的顯學，不過「轉型」（transformation）一詞亦有「突變」（mutation）的意思，係指從一種型態轉變為另一種型態，也就是說，由資通科技所帶來的新一波工業革命，政府組織應該要做好變革的部署，以期在新興數位科技的引領之下，面對日趨困難且複雜的公共問題時，能夠更有效率、更節省資源，以及更符合民眾的需求。學者 George Westerman 曾經說：「當數位轉型被正確執行，它就像是毛毛蟲轉型成蝴蝶了，不過，當它未被正確執行，你只會得到一隻跑得比較快的毛毛蟲。」[1] 因此，轉型是一切的重點。接下來，本章將從下列三面向討論這可能性。

一、公共決策品質的數位優化

　　在數位科技的協助下，民主治理的「制度（遊戲規則）」轉型了嗎？建構一個可以讓民眾個人意見有效整合起來的有效制度，是民主政治可否進步的關鍵所在；而數位網路的快速發展，可以讓人與人之間相互連接的成本大大降低，因而為改革者帶來優化民主政

1　原文："When digital transformation is done correctly, it's like a caterpillar turning into a butterfly, but when done wrong, all you have is a really fast caterpillar."

治運作的期待；然而，民主遊戲規則的正當性核心仍然是「以數人頭替代砍人頭」的多數決原則，人民意志如果要與全意志協同一致，應該有兩個途徑：㈠實質的途徑，即全意志的決策基礎可以經過 AI 的運算與整合而獲得，民眾可以有一個明確的決策參考架構進行民主投票；㈡程序的途徑，即 AI 最多只協助處理程序性的問題，比方說，誰先發言與發言時間的控制等，實質決策價值選擇的問題，仍藉由不斷降低成本的選舉系統來協助民眾優化公共決策。

二、民主課責任務的循證導向

　　數位科技所帶來的轉型，可否改變民主治理的「組織架構」？數位轉型大致可分為被動、自動。若從政府角度來看，前者可以民意表達模式轉變為代表，過去政府運作需要民意代表從中表達意見，而現今則因應數位科技的發達，民眾本身可透過網路平臺表達民意；後者則是政府主動從紙本資料轉換為數位資料進而形成資料庫，不但改變民眾尋找政府資訊的方式，也形成大數據（big data）資料庫，可以作為政府循證決策（evidence-based decision making）的基礎；在這樣的知識基礎上，官僚體系的裁量權（discretionary power）將會受到更多的 AI 監管，而更多的決策會由演算法來執行，不過官僚組織是否就此消失還是個未知數，因為「民主課責」（democratic accountability）的需要，AI 短期內還無法取代真人公務人員。

三、公民能力提升的協力智慧

　　從個人方面來說，數位科技所帶來的轉型，是否能夠將人類從目前的平凡狀態，提升到「超級人」（superhuman）或是「變種超能人」（homo superior）？事實上，不論在科幻電影還是傳統的教育理論中，人們經過自我學習或是外在科技裝置而進行優化改變的

想像，從來沒有停止過；人民主權的主軸個人如果在公共選擇的情境中，一方面「理性是有限的」（bounded rationality），另一方面又是容易受到行為心理學上決策謬誤（decision biases）的誤導，那麼從個人到集體決策的結果，絕對會讓人民意志與全意志愈離愈遠，因此如果政府的數位轉型讓制度與組織都進行了相應的轉變，其中最重要的個人卻是狀況連連，這樣的主權政治優化的努力就會永遠有一個缺陷，不過，協力智慧下的責任歸屬，以及演算法的倫理問題等，都應同等關注。

貳、Web 3 的建構與導入，可否緩解人民主權的能力問題？

瑞典專業學習心理學大師愛力克森（K. Anders Ericsson, 1947-2020）長年研究專家的心智活動，他認為一個普通人可以透過不斷刻意學習而成為專家，並在某項領域當中有更好的表現。依據這個說法，經過不斷地接觸與練習，一位民眾學習成為盡職且能夠分辨事理的公民，應該也是可期待的主權困境的改革方向之一。Web 3 的語意智慧網路的發展，對於一位有意願自我訓練成為獨立公民的民眾是有其重要幫助的，不論是從搜尋知識的功能上（比方說，維基百科的存在），還是輔助思考與提問的面向上，從個人層次提升公共知能的努力，如果在知識範圍夠大、處理速度夠快、且知識記憶恆存的智慧網路的協助下，民主治理改革對於拉近人民意志與全意志的努力將會有重大突破，不過，條件上還是要處理下面三件運作環境的問題。

一、資料治理

「資料治理」（data governance）是累積知識之機器學習功能的基礎，其內涵意指一個意圖使用資料來進行智慧運作的組織，必須對有關資料的蒐集、儲存、篩選、應用、保存與銷毀，設計出一套管理機制，包括目標、策略與行動準則的所有活動。比方說，科技樂觀論者對於應用智慧科技來改善主權困境的期待很高，不過，要將組織轉型成為「資料導向」（data-driven）的基礎工程就是政府資料治理策略的擬定與推動，不然，一個組織如果沒有良好的資料治理基礎，即便花大錢意圖建構如「聊天機器人」（chatbot）的智慧客服機制，也會因為獲取餵養機器學習的材料太少、蒐集成本太高，以及系統性的品質未知的狀態下而宣告失敗，同樣地，如果 Web 3 是國家未來處理主權困境的希望所在，應該從中央政府組織開始，推動資料治理的工作。

二、數位落差

「數位落差」（digital divide）是政府應用 Web 3 來改善主權困境的主要障礙，通常，政府數位轉型的結果之一就是政府的運作愈來愈依賴網際網路的輔助，但是人民端電腦、手機使用的頻率與強度，會因為個人掌握尖端科技應用能力的強弱而有所不同，政府的數位轉型必然產生由數位發展所導致的不公平現象，過去政府曾經透過「資訊代理人」制度來推動**數位涵容**（digital inclusion）的政策，減緩社會上因為政府數位轉型而產生的數位落差現象；因此，當政府應用 Web 3 的知能網絡來強化人民主權時，如果數位落差從中作梗，一方面，強化人民主權的網路資源分享會

數位涵容
指社會成員對於社會中扮演關鍵性角色的資通科技應用，個人不會因不具備使用此項資通科技的能力與行為而無法融入於社會或者被排除於社會（Warschauer, 2003）。

產生不平等的問題，另一方面，從個人公民能力的提升上來看，數位落差也會在自我或系統性的公共智慧成長工作上，隱藏不公平的疑慮。這些不平等的問題都需要好好面對與處理。

三、事實查核

　　政府努力應用 Web 3 來強化人民主權的同時，也要注意「事實查核」（fact checking）在這個過程中重要但有爭議的關鍵作用。Web 3 的語意網絡建構過程中，事實概念之間的網絡連接會縝密但緩慢地進行知識網絡的編織工作。從機器學習發展智慧科技的過程漫長且耗時，當網絡密度不足時，爭議與虛假訊息在各種知識網絡中的製造與傳播速度的影響會同步增加，這種可能性的存在會讓語意知識網絡的建構目標受到致命的削弱，當然也就會進一步減弱拉近人民意志與全意志之間差距的努力成效。因此，社會上必須要成立某種事實查核的平臺或是組織，不過由於事實本身也有隨時間變動的可能性，要完全無誤地判斷某項網傳消息是否為假訊息的任務，可能有黨派意識介入而成為影響言論自由的隱形殺手，政府運作時應該追求一個客觀與平衡的介入模式。

參、人民主權的落實，AI 的發展可以幫上忙嗎？

　　如前面曾提及，美國著名的民主理論家巴伯（Barber, 1998）曾說，人類的民主社會面對科技（特別是資通科技）發展，會產生三種情境：

一、樂觀論下自信的「潘格羅士」劇情（"Pangloss" Scenario）：認為資通科技將會解決民主政治長久以來的問題，將民眾直接連接在一起，能夠強化社群意識、社會信任，以及公民接觸。

二、悲觀論下憂慮的「潘朵拉」劇情（"Pandora" Scenario）：認為

資通科技就像一個潘朵拉的盒子，因為「數位落差」的問題，引進資通科技來操作民主，只會更加惡化本來就已經不平等的社會。

三、實用論下審慎的「傑佛遜」劇情（"Jeffersonian" Scenario）：認為或許資通對實體社會的影響並沒有想像中來得劇烈，人們可以做的就是從實踐的個案中找出資通對民主政治的真實影響，在此基礎上去蕪存菁，務實地進行漸進式的民主改革。

這個科技與民主發展可能的劇情概念分類，也可以應用來討論政府應用 AI 科技推進民主治理品質可行性的問題，接下來有三點可以討論。

一、實用主義的優勢

近年 AI 的蓬勃發展，從 Barber 教授的論述中，科技人（加一點商業目的）對 AI 的發展會偏向樂觀論；而法律人（加一點家父長式的憂慮）較偏向悲觀論。前者拼命推動 AI 的發展，試圖打破社會既有框架，力抗創新即違法的緊箍咒；而後者面對社會潘朵拉之盒所可能釋放出來的新興「棘手問題」，拼命制定出一項又一項的法律、條例、規範，意圖把「魔鬼」一個個抓回盒子裡去，但是資通科技在 AI 時代的數位主權轉型，需要的是「摸著石頭過河」的實用主義的引領，主要原因在於科技的發展與時俱進，政府的管制需要時間公開討論與通過民意的檢驗，而遊說資源充足的大型科技公司對一國政治的影響力不容小覷，因此最好的推動方是就是**漸進主義**（incrementalism）！

> ### 漸進主義
>
> 在政府改革上透過連續、小步驟的改變來達成長期目標。這種策略強調穩定性和可行性，避免大規模的突然改變可能帶來的風險和不確定性。它是一種謹慎且實證的策略，強調從過去的經驗和現有的條件出發，逐步推進改革。

傑佛遜「實用論」（pragmatism）一詞的希臘文有「行動」與「試驗」的意思。政府數位轉型需要同時遠離悲觀與樂觀的論述，在「我們試試」的可能性下，秉持「循證」管理精神（請參下段論述），一步一腳印地推進，這樣的執行意志對於落實高科技引導的民主治理品質改革，有可行性的優勢；因此，過度樂觀消費 AI 的政府改革，可能忽略其背後能源消耗、算力限制與資料缺乏的問題；但是，過度悲觀地過早設立各種法律上的絆馬索，讓 AI 科技的應用可能受限，也等於是在扼殺創新能量；綜括來說，政府推動改革最實用的看法是，在協助人民主權落實的大量低成本的資料尚未穩定供應前，民主國家應用 AI 來提升民主治理品質的說法都是空虛的！

二、循證決策的組織

隨著 2022 年 11 月 ChatGPT 的出現，各類組織進入 AI 變革的時代，沒有任何一種組織可以躲避這波創新浪潮：不論是公、私或第三部門的組織，導入 AI 的組織變革不是跟著流行喊口號就能夠成事，而是需要從組織資料治理的基本工開始努力。然而，相對於商業部門受到市場生存競爭的壓迫，從市場的循證分析（evidence-based marketing research）需要「資料驅動的組織」（data-driven organization）支援。事實上，循證決策這個概念早在 20 世紀初就由醫療領域以「循證醫學」（evidence-based medicine）獨領風騷，而政府組織領域的循證治理則是到最近二十年，因爲三項科技的突破性發展產生根本性的改變，成功可能大大增進。

這三項突破分別是㈠巨量資料：2000 年社群網路的興起，一般民眾開始參與文本資料的生產，人類社會正式進入大數據時代；㈡算力突破：電腦硬體晶片的不斷迭代發展，讓電腦的運算能力不斷強化，也可以處理量更大且內容更複雜的資料；㈢大型語言模型

（large language model）：2022 年 AI 大型語言模型的出現，讓組織中的工作者應用資料進行規劃、分析或決策的門檻降低；然而，過去以組織資料治理爲基礎推動的循證決策，因爲 AI 的加入而更加蓬勃；不過，即便當下組織擁有更先進的 AI 協助，還是必須藉由組織資料治理的基本功來推進循證決策的組織建構（圖 1-7），沒有資料治理的 AI，無法強化組織循證決策的能量。

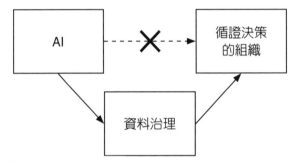

▌　圖 1-7　AI、資料治理、循證決策的組織之間的關係圖
　　資料來源：作者繪製。

三、透明課責的制度

　　早在 2013 年，美國資訊專家與暢銷書作者 Bruce Schneier 曾於哈佛大學甘迺迪學院的 Podcast 節目[2]中，倡議一個全新「公共（public）AI」的可能性，他認爲，AI 的技術如果完全掌握在私人跨國企業的手中，會完全失去 AI 本身潛在的公共利益或民主政治促進的能量，十分危險。這樣的論述已經在歐洲快速實踐；2024 年通

2　節目標題：「AI 如果只服務大科技公司，將不會是民主政治的好夥伴！」（AI can be democracy's ally, but not if it works for Big Tech），請參見 https://www.hks.harvard.edu/faculty-research/policycast/ai-can-be-democracys-ally-not-if-it-works-big-tech?fbclid=IwZXh0bgNhZW0CMTEAAR23vkjAEkNi3uyw6eLz7Qd_HXC0-E7lmfsPb05Li0wUMd56VAZOXW1Pb3s_aem_d9DvFXhgDNtPn6xtNYSirg

過的《AI 法案》（*AI Act*），除了強調 AI 促進包括衛生、教育與安全等領域的公共利益之外，也對 AI 可能帶來的「風險」（risk）進行分級管制，有趣的是，人類創造出一個模仿自己智慧生成能量的機器，在還沒能獲取大量好處之前，就已經擔心其危害性，以至於須從國家管制的角度來因應之。

不過，這些「政府介入」需要正當性的論述，大多忽略政府本身也會「失靈」的問題，特別是民主國家因社群網站的出現，政治環境中選舉競爭白熱化的問題持續發燒，AI 被應用在操縱媒體、壓制對手，甚至製造真假難辨的新聞事件來爭取勝選，已經成為這些政府介入論點最大的夢魘！因此，推動 AI 的公共性（publicness）是一個數位民主治理社會的重要公共價值，其中最重要的就是倡議可信任的（trustable）AI、透明的演算法（transparent algorithm）及可解釋的（explainable）AI 等概念，希望經過政府管制政策的介入，AI 的創新過程可以應用資訊公開的手段，讓 AI 的運作可以讓非專業人士理解，進而產生對該科技發展與應用的信任感。

最後，本節所討論之數位民主治理的政府組織面的變革，仍然必須從組織管理的角度來落實，以下提出三項變革的原則。

一、改變思維方式

代表組織文化的改變及組織策略性人力資源管理方向的變革。或許，最快的方式就是找到一位願意推動資料驅動的政務領導，當然，那是可欲不可求的，又或者是從才能管理（talent management）的角度來重新設計組織的人力結構。

二、錯誤帶來學習

曾經有人說「失敗愈快，學習更快」（Fail fast, learn faster），因此，制度化「**沙盒機制**」（sandbox）的作爲是少不了的，如此可以讓公部門許多處於高度管制下「改革即違法」的領域，得以在循證的亮光下推進數位轉型。

> **沙盒機制**
>
> 在政府數位轉型上，是指創建一個隔離的環境來測試新的數位政策或服務。這種機制可以確保任何可能的錯誤或風險不會影響到現有的系統或數據，同時也能讓政府在實際推出新政策或服務前，有機會進行評估和調整。這是一種保護公衆利益並促進創新的策略。

三、專注在長期策略

公部門追求長期的改變是可能的，包括提出長期計畫，或是設立久任的事務人員，只不過民主定期選舉及政務領導選舉公關化的問題，導致公共組織愈來愈追求短期的成果，這可能需要事務體系內的「跨屆堅持」才能做到。

無論如何，數位民主治理的組織變革不是預言，是必然發生的事，因此在 AI 大爆發的時代，不論手上再大的權力、項上再聰明的腦袋、甚至再強的自我管理意識，都無辦法阻止這波以 AI 所引領的大環境科技變革，也就是說，政府組織應用優質的資料治理爲基礎，訓練客製化的 AI 輔助系統，以期讓公共組織轉型成爲資料驅動的循證決策組織，是無法阻擋的。這也是臺灣在科學技術大躍進的年代，若意圖持續優化民主政治的焦點之一，即政府組織優化！

◆ 篇小結：主權深化的科技幫補，理想上的必要， ◆
但必須務實以對

　　從本篇一開始針對人民主權在資通科技快速發展的時代中，是否可以一方面強化民主政治運作的效能，降低難解的人民主權運作問題的影響，另一方面可以避免爲民主治理帶來負面效應，是本書討論的核心。我國中央政府自 2022 年開始成立數位發展部，除了傳統產業促進、政府資安防護，以及數位政府的發展等業務之外，面對民主治理發展的內外挑戰，政府對於應用資通科技強化臺灣民主治理的運作，也應負起相關的責任，這個責任的本身當然會牽涉到應用國家公權力的時刻，但是不論是監管、服務還是協力，仍然應該在科技應用上嚴守中立性（neutrality）的價值，不介入政黨競爭的任何一個環節，讓擁有主權的人民，經過資通科技的協助，而能夠更有效地凝聚主權共識，並且更有意義地監督政府作爲。

　　當然，前述落實人民主權的任務，事實上應該包括公共行政大師古德諾（Frank Goodnow, 1859-1939）所言之「人民意志的展現」與「人民意志的落實」等兩個部分，後者若從資通科技的應用層面來討論，其最重要的工作之一就是推動落實政府數位轉型，不過，受到政府資源、組織現況、公私協力、領導統御等因素的拉扯影響，政府數位轉型的推動仍然有一個非常長的路要走，因此數位發展部的成立，應該也要將之視爲「政府數位轉型的元年」，以中央二級機關的層級，引領臺灣各級政府的數位轉型，比方說，近年應用 AI 雖然已經成爲推動政府數位轉型的顯學，但是沒有良好完整資料治理基礎建設的智慧政府策略，最多只能止於展示公關的效果，這樣看來，由政府推動數位轉型的努力過程中，包括立新法、資源投注，或是設立推動目標與考核機制，是急迫且必要的。

　　最後，民主政治尊重個人自由意識的理想，需要與集體意志的形成過程與結果相互調和，本篇將之稱爲人民主權的困境，這個困境的存在，一方面讓進步派永遠都有可以倡議的改革作爲，但另一方面，尋求適當的技術支援一起解決愈來愈棘手的公共問題，也是政府責無旁貸的任務，其中，數位網路新興科技的發展，爲人民主權困境的改善帶來偌大的希望！不過，本篇最後提出下面三項論點，作爲本篇的結語：

一、民主政治絕對不是一個完美的制度，即便與非民主比較起來有尊重人權的優勢，但並不代表民主制度的優化措施是不重要的，甚至應用資通科技進行民主運作的優化是不可違逆的改革潮流。

二、民主的困境包括公民集體的不理性與審議運作時的公民能力不足問題，這兩個問題都有相對應的數位網路科技可以逐步解決，但是如何落實這些科技應用是政府無可迴避的責任。

三、處理主權困境的可能資通科技，主要是 Web 3 風潮下語意網路的發展，以及區塊鏈的公開互相監督的公共決策平臺，這兩樣技術都還在發展的初期階段。

　　本篇作為本書的第一個篇章，正如本書一開頭所展現在憲政結構上的五柱上層建築所支撐起的政府數位轉型之目標落實，本篇的人民主權的落實，有三個特性：其一，人民主權的落實是高於憲法這個國家的根本大法的一個目標；其二，落實人民主權又是支持五根柱子最重要的基礎建設與正當性來源；其三，落實人民主權又與另外四根柱子要達成的目標相互關聯，形成政府推動數位轉型業務，追求優質數位民主治理的重要支柱，因此接下來在本篇的基礎上，本書將逐一進入另外四根治理之柱，進行深入討論。

自我評量

1. 在網際網路時代數位主權（digital sovereignty）的概念如何影響現代民主治理？面臨哪些挑戰？政府應該如何介入來維繫數位時代的主權完整？

2. 根據你在本篇三章中的研讀，民主政治的治理問題有哪些？這些問題的本質與可能解決方法為何？資通科技帶來的是正面還是負面的影響？

3. 政府數位轉型（digital transformation）的定義與範圍是什麼？政府在數位轉型過程中面臨哪些主要挑戰，尤其是如何設計政策能夠調和創新與監管？

4. 民主政治中的「公民能力」（citizen competence）的問題是什麼？經過資通科技的應用，是否可以處理這個問題？有哪些利弊？

5. 協力智慧（collaborative intelligence）的意義是什麼？請試著上網搜尋一下有哪些案例，就這些案例中討論要如何應用協力智慧來進行主權在民的治理？

6. AI 在民主社會的應用，就你個人的看法，可以如何協助民眾在選舉過程中，得到他們應該得到的資訊，但是又不會被假新聞迷惑？

7. 資料治理（data governance）在政府推動數位轉型時扮演什麼樣的角色？政府的策略中要如何在網路時代能夠保障公民的自由與權利？

8. 民主治理需要系統的透明度所建構起的公民信任感，區塊鏈技術（blockchain technology）是如何能夠強化透明與信任？請試找一個案例說明。

9. 數位落差（digital divide）是如何影響公民參與民主治理？有哪些策略可以縮小此一差距？請試舉一個實例說明之。

10. 審議式民主（deliberative democracy）如何解決社會中公眾意見不充分的問題？在資通科技時代有哪些技術工具可以協助？這些數位幫助是有效的嗎？

MEMO

PART
2

數位權利保障

◆ 引言：新型態數位環境的人際互動改變 ◆

一名女性研究人員登入 Meta 公司旗下的網路平臺「Horizon Worlds」，擬針對該平臺使用者行為進行研究。當她戴上 VR 眼鏡想進入虛擬實境中一個房間，被要求解除安全設定才能進入，但其他用戶便可查看她的真實性別與聲音。隨後兩名男性虛擬人物接近她，並對她說出含性暗示的不雅言論，甚至逼近進行猥褻行為，

圖 2-1　Meta 公司 Horizon World 虛擬平臺簡介畫面
資料來源：維基百科。

而這過程都可被其他用戶看到。女研究員表示，虛擬空間的角色遭到襲擊時，真實肉體也會藉由穿戴裝置感受到，卻又要自我提醒這不是真正的身體。在虛擬實境中，雖然是針對虛擬角色的攻擊，但對用戶們而言，就像是真正發生在自己身上的事，令人恐懼，也造成內心的陰影。Meta 其後導入類似保持安全距離的功能，使用戶可創造個人安全空間，可見即便我們以為在元宇宙中完全是屬於虛擬情境，也可能使得人對於自身權利感到遭受侵害，甚至發生實質的侵害。如何在虛擬實境內，兼顧高度自由與防止虛擬數位權利侵害，並建構保障數位權利規範制度，是元宇宙未來的一大挑戰。[1]

在前一篇中，提到 Web 3 發展對於願意自我訓練成為獨立公民的民眾是重要的。政府落實數位人民主權的任務，就是推動政府數位轉型，也包括人民意志的展現與落實。民主政治運作，除了尊重個人自由意識和集體意志的調和，也會遇到公民不理性與公民能力不足問題，造成人民權利的侵害。因此，政府在應用 Web 3 強化人民主權及參與的同時，也應進行政府介入與人權保障的衡平，在 Web 3 平臺使用過程中建立公開互相監督的公共決策平臺。

1　案例內容取材修改自《登入 Meta 元宇宙研究！21 歲女「戴 VR 不到 1 小時」即遭性侵》，NOWnews 今日新聞，2022 年 6 月 1 日，https://www.nownews.com/news/5824521

1948年聯合國大會通過《世界人權宣言》
（*Universal Declaration of Human Rights*），
鑑於一個人人享有言論和信仰自由並免於恐
懼和匱乏的世界來臨，會員國願合作促進對
人權和基本自由的普遍尊重和遵行，並以此
宣言作為所有人民和所有國家努力實現的共
同標準。其中宣示人皆生而自由，並在尊嚴
及權利上平等（第1條）；人人有權享有生
命、自由與人身安全（第3條）；人人應一
體享受法律上之平等保護（第7條）。具體
更揭示任何個人隱私、家庭、住所或通訊不
容無理侵犯，且均有權受法律保護以防止侵
害（第12條）；享有自由遷徙及選擇居住（第
13條），以及擁有財產且不容他人剝奪（第
17條）的權利；同時也應有自由思考（第18
條）、自由表意（第19條）及集會結社自由
（第20條）。

圖2-2　美國第一任聯合國
大使愛蓮娜·羅斯福（Anna
Eleanor Roosevelt）與《世
界人權宣言》（1949）
資料來源：維基百科。

　　這些權利與自由，長久以來已有充足共識並獲得保障。然而數位及網
路的快速發展，建立人與人之間超越空間、不同於傳統實體的新連結方式。
從發展網際網路（Web 1）便有去中心化、民主化、自由化與解放個人等想
像空間；之後發展為僅有少數超大公司主導的網路及商業活動，建構集中式
控制的數位網路活動（Web 2）；現在來到Web 3，又再次致力於網路的去
中心化及民主化，希望利用多元參與的數位力量，重新突顯個人參與角色，
政府的角色可能需被重新定位。但在政府退讓的環境中，參與者是否真能共
同型塑一個自我約制的新社會秩序？

在 Web 3 的發展下，**元宇宙**（Metaverse）就是下一代的互聯網。這樣具有社交功能的線上虛擬環境，結合許多虛擬實境（VR）、擴增實境（AR）等科技應用，提供身臨其境的沉浸式感受，用戶在元宇宙中有各種視覺、聽覺，甚至可能還有觸覺、嗅覺和味覺等感官。人們可以使用不同的虛擬身分進行現實社會中已有的一切社會活動，包括娛樂、社交、工作、消費，甚至談戀愛、結婚，一切都像在現實世界一樣真實，但似又不是真實。因此權利保障成為 Web 3 中新型態互動的重要課題。

元宇宙
該詞彙來自於 1992 年美國科幻小說家 Neal Stephenson 的暢銷小說《潰雪》（*Snow Crash*），講述主角間暇時會進入元宇宙的網路虛擬世界，以自己想像的形象活動。現用來描述以虛擬環境運作的網絡世界，每個人在虛擬空間都有個真實的可感知身分，可與其他玩家互動、共同工作、合作，將生活在另一個空間中進行。

CHAPTER 5

新型態數位環境發展對人權的影響

壹、真實世界與虛擬世界的行為差異與轉換

　　電腦科技的不斷發展，不論在資料儲存容量、晶片運算速度及處理能力都愈來愈強，藉由電腦創造出虛擬三度空間的真實性也愈來愈高，也使得虛擬技術在人們的生活中，可以取代愈來愈多真實世界的功能。這就會讓我們想到，或許可以用虛擬技術在電腦網路環境中，創造出另一個人類互動的社會，也就成為一些科技人的新目標。問題是，人類長久以來已用知識與科技，改造了原始的生活方式，工業革命所帶來的科技典範轉移，使現實社會生活更為便捷，交通、通訊發展更突破地域上的限制，拉近了人與人之間的距離。但現在又積累科技文明來打造一個虛擬社會，將現實世界中大部分的人類活動，都轉移到在雲端的電腦平臺中進行，脫離了我們對於人際互動的「真實性」，但卻能感受科技所打造虛擬世界的「真實感」，這是否是人類科技文明發展的未來？還是一個讓人類面臨被科技取代的危機？

一、網路世界中的數位人權問題

　　在過去數十年電腦與網際網路的快速發展，人們發現在新興科技中存在有可能會被侵害的人權而需要進一步被保護，包括因數位落差而主張應保障網路近用權利、使用網路者應對於網路知識有享用權利、在網路世界中仍應有言論與結社自由、網路世界中應有共享學習和創造的權利、隱私權必須受到保障、網路世界必須受到

治理，這些權利需要被認識、保護和實現。這些因數位轉型而生的人權概念，也成為「進步通信協會」（Association for Progressive Communications, APC）於 2001 年制定《網際網路權利憲章》（*APC Internet Rights Charter*）的主要數位權利保障內容。而在聯合國主導下於 2003 年召開的「世界資訊社會高峰會」（World Summit on the Information Society Forum, WSIS Forum）所提出的原則聲明（Declaration of Principles），重申所有人權和基本自由的普遍性、不可分割性、相互依存性和相互關聯性，並重申民主、永續發展、尊重人權和基本自由等在各層面都是相互依存、相輔相成的。這些也是在「數位人權」概念下最重視的價值。

二、Web 3 分散式架構的新秩序

　　Web 2 的經驗，造成我們擔心平臺業者集中化，使之可以控制我們在平臺上的言論，掌握我們所釋出、甚至是不知不覺被記錄的資料（例如個人撰文的語法模式）。為了破除私人業者這樣集中式的掌控，發展 Web 3 的理念就是創造一個更加民主化、去中心化的多元參與網路互動模式，不會有單一實體可以控制所有網路訊息，更不會使硬體或平臺所有權人可任意破壞或操控網路秩序。在這樣的新網路運作模式下，讓元宇宙得以發展，包含分散式資料庫、加密技術、邊緣計算等技術要件，加上虛擬顯示技

圖 2-3　美國小說家 Neal Stephenson 小說《潰雪》臺灣銷售版封面，內容被視為元宇宙的原型
資料來源：誠品線上。

術（AR/VR）、AI 等，建構了元宇宙虛擬世界的運作。所以 Web 3 是一個新的網路秩序概念或理念，元宇宙則是在 Web 3 理念基礎

上所建構出來的虛擬世界，兩者相輔相成，但爲不同概念（Marr, 2022）。

　　對於 Web 3 分散式架構所創造出的元宇宙空間，希望藉由促進多個互通的元宇宙平臺的發展，推動可反映參與者需求的多元創新應用，期待能配合社會的價值進行創新，而不是社會只能配合特定的科技，或一定要透過特定業者的服務才可以創新，最終使得所有創新都被綁定在特定的大型跨境平臺業者的手裡，造成資源與市場的寡占或獨占，社會如果不配合它，社會本來習慣的互動方法就沒有辦法持續。

三、真實到虛擬的轉換難題

　　但是，在網路媒體時代，如果人類進入這個虛擬社會生活，訊息和時間都更加地碎片化，人們被巨量的訊息交換所淹沒；個人理性思考與現實判斷，很可能會被感官的享受所取代；原代表自我意識的個人自主權行使，也可能會逐漸被控制虛擬社會的那臺超級電腦所掌握。

　　在虛擬的世界中，即便是每一個虛擬人物背後可能都有（也可能沒有）一個眞實人物存在，我們都不會眞實地面對其他互動的虛擬人物或其背後的眞實人物。但爲了在虛擬世界中產生眞實感，廠商會藉由包括眼鏡、手錶、肢體感應器等虛擬穿戴裝置，全面性地掌握參與的個人在眞實世界中所有活動模式，甚至包括參與者的思考邏輯、應對態度及價值觀等我們平常覺得無法被人任意記載的資料；另外，在所處眞實環境（例如家中）進行虛擬實境操作時，原本在現實空間中，屬於法律保護的私領域住家環境，原可藉由透過法律排除其他人的進入，卻會因使用虛擬設備而被全部記錄下來。這些虛擬世界中的種種，又會使參與者再次面對失去自主的可能風

險，回到我們所不願看到的過去；我們原不熟悉的活動模式改變，
都可能是產生新的權利侵害議題。

貳、共享真實對人權的影響

一、虛實合一世界中的共享真實

共享真實（share reality，或共享現實）是與其他人對世界的內
在狀態有共同點的體驗，此內在狀態包括對某事的感知相關性、感
覺、信念或評價。與其他人分享這種內在狀態的個人經驗，可以促
進這些內在狀態感知的真相呈現（Echterhoff & Higgins, 2018）。在
元宇宙的互動與創造中，人們有強烈的動機去與他人創造現實的共
享，並在這樣做的過程中，滿足他們對世界產生有效信念和他人聯
繫的需求，而共享真實的創造對這些需求的滿足相互交織，建立或
加強了個人社會關係，以滿足我們在社會中的歸屬感。

因此，社交分享的缺乏，有可能對人們的自信感和聯繫感產生
不利影響，這些影響可以發生在短期的情境互動或長期社會關係中。
當互動夥伴拒絕原被預期的共享真實時，人們會感到不確定、不舒
服，甚至身體上會感到不安（Echterhoff & Higgins, 2018）。從目前
網路世界對新世代的影響，不亞於在現實世界與真實人物的互動，
年輕世代將其原於真實世界中發生的社會互動關係，投射於網路世
界的角色中，結果可能因為遊戲角色、實況直播主的消失而造成恐
慌不安；而隨著現代科技的發展，元宇宙已不只觀察、幻想或代入
一個假設網路角色，而是透過科技設備進入一個虛實合一的世界，
這時候會想到，若在真實世界的我擁有法律上保障的人權，那在共
享的虛擬世界中，代表我的虛擬角色（avatar）是否具有「人」格
（personality）、該人格應如何界定，以及應如何實踐、保護人權？

二、虛擬角色的人格權利與責任問題

在傳統小說、戲劇中被創造出的角色要靠讀者幻想，並不具有真實的權利、人格，創作出該人物背後的創作者則可在真實世界中享有智慧財產權（著作權）；在 Web 2 的社群媒體時代，網路角色的使用者人格或可依據真實人格判斷，法律責任由該使用人的真實身分所承擔，並依據真實世界中的規範在真實世界中究責。但實際上對於網路虛擬身分的公然侮辱，其責任成立的判斷上，法院就已經有不同的見解，目前判斷原則多以該被侮辱之角色可否連結到個人真實身分為判斷方式，以真實世界中身分為判斷標準，如果虛擬身分無法連結到真實人物就不構成侮辱，[1] 可以連結到真實身分則可能構成侮辱。[2] 但在元宇宙裡面，虛擬角色才是真實主角，甚至可能無須真實身分的查證、或一人分飾多角時，由於該虛擬角色已非單純地由使用者（讀者、觀眾）進行觀看，而是真實世界的自然人身分與虛擬世界中角色合一。當虛擬角色被謀殺、被霸凌、被侮辱時，由於虛擬角色是現實世界中對自己的投射，也會讓真實世界中的參與者發生感官知覺，因而可能會讓參與的當事者更為難過、受傷，則參與者是否仍能依據目前的規範制度主張任何權利？究竟誰是真正的權利及責任主體？又要如何對虛擬的人物執行法律責任？

在元宇宙中所衍生的隱私權保障，是會被立即想到的重要人權議題。參與元宇宙的服務商及用戶，於個人資料之跨境傳輸，應如何調和各國規範，並處理資料在地化爭議？現有真實世界中包括竊

1　臺灣高等法院 96 年度上易字第 2631 號刑事判決、臺灣臺中地方法院檢察署檢察官 99 年度偵字第 24743 號不起訴處分書。

2　臺灣高等法院臺南分院 101 年度上易字第 471 號刑事判決、臺灣高雄地方法院 99 年度審易字第 1815 號刑事判決、臺灣高等法院 99 年度上易字第 2381 號刑事判決。

盜、賭博、妨害秘密甚至人身侵害等犯罪活動，在元宇宙中類似行為卻未造成真實世界中財產或人身侵害，或藉由虛擬實境設備蒐集他人住家內的資料時，在元宇宙中也將如何評價與詮釋？傳統以地域觀念進行金融監理、反洗錢規範與外資管制，在面對打破地域概念的元宇宙內之虛擬通貨，又應如何適用？乃至於言論自由、人格權保障、財產權等基本權的限制或界限，都是大家討論關注的議題（Lau, 2022）。

三、虛擬世界存在主體的思考

　　事實上，這些權利侵害等問題，並非是元宇宙時代才被帶來，而是在現有的網路世界就已經出現，只是在元宇宙中因為資料更充分、快速、大量使用及參與程度更高，而使問題更為放大。此外，西方哲學從柏拉圖（Plato）（西元前429 年～前 347 年）一直到 20

圖 2-4　左圖為古希臘哲學家柏拉圖；右圖為德國哲學家馬丁・海德格
資料來源：維基百科。

世紀的馬丁・海德格（Martin Heidegger, 1889-1976），其實也一直在探討何謂「存在」的問題，而人生就是在「生存」的基礎上尋求「存在」的意義，人類對自身存在意義的追尋，必須在真實的世界和真實的社會生活中才能不斷獲得昇華，法律也是以實際的存在判斷各項權利所依附的主體與客體。但在虛擬世界中，由於實際存在參與者與虛擬不具形體的角色融合為一，是由參與者互動型塑出宇宙中新的運作規則，這些被建立的社群規則如何被執行？由誰執行？如果我們仍以真實具有形體的「人」作為主體，那是否應該實名制？

是否又與建構虛擬世界的發想背道而馳？這些仍都需要被討論。因此當現今網路運作轉換至元宇宙後，如何有更好的解決方法也是學界、產業界、公部門在面對與解決必須思考的問題。

參、歐美對於數位發展的權利保障措施

一、歐盟數位權利保障規範

虛擬世界的規範雖然在各國都尚未建置，但各國在數位發展的進程中，也都考量到數位時代甚至 AI 發展對於人權所帶來的可能侵害，也都在各國價值體系上訂定了不同強度的規範，而以歐美相關規範的發展最為快速且明確。歐盟對於人權保障可說是高度重視與要求，從 2018 年 5 月 25 日所生效的《一般資料保護規則》（*General Data Protection Regulation*）被各界稱為全世界最嚴格的個人資料保護法開始，其影響不只在歐盟境內，也涉及與歐盟交流的任何個體，在全球化的互動下，事實上也等於影響了全世界。

歐盟執委會於 2020 年 12 月 15 日發布《數位服務法》（*Digital Service Act*）[3]及《數位市場法》（*Digital Market Act*）[4]草案，針對在歐盟境內，包括社群媒體、

歐盟數位雙法
歐盟執委會 2020 年 12 月提出「數位服務法」、「數位市場法」草案，是歐盟數位平臺立法的兩大配套法案。共同目的是創建一個更安全的數位化空間，以保護用戶基本權利，並為所有企業建立公平競爭的環境。兩草案已分別於 2022 年 10 月 4 日、7 月 18 日由歐盟理事會批准，於 2024 年在歐盟施行。

---

3 *Digital Service Act*, https://ec.europa.eu/info/strategy/priorities-2019-2024/europe-fit-digital-age/digital-services-act-ensuring-safe-and-accountable-onlineenvironment_en

4 *Digital Market Act*, https://ec.europa.eu/info/strategy/priorities-2019-2024/europe-fit-digital-age/digital-markets-act-ensuring-fair-and-open-digital-markets_en

線上市集及其他線上平臺等數位服務提供者加以規範，期望能保護線上環境的消費者基本權利，以形成更公平、開放之數位市場。《數位服務法》於 2022 年 10 月 4 日歐盟理事會通過批准，2022 年 10 月 27 日發布，2022 年 11 月 16 日生效，並自 2024 年 2 月 17 日開始適用，以確保更安全的線上環境，保護數位空間免受非法內容的傳播，並確保用戶的基本權利。其目標是建立一個更安全的數位環境，以保護所有數位用戶的基本權利，因為線上平臺雖有助於促進交易流通與創造商機，但也可能被利用來散布非法訊息內容或販售非法商品或服務，因此需平衡使用者、平臺與主管機關之權利與責任（林文宏，2021）。該法案內容包含：辨識並刪除銷售非法商品的賣家，或刪除仇恨言論與不實訊息之新規範；為避免交易糾紛時難以追查賣家行蹤而導致消費者求償無門，要求平臺業者進行可追溯性的新規範；科技公司對於平臺所使用演算法運作原理的透明性及可解釋性規定；加重大型平臺基於風險而避免其系統被濫用，甚至成為政治影響工具的義務；建立政府主管機關間合作機制以確保有效執法；賦予歐盟執委會直接裁罰平臺業者的監管權力。

　　至於歐盟《數位市場法》，目標在於確保公平且開放的數位市場，並針對「守門人」（gatekeeper）平臺進行規範。由於數位市場有往大型平臺業者傾斜的趨勢，為了確保公平開放的數位市場，該法將大型核心平臺服務提供者定義為守門人，並課予一定的管制義務，以解決守門人的不公平行為，透過事前管制將不公平行為的危害影響降至最低。該法要求守門人平臺多項義務，一般性義務包括：禁止平臺服務業者未經同意，就其服務所蒐集的個人資料，與第三方軟體進行互通；於企業用戶使用守門人的核心平臺服務時，不得要求企業用戶使用守門人的身分認證機制，也不得運用從其企業用戶所獲資料而與該企業用戶競爭；不得限制用戶連結至該平臺

以外的服務（戴豪君，2022），其目的即是爲了避免大型平臺守門人壟斷市場，破壞市場競爭秩序。歐洲議會更在 2021 年做成多數決議，呼籲應禁止警察在公共場所使用面部識別技術進行犯罪預防，因爲這些希望以 AI 臉部辨識潛在罪犯進行分析的犯罪預防措施極具爭議；除公部門外，也要求禁止私人公司使用臉部識別資料庫；支持歐盟委員會在其《AI 法案》中禁止使用社會評分系統（Heikkilä, 2021）。

　　另外，歐盟理事會也在 2022 年 5 月 16 日通過《歐盟資料治理規則》（*Regulation (EU) 2022/868 (Data Governance Act)*），建立了適用於特定範圍資料共享服務之強制通知制度，爲資料開放與再利用建立法律依據，除了保護個人資料、智慧財產權、營業秘密等既有權利保障制度，也希望透過該法建立一套能提升資料再利用和促進公私部門間資料共享的機制，使資料利用活化，以創造歐盟數位經濟更高的價值。

二、美國數位權利保障規範

　　美國由於沒有聯邦層級一致性的個人隱私規範法律，使美國在資料使用上的自由程度可能高於歐盟。然而即便缺乏數位活動中涵蓋所有類型資料隱私的單一法律，針對各特定資料使用的領域，規範散見於包括針對個人醫療資訊使用限制的**《健康保險流通與責任法案》**（*Health Insurance Portability and Accountability Act*, HIPAA），或是用以限制政府竊聽電話和其他電子信號的《電子通信隱私法》（*Electronic Communications Privacy Act*）等各種領域法

《健康保險流通與責任法案》

美國重要的個資保護法案，由柯林頓總統於 1996 年簽署通過。針對醫療和保險業使用病人的醫療個資，規定除病人自行提供以外，於未經病人或代理人同意下，禁止業者將受保護的病人的健康資料揭露予第三人。

律中。至於各州法律中，只有《加州消費者隱私法》（CCPA）、《維吉尼亞州消費者資料保護法》（VCDPA）與《科羅拉多州隱私法》（ColoPa）針對州居民有專一的資訊隱私保護法規（Klosowski, 2021）。然而在使用資料的態度上，各界仍認為有一定程度的界限，包括給予民眾（資料擁有者）檢視其何種資料被蒐集，也應有自己決定要將一業者所蒐集自己的資料提供給另一業者的權利；事前同意權的行使是多數人認為業者應負起的責任；資料應該在最小限度內被使用；以及對於資料使用的不歧視態度是應該被要求的。

　　美國這些想法也融入其政府在數位轉型過程中，發展 AI 的路徑指引，例如，2020 年以備忘錄形式公告的《AI 應用的規範指引》（*Guidance for Regulation of Artificial Intelligence Applications*），提出了 10 點對於任何機關決定是否或如何使用 AI 時，制定一般性或特定領域之「法規」（regulatory）或「非法規」（non-regulatory）監理措施時需注意的原則，包括公眾信任與參與、資料品質與完整、風險評估與管理、成本效益、使用彈性、公平與不歧視、透明性、資料安全等原則。觀其內容之方向，並未如同歐盟朝向加重業者義務或責任方式規範，但在允許業者有較大程度的資料使用權利時，似以道德原則的規範方式，對業者加以提醒，以及作為未來後續行政或司法審查的可能判斷標準。

CHAPTER 6

新型態數位發展環境中的人權價值

在討論新型態數位環境發展對人權的影響後，我們於本章中依據各種不同的人權類型，進一步對各種不同的人權保障進行認識。

壹、虛擬世界中人格主體性：人格權

一、德國人格權

1967 年德國聯邦憲法法院創設了憲法上的人格權，關於私領域的保護，先後創設了「領域理論」用以認定保護範疇，以及「資訊自主權」界定隱私權及言論自由之界限（王澤鑑，2007）。人格權的意義是指現實生活發展中的人格，其所涉及的是個人要在實際的生活世界中，如何具體開展或經營自己的生命（江玉林，2004）。人格權公認具有不可由他人代爲行使的一身專屬權，其意涵包括具有自主決定權利的「絕對性」、不得與主體分離的「不可讓與性」，以及死亡後就消滅的「不可繼承性」三種主要特性（王澤鑑，2008）。

一個人於眞實世界的人格自由發展中，個人行爲除非傷及他人權利，否則應有完全之自由，包括人格或行爲的自我形成權及自我決定權，成爲想要的自己。人格自由發展應以個人自我型塑權爲核心，衍生出對生活方式之主動權，最後達到個人意見及行爲均允許由自己決定，並由自己負責，人格權才能獲得保障。保障自由的人格權與人性尊嚴是憲法最高價值，並非是要把人變成一個自負、絕

對獨立自主、完全孤立的人，而是要將每一個人定位於團體的互動中，肯定個人的人格具有獨立自主性，並承認個人在社會關係中的地位，以及其對社會之多種義務（法治斌、董保城，2008：204）。這種人格自由發展權，是人性尊嚴的首要價值，在人性尊嚴最高價值體系運作下，最密切關係的部分即是「自我決定權」（李震山，2001），使個人得以在自由社會中做出自主之決定。

二、美國隱私權

在美國雖然並無如同德國以「人格權」稱之，但個人自主決定權的概念，已被納入**隱私權**的範圍。最早被置於憲法位階討論者乃是在美國聯邦最高法院 1965 年 *Griswold v. Connecticut* 一案，多數意見認為，禁止避孕或禁止提供避孕諮商協助皆違反憲法保障之隱私權。在 1967 年紐澤西州最高法院也曾在昆蘭案（*In re Quinlan*）中，[1] 認為在特定情形下，國家應尊重人民對自己生命的自主權。除此之外，隱私權也包含了個人對於自己生活計畫、

> **隱私權**
>
> 無論美國或我國，隱私權都不是憲法自始明定的基本權利，而是經不斷討論而被提出的概念。歷史個案的累積，美國已肯認個人隱私權（the right to privacy）是藉由憲法修正案第 4 條關於不受無理之搜索和拘捕的權利解釋而來，其範圍包含個人自主決定的自由。我國則是經司法院大法官解釋，認為基於人性尊嚴與個人主體性之維護及人格發展，隱私權受我國憲法第 22 條所保障。

圖 2-5　紐澤西州最高法院
資料來源：維基百科。

生活型態或生活方式的決定自由。美國律師 Warren 和 Brandeis 於 1890 年進一步提出隱私權的概念，主張「生命的權利即指享受生活

1　In re Quinlan, 70 N.J. 10, 355A.sd 647, cert denied, 429 U.S. 922 (1976).

的權利，也就是不受干擾的權利」[2]（Warren & Brandeis, 1890；王皇玉，2009）。美國藉由憲法與私法隱私權保障，以及侵權行爲法對於隱私權侵害的概念（tort privacy），建構個人隱私免受他人侵害的體系；另針對政府公權力對於個人隱私的侵害，則透過憲法的隱私權進行保障。之後隱私權的概念便逐漸從民法上侵權行爲的類型，演變出具有憲法位階的權利。而保障個人隱私的主要理由，就是在於維護個人自主性（personal autonomy）及個人的身分認同（personal identity），以達到維護個人尊嚴（personal dignity）的目的（史慶璞，2007：190-191）。

三、臺灣的人性尊嚴

　　人性尊嚴概念，主要以憲法第 22 條：「凡人民之其他自由與權利，不妨害社會秩序公共利益者，均受憲法之保障。」之概括規定，作爲憲法解釋的依據。然而，人性尊嚴之保障已透過多次大法官會議解釋演化爲一具體概念，諸如釋字第 372 號將人格尊嚴之維護稱爲我國憲法保障人民自由權利之基本理念；釋字第 485 號將維持合乎人性尊嚴之基本生活需求列爲生存權的基礎；釋字第 585 號、第 603 號也闡釋：「維護人性尊嚴與尊重人格自由發展，乃自由民主憲政秩序之核心價值。隱私權雖非憲法明文列舉之權利，惟基於人性尊嚴與個人主體性之維護及人格發展之完整，並爲保障個人生活私密領域免於他人侵擾及個人資料之自主控制，隱私權乃爲不可或缺之基本權利，而受憲法第

■ 圖 2-6　憲法法庭
資料來源：司法院官網。

2　原文："Now the right to life has come to mean the right to enjoy life, the right to be let alone."

22 條所保障。」憲法法庭 111 年憲判字第 13 號判決再次做了相同的闡釋。因此人性尊嚴並非不可限制，但不可剝奪；並且具有客觀法價值秩序的規範功能，適用於所有領域。我國 1994 年於憲法增修條文第 10 條第 6 項也正式引進「人格尊嚴」的概念[3]。

因此，我國已肯認人性尊嚴作為人民自由權利基本理念的本質，僅於個別領域中討論其保障的具體範圍內容。而在虛擬世界中，運用 Web 3 空間裡分散式多元化的身分系統，虛擬角色成為真實主角時，這些虛擬角色的定位為何？甚至如本篇引言案例所提及，雖然是對於虛擬角色的侵害，卻也會造成真實世界個體產生被侵害的感受，所需保障的究竟是想像的虛擬身分，還是真實背後操控的「人」。若我們希望將現有真實的「人」所被保護的「人格」權利，直接套用在已非單純被觀看、而是已經與自然人身分虛實合一的虛擬人物上，則在虛擬世界建立規則時，就須思考是否真能允許僅用虛擬身分的運作而無須真實身分查證，或仍須維持與現有網路互動相同方式的實名連結制度，會是建構元宇宙中心互動模式的重要思考。

貳、言論自由的保障與界限

一、言論自由的意義

自主決定之人格權利，亦涉及了人類意思之表達，人得以自由表達自己的思想，才有自主決定權利行使的空間，因此表意自由對於人類整體發展及個人自我實現而言都很重要。我國憲法第 11 條規定：「人民有言論、講學、著作及出版之自由。」將人民內心的意

3　《中華民國憲法增修條文》第 10 條第 6 項：「國家應維護婦女之人格尊嚴，保障婦女之人身安全，消除性別歧視，促進兩性地位之實質平等。」

見或想法，用言詞方式進行表達的自由，就是言論自由（法治斌、董保城，2008：215）。早在司法院釋字第 509 號解釋文即已闡釋，言論自由爲人民之基本權利，國家應給予最大限度之維護，以實現自我、溝通意見、追求眞理及監督各種政治或社會活動之功能得以發揮。惟爲兼顧對個人名譽、隱私及公共利益之保護，法律亦得對言論自由依其傳播方式爲合理之限制。而釋字第 577 號解釋又揭示，言論自由所保障的，包括積極表意的自由，以及消極不表意的自由，也包括主觀意見的表達，和客觀事實的陳述。且隨著科技進步，意見表達的形式更日趨多元化。

　　美國憲法修正案第 1 條規定：「國會不得制定限制言論或新聞自由，或人民平和集會請求政府救濟權利之法律。」[4] 此一規定，爲美國憲法保障人民表意自由（freedom of expression）的主要內涵，就條文而言，又以公民言論自由爲主要保障。然而，美國憲法所指稱表意自由的範疇也不明確，在現今的年代，以並非僅以傳統口頭或書面方式表達於外的意念爲已足，尚包括許多延伸意涵。除所列舉的言論、新聞、集會等權利，亦包括信念堅持的自由、心靈活動自由、遂行自由權利所必要的相關附隨行爲均屬之（史慶璞，2007）。

二、言論自由對民主的影響

　　言論自由是民主發展的基礎，任何人若不能表達意見，不但無法形成個人的人格，也沒有個人和政治自由，當然也就沒有民主政治的發展。在民主國家，必須要有言論自由，才能使人民彼此理性

4　United States Constitution, Amendments, Article I, "Congress shall make no law respecting an establishment of religion or prohibiting the free exercise thereof; or abridging the freedom of speech, or of the press; or the right of the people peaceably to assemble, and to petition the Government for a redress of grievances."

辯論，形成多元的意見融合，並對政府進行監督。但在保障表達自由之前，也應該先有獲取資訊的自由權利，因為只有先取得充分且正確的資訊，才能進一步形成有意義且負責任的言論；只有瞭解他人的意見並經過審慎思考，才能做出理智的討論決定。而學者曾提出言論自由包含三個重要價值：㈠健全社會民主化：透過意見的表達、交換與溝通，由民眾透過民主程序獲取政治參與及決定所需資訊，才能形成民主共識；㈡追求個人自我實現：言論自由與資訊自由的保障，必須包含了對彼此人性尊嚴與人格的尊重，自由表達意見才能形成個體的人格；㈢維繫社會穩定與安全功能：言論自由提供社會宣洩情緒的管道，而社會也學習彼此尊重他人的不滿，才能維持社會的穩定（法治斌、董保城，2008：216）。

三、公民參與及言論自由

保障言論自由是發展可讓公民充分參與民主環境與制度的基礎。1969 年 Sherry R. Arnstein 提出了**公民參與階梯**（Ladder of Citizen Participation），列出公民參與政治程度的差異，從最下層公民參與度最低、主要由菁英政治所主導的「操縱」（manipulation）模式，到最上層公民參與度最高的「公民控制」（citizen control），政策規劃和執行都是由公民所

> ### 公民參與階梯
>
> 依公共決策時公民所能夠發揮影響力的程度，將公民參與的方式由最少參與到完全主導，共分為八個層次，最高 6～8 三個層次為「完全參與」的形式，中間 3～5 三層次為「象徵式參與」，最低 1～2 二層次為「無參與」，區分了公共事務中，公民參與不同程度的影響力類型。

主導和決策（Arnstein, 1969）。在虛擬的世界中，因可讓參與者充分表達和參與，可藉由多元意見在平臺上提出達到公民完全參與，進一步產出民主的運作規則、社會價值和政策方向，因此更需要充分的意見表達與交換。從公民參與的提出意見與連署覆議，到多元

協商及政策落實，並在以人權為基礎上運行的數位民主，需要有充分的資訊表達與傳遞提供審議需求，也要有廣泛深入的意見交流，並進行大規模的互利協商，最後才能形成多元共識進行政策價值方向的共創。這些機制不僅改變公共部門的政策形成方式，也能改變私部門的運作，促使企業進行內部民主治理的體質改造。因此，言論自由的保障會是民主運作中的重要價值。

參、元宇宙中的資訊隱私權侵害與保障

一、元宇宙中隱私資訊使用

　　如前所述，在現有網際網路的互動模式中，我們擔心個人資料被掌握在少數巨大的平臺提供業者手中，也擔心這些資料被不當使用，因而期望能隨著 Web 3 發展的元宇宙，發生去中心化的制約效果。但為了在虛擬世界中產生真實感及創新的互動模式，負責開發或提供服務的廠商一定會藉由各種虛擬穿戴裝置，全面性地掌握參與的個人所有活動模式，甚至從人所做出的決定及行為，進一步對於人的思考邏輯、應對態度及價值觀等無形的思考，透過裝置的記載而成為可分析的資料；另外在現實世界中我們可能會有公開與個人私領域的區分，但在 Web 3 時代，我們可能會在真實環境的私領域中（例如家中）使用虛擬實境設備進入虛擬的元宇宙中進行操作時，元宇宙中所呈現的個人訊息究竟被界定為公開或是隱私訊息，以及原本在現實空間中屬私領域的住家的環境，會因使用虛擬設備而被廠商全部記錄下來，若進行規範，是否因此需調整現實世界規範中私領域界限的概念，是需要藉由討論甚至公民參與機制進一步產生規範共識。

二、隱私資訊保障概念演進

業者進行數位環境的開發，不僅圖個別業者的商業利益，也因為國家並無進行科技開發的能力，因此必須透過業者的專業，才能帶動整體國家科技數位環境的發展的公共利益。司法院釋字第603號解釋曾揭示，縱使國家基於特定重大公益之目的而有大規模蒐集人民資料並有建立資料庫儲存之必要，而對於隱私權之行使必須限制時，應以法律明定其蒐集之目的，且與重大公益目的具有密切之必要性與關聯

> **法律保留原則**
>
> 又稱「積極的依法行政」。指在沒有法律授權的情形下，行政機關便不能合法地作成行政行為，須先保留，由立法機關制定法律後才能進行。另因不同程度的行政行為對人民產生不同侵害，因此釋字第443號解釋區分了不同密度的法律保留標準，分別以憲法、法律、授權命令不同層級的規範進行保障，稱作「層級化法律保留原則」。

性，並明文禁止法定目的外之使用。亦即，除非經立法機關制定法律、建立監理制度、訂定授權條件，否則不能僅以公共利益所需，就強迫個人基本權利有所退讓，以符合**法律保留原則**要求。

其後憲法法庭針對健保所蒐集民眾的健康資料，並提供研究者進行分析研究，甚至進而獲取後續的商業利益，做成了111年憲判字第13號判決，認為就個人自主控制個資之資訊隱私權而言，乃保障人民決定是否揭露其個資，以及在何種範圍內、於何時、以何種方式、向何人揭露之決定權，並保障人民對其個人資料的使用有知悉與控制權及資料記載錯誤之更正權。因此資訊隱私權，是要保障當事人就其個人資料受利用的原則，必須保障其有同意利用與否之事前控制權，以及受利用中、後之事後控制權，內涵包括請求刪除、停止利用或限制利用個資之權利。基於個人所涉資訊隱私權之重要性，國家蒐集個人健保資料，構成對個人資訊隱私權之限制，應符合法律保留原則之適用；而就原始蒐集目的外之利用，因脫離個別資訊主體控制範圍，如何確保該資料不受濫用或洩漏，也應以法律

積極建置適當之組織與程序性防護機制，以及保障當事人有事後請
求刪除、停止利用或限制利用之權利。

三、資料蒐集與使用行為的區隔

　　雖然釋字第 603 號解釋及 111 年憲判字第 13 號判決，是針對國
家所蒐集個人資料後續使用的限制；然而對於個人資料蒐集行為，
也受到憲法對基本權利的保障，仍應有相當之限制。目前我國《個
人資料保護法》的規範而言，僅對於侵害資訊權利的責任，區分公
務機關與非公務機關責任程度的不同，但對於保護個資的行為，並
無程度或方式差異。Web 3 對於元宇宙的運作模式，有朝向政府管
制減少、增加公民參與式民主的想法時，對於這些參與者的資訊隱
私權的保護，若僅透過參與者之間的相互協議與制衡，減少業者對
於個人資訊的侵害，可能並不足以保障弱勢族群及個人隱私權的核
心基本權利，因此可能仍有必要維持政府一定程度管制的角色，透
過政府在元宇宙中維持秩序的角色，對於核心權利進行保障，是需
要考量的問題。

肆、網路近用與人民結社的權利保障

一、表意自由的行使與限制

　　自主決定之權利，也涉及人類意思之表達，必須能自由表達思
想，才有自主決定權利行使的空間。因此表意自由對於人類整體發
展及個人自我實現而言都很重要。在美國，就個人自主決定與表意
權利的保障，尚以憲法修正案第 14 條正當法律程序作為所保障自由
的核心。此處之自由，主要涵蓋個人定義自己的存在意義，不受政
府壓制。事實上美國憲法上有關正當法律程序規定之根據有二，㈠
憲法修正案第 5 條後段，用以限制聯邦政府的權力；㈡ 憲法修正案

第 14 條第 1 項後段，涉及公民權利、平等法律保護，用以規範州政府。二者均規定「非以正當法律程序，不得剝奪人民生命、自由或財產」，被稱為**正當程序條款**（Due Process Clause）。正當程序條款乃是憲法針對政府權力行使所設置的獨立監督機制，保證政府剝奪人民生命、自由、財產，不僅應依國家法律或法定程序為之，同時保證其所依循之法律或法定程

正當程序條款

正當程序條款（Due Process Clause）於 1868 年 7 月 9 日通過的美國憲法修正案第 14 條，涉及政府對於公民權利、平等法律保護，禁止各州未經正當法律程序而剝奪任何人的生命、自由或財產，因此被稱為正當程序條款。在我國，有學者提出憲法第 8 調保障人身自由，可解釋為我國憲法對於正當法律程序保障的規定。

序，均能確實符合憲法上實現法律公平正義之上位概念及原理原則（史慶璞，2007：253）。

也因此，對於人民行使言論自由權利的管道，非經正當法律程序亦不得進行不當之限制，司法院釋字第 678 號解釋也重申釋字第 613 號解釋意旨，就憲法所保障的言論自由，闡明其內容尚包括通訊傳播自由之保障，亦即人民得使用通訊傳播、網路等設施，以取得資訊及發表言論之自由，也就是言論發表管道的近用權利。但憲法對言論自由及其傳播方式之保障，並非絕對，依其特性而有不同之保護範疇及限制之準則，國家仍得於符合我國憲法第 23 條規定意旨之範圍內，制定法律進行適當之限制，因而得以對有限的言論發表媒介資源（例如廣播、電視）進行合理之限制或分配。但就目前的數位發展階段觀之，網路似並不屬於資源有限之傳播媒介，並未構成政府對個人網路近用限制或進行資源分配的理由，因此個人利用網路資源尋求自我意見的傳遞與表達，並無加以限制之正當性。

二、虛擬世界的互動與結社自由

原本在現有網路活動運作下，可能僅屬於意見發表管道的網路平臺工具，你一言我一句地回應；在 Web 3 與虛擬實境技術中所創設的元宇宙中，參與者的互動方式便可擬真爲面對面的互動，而多人的面對面集合模式即如同在眞實世界中眞實個體的集

■ 圖 2-7　2014 年太陽花學運
資料來源：維基百科。

合，形成類似於團體活動與集會等型態。此時可能會涉及憲法上所保障的集會結社自由。司法院釋字第 479 號解釋理由書即闡明，憲法保障人民有結社自由，乃在全體人民利用結社的形式，以形成共同的意志，追求共同的理念，進而實現共同的目標。不論具有營利商業活動性質爲目的的結社（例如公司）、或是非營利性質的結社（例如政黨），都受憲法的保障。社團的自治與自主性活動也需要受到保障，也就是說，結社自由權除了個人進行結社以外，也包含了集體自由權的特徵，以確保社團的存續和運作（法治斌、董保城，2008：238）。

因此結社自由的內涵，有分爲不同層次：㈠ 人民自由選定結社目的以集結成社的創設自由權；㈡ 人民團體本身的存續與活動自由權，以及內部組織的自主決定權；㈢ 人民團體成立後的對外活動權（蔡宗珍，1999）。依據司法院釋字第 644 號解釋理由書所闡釋，各種不同團體，對於個人、社會或民主憲政制度之意義不同，受法律保障與限制之程度亦有所差異。結社自由的保障，都以個人自由選定目的而集結成社之設立自由爲基礎，若要進行相關限制，也需要符合我國憲法第 23 條之比例原則，司法也會以嚴格標準進行審查。因此，在元宇宙中公民參與互動設計的機制，除了需保障個人

的言論表意自由外，對於元宇宙公民意見形成、公眾參與等重要元素具有影響的結社自由權利，除有正當理由或可能造成公共的危害外，也應予以保障而不能任意限制。

CHAPTER 7

多元宇宙發展政策方向

在我們對於元宇宙中人權議題有所認識，並進一步瞭解各種權利的意涵以後，便能繼續就規劃多元宇宙政策發展方向，進一步深入思考。

壹、釐清多元宇宙發展中的人權政策困境

一、元宇宙發展的資源配置與人際互動

當 Facebook 宣布改名為「Meta」時，等於已經宣示元宇宙在網路科技發展的未來中，已是不可避免的發展趨勢。但即使在 Web 3 中提供充分的網路資源及軟硬體支持，網路的資源也非無窮無盡，其資源分配上的公平性要如何規範就非常重要。

▌ 圖 2-8　Meta 公司標誌
資料來源：Meta 官網。

舉例來說，高效率網路資源（例如 5G）仍有其高成本的特性，如果希望使用元宇宙模式，以虛擬實境方式進行會議，或許會有比現在視訊會議更好的體驗感受。然而，若以虛擬實境進行教學，或是希望透過虛擬實境優化遠距醫療進行的感受，因受教權、健康權又屬於憲法所保障之基本權利，硬體的優化或可增強元宇宙使用者或使用效果的競爭力；但若因資源成本而產生付費的問題時，這些社會貧富差異造成的數位資源近用落差，反而將對弱勢族群造成無法接受良好教育或醫療的更大社會落差（Ray, 2021）。

　　除了虛擬實境的運作以外，在元宇宙中，希望透過人際互動本身，跨平臺、跨領域、跨空間，去創造一個新的運作體系，有自己的經濟系統、社會運作甚至是政治體系。元宇宙被期待以去中心化（沒有中央的監理機構）的方式運作，也將有許多公司和個人，在元宇宙內各自經營自己所創造的空間或經濟體系，而且這些體系可同時存在與運作。元宇宙生態體系內包含了以使用者為中心的要素，例如虛擬角色身分、創作結果、虛擬經濟、體系運作規則、安全和隱私保障，以及責任負擔，但這些均非由一個高權政府制定，而是由元宇宙中的參與者，透過自行形成的方式，進行提案、協商、決定及運作。

二、傳統自發性秩序的概念

　　其實在真實世界中，海耶克（Friedrich August von Hayek, 1899-1992）早已針對經濟體系運作，提出**自發性秩序**的概念，認為市場上自由價格機制並不是經過某力量刻意介入產生，亦就是說並非事先由人們刻意設計，而是藉由一群自由人，在沒有特定設計的情況下，為了追求各自的利益的過程中，所自然形成的秩序。

圖 2-9　佛烈德利赫‧奧古斯特‧馮‧海耶克
資料來源：維基百科。

　　也因此，海耶克在經濟學上將價格機制的重要性，提升至和語言同等重要。這樣的思考使他開始推測人類的思考方式，將如何創造出這些行為。自發性秩序與組織不同，自發性秩序的特點是無尺度的複雜網絡（scale-free network），組織的特

自發性秩序

政治經濟學家海耶克認為自由價格機制，並非由人類設計，而是由人類的行為自行產生，使他開始思考人類的腦袋如何促使這些行為發生。他認為，價格是唯一能使經濟決策者們透過知識互相溝通的方式，也才能解決經濟問題。

點是階級網絡（hierarchical network），而組織可以是社會自發性秩序的一部分，但自發性秩序不見得能形成組織。在經濟學和社會科學中，自發性秩序屬於人類活動的自然結果，而非人類設計過後的結果。

三、元宇宙的國際規範

國際間對於虛擬元宇宙規範的討論，尚未到達具體規範共識的程度，但基於數位時代的快速到來，甚至有可能產生數位落差、網路威脅，以及人權侵害，因此 2020 年 6 月聯合國提出了「數位合作路線圖」（Secretary-General Roadmap For Digital Cooperation）報告書（United Nations, 2020），期待推動更安全、更公平的數位世界。其中就數位人權保障上，認為在當今世界，線上侵權也可能導致線下侵權，互聯網不可

■ 圖 2-10　數位合作路線圖封面
資料來源：聯合國網站。

能成為無人治理或無法治理的空間，無論是否在網路空間中，人權都必須得到同樣的充分尊重，必須進行有效的監理，以確保技術產品、政策、做法和服務條款符合人權原則和標準。

由於新科技技術經常被用於監視、壓制、審查甚至成為騷擾，特別是對缺乏自我爭取力量的弱勢群體，如何利用這些技術作為維護和行使人權的新保障手段，例如，就如何訂定在數位新時代適用人權標準的進一步準則，需要各界一起做出更大努力。但由於虛擬世界的運作方式，各界目前僅有原則性想像的運作方式，以及可能擔憂，是否適合直接如同現實世界以上位的硬性規範對想破除中心

化限制的元宇宙進行限制，相信是規制上的最大阻力與矛盾。因此就人權政策困境及問題的釐清，會是建構政策方向的第一步。

貳、強化網路世界權利侵害的究責與爭端解決

一、人權侵害的解決方式

在元宇宙運作尚未成熟前，若要保障元宇宙中可能的人權侵害，目前僅能依據現有現實世界運作機制進行監理及解決爭端。其中首要仍應是各界關注的資料保護問題，以現有各國及國際的標準進行個人資料和隱私權的保護。從公司治理與用戶隱私，以及一般性地保障言論自由，都是數位人權保護可切入的面向，尤其對於公司蒐集了多少用戶隱私資料，應該要提供用戶查詢，並讓用戶有刪除資料、更改錯誤資料的權利。為解決私人公司或政府使用資料的問題，必須保護網路空間中的隱私權，因此可能仍需要制定基於人權保護資料隱私的國內法律和做法；又考量不限制商業活動及科技發展，因此充分揭露資料使用的目的、範圍，並建立執法機制，如訴諸司法審查或完全獨立和資源充足的資料保護部門，可能是在各界尚未熟悉虛擬世界運作的情況下，能先進行的方式。

事實上，在數位網路的世界中，針對權利受侵害的保障機制，若屬於公部門資源對於基本生活所需或基本權利的侵害，讓人民享有對政府請求權，其權利主張機制可能較易比照現有機制辦理；但若相關資源或行為是由私部門提供或發動，在虛擬世界中可能會發生困難。但初期仍可藉由釐清虛擬世界與現實世界的運作差異，以現有法規為基礎訂定虛擬世界所適用的法規，如同過去對於新興科技所走過的規範路徑，在制訂過程中先將基本權利、基本生活所需的網路資源，讓更多的人能夠接近使用並進行人權保障，進一步訂

定符合新型態虛擬社會運作所需的規範；或是在政府也作爲元宇宙參與者的角色中，共同制訂運作規則。例如，爲了使參與者在家中操作虛擬裝備，而有必要進一步蒐集家中環境的資訊，以維護參與者使用安全並打造虛擬世界的設計，便需要使私領域的權利保護進一步退讓，但也要限制業者對於所蒐集的資料不得做目的外延伸使用，以作爲相互衡平。

二、數位發展運作下的究責

現今熱門的 AI 所發生的錯誤應由何人負責的問題，一直是大家討論的議題。2022 年 9 月 28 日歐盟就針對 AI 公布兩項有關 AI 產品責任法草案，其一爲全新的《AI 責任指令》（*Proposal for a Directive on Adapting Non Contractual Civil Liability Rules to Artificial Intelligence (AI Liability Directive)*），重點在於導入**因果關係推定**（presumption of causality）規定，以減輕受害者之舉證責任，包括㈠ 受害者只要證明對方係因不遵守特定義務而有過失，且相關聯（a causal link）之 AI 合理表現時，法院可以推定不合規行爲（non-compliance）屬於業者過失；㈡ 幫助受害者查閱相關證據（access relevant evidence），可請求法院下令揭露高風險 AI 系統的資訊，幫助受害者能識別可追究責任之對象並找出問題癥結（European Commission, 2022）。

> **因果關係推定**
>
> 一般來說民事訴訟應由原告（通常為受害者），就爭議中加害者過失及與傷害間因果關係負擔舉證責任。但為保護受害者，若舉證有困難時，會先推定加害人的責任成立（有過失或因果關係），除非加害人能證明其行為無過失、也與傷害結果無因果關係，否則加害人即應負責，此一調整方式稱為舉證責任倒置。

三、爭端解決機制

在爭端解決方面，依現有法律究責體系的思維，身分辨識問題

可能是最先遇到的困難。本篇引言案例所提及對於虛擬角色的「人身」侵害，其藉由對虛擬角色的性侵害，使真實世界參與者可能產生與身體實際被侵害相同的心理傷害，而有規範甚至處罰的必要，也因此可能需要與現有 Web 2 的網路平臺一樣，藉由身分認證的登入機制，使得管理者及公權力得以藉由認證之身分，找尋到做出侵害行為的真實世界參與者並由其負起行為責任。在虛擬世界中如何適當給予一個網路數位身分並建立身分保護機制，除可以保護人們的隱私及其對個人資訊的自我掌控，事實上也可使這些參與者快速獲得需要的服務。數位身分的確認要成為值得信賴的規制力量並為所有人所用，就必須建立在使用者自主、選擇與知情同意等權利的保障上，並且承認在網路世界中的多重身分形式、匿名空間並尊重隱私的基礎上，更要確保政府和其他私部門實體，在使用參與者個人資料時的透明度揭露。而在元宇宙中對於數位資訊蒐集、參與者行為記錄及觀察，類似於現實世界中透過攝影機採取人臉辨識及行為的監控，極有可能嚴重侵犯隱私與人權，但又在另一方面可成為有效的執法工具，基於不當使用演算法，更有可能對於少數弱勢族群發生偏見與歧視，例如，被拒絕給予社會補助或是認定為高犯罪風險族群。

四、網路隱私爭議中業者與政府角色

網路人權組織「電子前哨基金會」（Electronic Frontier Foundation, EFF）曾針對社交平臺透明化言論，提出**聖塔克拉拉內容審查透明度與問責原則**（Santa Clara Principles on Transparency and Accountability in Content Moderation），使

聖塔克拉拉內容審查透明度與問責原則

簡稱聖塔克拉拉原則，是由電子前哨基金會（EFF）等網路人權組織於 2018 年 5 月 17 日針對網路隱私權發布的準則，要求蒐集資料的網路企業，應遵守定時自我公布、通知和允許申訴等三義務。公布後獲得企業廣泛支持。

社交平臺能對使用者提供公開透明的言論審查標準。在絕大部分情況下，包括一般的騷擾或是詐騙、甚至是仇恨性言論，其言論審查是必要的，在許多事件發生當下，政府及用戶均認為社交平臺應該主動介入。但也有很大機率錯誤打擊了合法及有價值的言論，尤其是邊緣化的團體，會直接削弱了他們透過社交媒體及網路社群發聲的管道，侵害了言論自由。絕大部分社交平臺均利用自動演算法或關鍵字搭配少量人力來過濾使用者發布之內容，言論審查的流程極其不透明，也沒有公開審查標準，這將造成各群體的誤會加深，激化社會對立。因此 EFF 提出聖塔克拉拉原則，要求蒐集資料的網路企業，應遵守定時自我公布（number）、通知（notice）與允許申訴（apeal）等三項義務（EFF, 2021）。

因此，國家似乎仍為可採取立法和其他保障措施的角色，也可以被要求進行有效保護人們免受非法或不必要的監控。國家基於保障人權的前提，先於網路空間給予最小監控，仍不失為必要的做法。如同在 COVID-19 大流行疫情期間的經驗，人民獲得各方資訊混雜，需要政府在尊重必要人權的前提下維持社會秩序，只有集權國家才會藉由限制人權、違背個人自主的方式進行管制。網路世界必須能使資訊共用、意見表達、動員參與提供一個安全環境。我們所期待的未來網路環境，應是由多元參與者創造出多個元宇宙的環境，而不再由單一龐大公司所控制、壟斷元宇宙；且不同的元宇宙彼此應能相連，使用去中心化並進一步開拓資源的協定方式，讓各界能共享元宇宙。若元宇宙要讓使用者的基數更龐大，就必須要用更開放的方式讓各界都能加入；此外，不只技術層面，人文、倫理也會在元宇宙扮演更重要的角色。

參、元宇宙中監督機制的建立與政策整合

一、元宇宙中監督機制的建立

當數位網路發展到 Web 3 時，去中心化及參與者為中心一直是發展的目標。但元宇宙的社群規則如何被執行，其實未有共識。雖然前段敘及可能仍須一監理單位（或政府）作為規則制訂及糾察者，似乎代表著對於公民參與帶來自發性秩序的形成未具信心，這是因為我們過去長久以來已習慣由政府建立起社會運作規則，並藉由政府治理的功能維持並監督社會運作的秩序；但基於元宇宙倡議及其自發性秩序的特性，讓各界慢慢摸索最適合的規則似乎也是自然而生且可被接受的，而不必期待政府把現實的規範直接套進元宇宙。在元宇宙的運作中，整個宇宙運作體系及秩序來自於參與者的多元想法融合，管制者（無論是政府或是元宇宙系統建立的業者）的角色會退讓至最小，只是如果沒有了政府，社會秩序是否還能繼續監理和維持，這個疑問仍會存在大家心中。

事實上從 1990 年代起，就有許多非國家行為者（non-state actor）參與公共政策的形成，學界並有對於在缺乏政府的情形下應如何治理（governance without government），或發展治理新模式（new modes of governance）的討論。治理（governance）可被定義為各種制度化的社會協調模式，以產生和實施具有集體約束力的規則（Börzel & Risse, 2010）。治理作為過程中，確定了行為者參與規則制定和實施，以及提供集體物品的社會協調模式。階級協調（hierarchical coordination）制度是建立於制度化的支配和從屬關係，這大大限制了人民的自主性；相對地，非階級協調是基於自願承諾和遵守，透過談判妥協並相互讓步來化解利益衝突，藉由這些爭辯的過程發展出共同利益，並相應地改變他們的偏好（Risse, 2000）。

行動者的談判能力可能不同，但沒有一個行動者會受制於其他人的命令，而**公私協力**（Public-Private Partnerships, PPP）是基於非階級協調的治理機構的典型例子（Börzel & Risse, 2010）。

> **公私協力**
>
> 指政府將傳統上應由政府部門負責或承擔的公共事務，其中一部分或全部交由私部門去負責。包括行政委託、公私合資事業之經營、公共建設之民間參與及公私合作管制等形式。

二、國內外數位發展規範的目標

談判和競爭是屬於非階級協調模式的特色，但卻常被植入於階級結構的運作中。現代世界中，政府、企業和公民社會幾乎總是在階級制度上對下的高權陰影中進行談判，這意味著國家對私人可能會施加具有約束力的規範或權力，使私部門的努力成果可以更接近公共利益，而不只是為私人的特定自身利益進行協議。但私部門往往更喜歡自我監管，而非政府介入或法律約束，因為自我管理具有更大的靈活度及有對政策結果的影響力，階級干預反而可能會降低行為者違背其自願承諾的動機（Börzel & Risse, 2010），這也會違背了元宇宙期望增加公民參與的初衷。雖然我們對於無政府介入狀態會感到擔憂，但事實上國際社會體系就是一種無政府的狀態，國際間沒有真正的執法者或霸權者。跨國或全球治理必須面對沒有世界國家的狀態，來確保遵守代價高昂的規則問題；而在國際制度的運作下，個別國家也必須自願執行規範和規則。但由於國際標準仍是由國家制定的，即是進行了去中心化，也不是要使國家消失，而是期待國家治理方式轉變。也因此例如在 AI 治理，聯合國提出的數位合作路線圖，點出了幾個未解決的問題：㈠缺乏發展中國家的參與，使目前全球討論缺乏代表性和包容性；㈡目前與 AI 相關的倡議缺乏總體協調，其他利害關係人不容易參與其中；㈢公部門將受益於提高能力和增進專門知識，反而對於這些技術的使用進行監督或治

理（United Nations, 2020）。這些在國際間所發生的問題，可能會使元宇宙中的自發性秩序成爲國際社會互動的縮影，而在數位合作路線圖中所提出的數位落差問題，也會是 Web 3 之下發展元宇宙新秩序的可能問題。

　　我國於 2022 年數位發展部成立後，即提出國際先進國家所倡議的「數據公益」概念，爲建立數據開放且由全民共創的良善數據生態，希望推動以人爲本並從環境、經濟與公共利益角度出發的數據公益行動，讓民眾及資料持有者成爲數據公益的共創者，於數據公益目的下，探領域先行，鼓勵民眾及資料持有者參與創新（數據提供）、建構安心流通環境（數據合規機制）、共創多元且共享創新，促成非直接利益性的社會發展。在強調數據跨域價值的上位概念下，從資料保護、開放到治理，由數據公益主管機關建立運作機制及監理，配合公益組織的參與，在政府進行規制、非營利組織進行參與跨領域公共有益之協作，開創公民合規參與社會多元創新之新型態，達成全民有感並能共享的創新參與環境。現已有臺北市於 2022 年 7 月 22 日訂定發布了《臺北市資料治理自治規則》，推動資料開放、流通與再利用，並建立政策方向，相信未來將有更完整的政策及法規制度的建立，以加速多元宇宙數位發展的步調。

◆ 篇小結：新型態數位發展環境的政府角色 ◆

科技進步的腳步不會停下，從最初期的電腦到現在的元宇宙，可說已歷經多次的工業或科技革命，各界不應存在抗拒或懷疑的心態，而是應該盡量去瞭解科技的使用方式，並期待運用科技可以讓人類生活變得更好，而新的科技一定會取代很多工作，但也會創造出許多新的工作機會，透過這種無國界的數位方式，使元宇宙可以扮演重要角色。

而建構一個可運作的虛擬世界元宇宙，必須透過有效的數位發展建設與合作，也是任何一個單一國家、公司或機構，無法獨自完成的任務。各方進行數位合作是多個利害關係人進行努力的過程，期待產生共同努力的成果。但即便如元宇宙期待一個自發的、去中心化的秩序自然出現，可能仍無法排除政府角色，甚至有可能政府仍處於核心地位，只是需要私部門、公司、民間社會和其他利害關係方的更多參與。若要制定現實和有效的決定和政策，公部門從一開始就必須與業界和民間團體等私部門進行合作。

在未來數位網路的世界，尤其是在虛擬世界中，人的角色定位為何其實是仍不明朗。在由參與者自行互動、協商所建立的虛擬世界中，何者為我們需要保護的主體是主要疑問。在真實世界中的人，事實上不會因為以虛擬身分參與網路世界而產生保護，反而會因為虛擬實境的設備及操作需求，使得更多的個人資料被蒐集而造成資訊隱私權被侵害的風險；另外在虛擬網路世界中，言論與表意自由權利的保障，且不受網路世界中的多數暴力霸凌、名譽人格權侵害如何保護、虛擬集會結社自由的保障，都涉及網路世界與真實世界中的主體定位與如何保護的問題，進一步產生侵害應如何進行究責的困難。為了應對科技網路世界發展所帶來的各種挑戰，在數位相互依存的時代進行人權的保護和促進，以保障人格尊嚴和人的自主性，需要主政的公部門及科技開發的私部門共同協作。

因此，若要在未來可能的虛實混合世界裡，避免真實世界中應受保護的人權因去中心化而遭受侵害，需要在公民參與及政府介入的平衡中，決定如何讓政府的角色限縮在必要範圍內，而使公民參與治理充分發揮。因此，展望數位人權保障政策可能的未來發展：

一、初期

延續現有政府治理的脈絡，從現有真實世界中的政府體制出發，釐清多元宇宙虛擬世界發展中的人權風險與制度困境。

二、中期

由政府建立起初步規範，並扮演監理與協調的角色，進一步引導公民於虛擬世界中的共同參與、相互協商、進行互動，建立公民參與所需的人權保障、倫理法治規範的概念。

三、長期

使虛擬世界參與者成為人權保障的守護者，使後續元宇宙世界發展出自發性秩序，仍能繼續兼顧公益的人權保障，藉由共識協商發展出於虛擬世界中的可行規則。

網路造成人際互動及社會網絡型態的改變，虛擬世界也可能在無意中甚至是故意的情形下，造成現有實體世界所建構的人權遭受侵害。因此，對於人權的認識，進一步思考在元宇宙中人權保障的方式，是在 Web 3 公民參與的數位民主機制中重要的課題。

自我評量

1. 進步通信協會（APC）於 2001 年制定《網際網路權利憲章》（*APC Internet Rights Charter*）所主張數位權利保障的主要內容為何？
2. 2003 年召開的「世界資訊社會高峰會」（WSIS Forum）所提出關於數位人權價值的原則聲明為何？
3. 請列舉出虛擬世界中所衍生的隱私權問題有哪些？
4. 人格權為不可由他人代為行使的一身專屬權，其意涵為何？
5. 依據憲法法庭 111 年憲判字第 13 號判決，自主控制個人資訊隱私權的意義為何？
6. 請說明結社自由內涵的層次。
7. 請說明自發性秩序與組織的差異。
8. 數位發展部提出數據公益概念，包括哪些內容？
9. 讀完這一篇，再回想一下，你會覺得虛擬世界的人權保障是重要的嗎？人權會被侵害嗎？為什麼？
10. 如果人權有可能被侵害，你覺得政府的角色為何？應由何人建立保護的機制，以及應如何保護人權？

PART
3

數位政府治理

◆ 引言：打造民主參與、透明課責、共融協作的 ◆ 回應性政府

美國前總統歐巴馬（Barack Obama）體認到資通科技將為公民賦權提供前所未有的機會，允許更多的人接觸政府資料和決策過程。為此，他在 2009 年 1 月 21 日發布了第一份執行備忘錄（executive memorandum），[1] 成為現代**開放政府**（open government）理念獲得具體實踐的重要里程碑。這份執行備忘錄，主要的受文對象是美國各行政部門和機構負責人，內容一開始即承諾未來將在政府中創造前所未有的開放程度，努力確保公眾信任，並建立一個透明（transparency）、參與（participation）和協作（collaboration）的系統，藉此加強美國的民主及促進政府的效率和效能。以下陳述該備忘錄的具體構想，並介紹美國政府落實開放政府理念的相關具體措施，以增進讀者對於該理念何以影響數位政府治理模式的瞭解。

> **開放政府**
>
> 意謂透過透明施政與公眾參與機制來達成政府課責性目的的一種治理理念，以透明、參與、協作為實踐策略途徑，目的在達成深化民主政治、提高公眾信任、促進政府課責性與回應性。

一、透明

政府應該是透明的。政府的透明可為公民提供有關其政府正在做什麼的資訊，同時促進政府的課責。歐巴馬政府將根據法律和政策採取適當的行動，快速公開資訊，以便公眾能夠輕易找到並使用這些資訊。各部門和機構應利用新技術，將有關其運作和決策的資訊上傳至網路，並讓公眾輕鬆獲取，同時徵求公眾的反饋，以確定對公眾最有用的資訊。為此，美國聯邦政府建立資料開放平臺（Data.gov），提供大量的政府數據集供公眾使用，如公共支出、醫藥衛生、環境監測、交通安全、治安等與政府公共服務有關的數據。

1　《透明與開放政府備忘錄》，https://obamawhitehouse.archives.gov/the-press-office/transparency-and-open-government

二、參與

　　政府應該是參與式的。公眾參與可增強政府的效能，並提高決策的品質。知識在社會中廣泛分布，公務員可以從這些廣泛分布的知識中受益。因此，各部門和機構應為美國人民提供參與政策制定的機會，以讓政府受益於他們所提供的集體專業知識和資訊。為此，各部門和機構應積極徵求公眾對於如何提高和改善政府參與機會的意見。由於公眾參與為美國民主的核心，運用資通科技來落實公眾參與更是美國政府施政的重點，例如㈠美國聯邦政府在 2003 年建立了公共意見徵集平臺（Regulations.gov），讓公眾可以透過網路查看正在制定或修改的法規草案，並提出反饋意見，使政府能夠在政策形成過程中獲得更多公眾意見；㈡歐巴馬總統於 2011 年設立白宮請願平臺（We the People），允許公民透過網路向政府提出請願，如果提案達到 10 萬名民眾附議，政府就需要對該請願做出回應。不過，該請願平臺已在美國總統拜登（Joe Biden）於 2021 年 1 月 20 日就任時關閉；㈢政府部門積極使用社交媒體，如 Facebook、Instagram、X（原 Twitter）等，以及其他數位平臺（如 YouTube），向公眾提供即時資訊並提供互動機會。

三、協作

　　政府應該是協作的。協作使美國人民能夠積極參與政府的工作。各部門和機構應使用創新工具、方法和系統，在政府內部各機關之間、各級政府之間，以及與非營利組織、企業等私人部門之間進行合作，各部門和機構應徵求公眾反饋，以評估和改進其協作水準，並確定新的合作機會。美國政府向來以鼓勵和促進政府與民間、跨政府與跨政府部門合作作為施政的重點，並積極透過資通科技的運用，以進一步促進新的合作方式和機會。例如，美國聯邦政府總務署（General Services Administration）在 2014 年 3 月成立數位服務推動小組（Digital Service Delivery），暱稱為 18F（因辦公室位於華盛頓特區 F 街 18 號而得名），即是透過業界與政府合作模式來幫助美國政府機關改善流程及增進效率，促進跨部會、機關服務之整合，進而開發出更便於公眾使用的數位服務。

美國的開放政府倡議點燃了一場全球的開放政府運動，並促成開放政府夥伴關係聯盟（Open Government Partnership, OGP）於 2011 年的成立，創始成員包括巴西、印尼、墨西哥、挪威、菲律賓、南非、英國和美國等八個國家。如今，OGP 已成爲正式的國際組織，由各會員國繳交會費供秘書處營運，目前已有超過 75 個國家和 150 個地方政府加入，這些國家與政府都承諾通過具體行動推動透明、參與、課責和涵容（inclusion）的公共治理。我國目前雖然還不是 OGP 的成員，但近年來積極參與相關活動，充分展現推動開放政府的決心。全球展開的開放政府運動展示了民主理念與資通科技結合，使政府更加透明並回應公民的需求，進而增強公私部門協作創新以解決社會複雜問題的能力。

　　本篇聚焦在探討資通科技如何影響政府治理工作的相關議題，並深入淺出地說明資通科技結合開放政府理念以轉型爲數位政府治理模式的內涵、運作模式與未來發展的潛力。第八章引介愛沙尼亞共和國（Republic of Estonia）政府推動數位轉型的歷程，幫助讀者理解政府如何運用資通科技推動民主治理，以具體回應與落實人民的基本權利。作者藉由愛沙尼亞政府數位轉型案例的鋪陳，將政府數位轉型的內涵，聚焦於探討回應性（responsiveness）政府與數位轉型、開放政府與數位轉型，以及新興科技於政府數位轉型的應用等課題，並藉由說明回應性政府理念和政府數位轉型的關聯、政府推動數位轉型的目的，以及轉型的策略，來勾勒回應性數位政府治理的未來願景。第九章討論官僚體系和民主衝突的本質，並藉此論述民主政府如何運用開放政府的思維，調和兩者在政府數位轉型中的衝突以增進政府和人民的信任，但也同時陳述民主政府實踐開放政府理念的途徑及在實踐過程可能遭遇的限制。第十章則以可增進政府爲民服務能力的 AI，以及藉由確保網路交易不可否認性增進政策利害關係人互動信任度之區塊鏈技術等兩項新興科技的應用爲例，說明運用 AI 和區塊鏈推動政府數位轉型的潛力、導入過程應關注的焦點，以及導入成果對於實踐公共價值的可能影響，並藉此鋪陳本書第四篇探討數位智慧創新議題的重要性。

CHAPTER 8

從後應性到回應性政府的數位轉型

隨著資通科技的進展，**政府數位轉型**（government digital transformation）已取代**電子化政府**（e-government）成為當前公共治理領域最時尚的流行語彙。政府數位轉型的研究議題相當多元，已知的研究包括數位變革、數位服務、數位協力關係等。然而，本章將政府數位轉型的內涵，聚焦於探討回應性政府與數位轉型、開放政府與數位轉型，以及新興科技於政府數位轉型的應用等課題，並藉由說明回應性政府理念和政府數位轉型的關聯、政府推動數位轉型的目的，以及轉型的策略，來勾勒政府數位轉型的未來願景。為此，作者先在本章第壹節引介愛沙尼亞政府推動數位轉型的成效，來幫助讀者理解政府數位轉型的情境脈絡，接著在第貳節說明政府數位轉型如何能夠促進公共價值實踐，第參節則接續說明政府數位轉型的策略思維，並在第肆節描述回應性數位政府的願景作為本章的總結。

> **政府數位轉型**
>
> 由數位科技所觸發的政府組織變革，目的在改變現有的和創建全新的政策、服務、行政流程、組織結構、員工能力和管理模式，以建立新的服務遞送架構和新的關係模式，並促進公共價值的實踐。

> **電子化政府**
>
> 又譯作電子政務，泛指政府運用資通科技發布數位資訊及提供數位化服務給政府機構、企業、公民和員工之公共服務型態的總稱，目的在提高公共服務的效率和效能。一般依其服務對象，區分為政府對政府（G to G, G2G）、政府對企業（G2B）、政府對民眾（G2C），以及政府對員工（G2E）等電子化服務類別。

壹、借鏡歐洲小國愛沙尼亞政府的數位轉型之路

愛沙尼亞共和國位處歐洲東北部，西臨波羅的海、北向芬蘭灣、南接拉脫維亞、東鄰俄羅斯，國土面積約為 4 萬 5,000 多平方公里，全國人口數約有 133 萬人，其國土面積為臺灣的 1.26 倍，人口數卻僅略高於臺北市人口數的一半，約為臺灣的 0.06 倍。愛沙尼亞於 1991 年因蘇聯解體而恢復獨立，在歷經三十多年的努力之後，已從恢復獨立之初的一無所有，一躍成為全球矚目的數位化大國，更是歷年來聯合國電子化政府調查

圖 3-1　愛沙尼亞地理位置
資料來源：維基百科。

（e-government survey）評比為全球領先群的國家之一，甚至被讚譽為全世界最先進的數位化社會，擁有極高的公民電子參與率。

愛沙尼亞政府成功推行許多全球首創或領先導入的數位化公共服務，成為包括臺灣在內，世界許多國家爭相仿效學習的對象。例如，自 2001 年起實施線上報稅；2002 年起推行「數位身分證」（eID），並成為全球最成功的數位身分證系統；2005 年開始實施線上投票（i-Voting），擴大公民對於國會大選及地方選舉的參與率，更使得不在籍公民可以藉由網路投票參與選舉；[1] 2008 年導入區塊

1　雖然實施線上投票或電子投票可以用來提高選民的投票方便性和友善度，但對政府而言，不單只是考慮行政效率的提升、經費成本的降低或投票率的提高，還須面對來自於社會大眾對於透明、課責和信任的挑戰，因此必須十分謹慎以免傷害民主政治的發展（莊文忠，2021）。是以，在電子投票系統的建置門檻早已非高不可攀的此刻，許多民主國家（包括我國在內）截至目前還不敢貿然實施，其著眼的並非技術及成本問題，而是政治的信任問題。

鏈技術以確保數位資料的安全；2013 年導入政府無紙化服務；2014 年推出數位公民計畫（e-Residency），使得任何人都可以連上網際網路登記成爲愛沙尼亞的數位居民，並可至全球各國的愛沙尼亞大使館領取數位身分證，使用愛沙尼亞境內的各種數位服務；2015 年在盧森堡設置全球第一個資料大使館，使全國的數位資料有跨境備份保障資料安全；2019 年提出政府的 AI 策略，積極爲未來公共服務及私人服務導入 AI 做準備；2020 年提出主動式幼兒照顧服務，讓完成出生登記的新生兒及其家庭，能免除後續的申請即能享有政府主動提供的嬰幼兒福利；同年，提供公證人遠端驗證服務，讓民衆可以使用 Veriff 公司的線上身分驗證平臺進行公證行爲；2022 年實施電子結婚（e-marriage）服務，讓民衆可以上網透過數位戶政登記平臺提出結婚申請。[2]

　　現今，愛沙尼亞已有 99% 的公共服務數位化，除了領取身分文件、辦理離婚登記及買賣房地產等需驗明正身的三件事需要臨櫃辦理外，幾乎所有我們能想像得到的公共服務，愛沙尼亞民衆都能夠透過網路完成，甚至可以連申請都不必申請，就由政府主動提供服務。

圖 3-2　數位化愛沙尼亞
資料來源：維基百科。

　　讀者可能會好奇，愛沙尼亞究竟是怎麼辦到的？對此，作者認爲愛沙尼亞推動政府數位轉型的關鍵成功因素，除了有完善的數位基礎建設外，還包括以下幾點與政府資料治理和公共服務創新有關的推動策略：

2　有關愛沙尼亞推動數位化政府大事記資料取自 https://e-estonia.com/story。另可參閱臺灣數位化政府發展歷程以比較兩國的數位化發展進程，至於詳細的臺灣數位化政府大事記，可參閱數位治理研究中心網站。

一、重視人民隱私權的保障

愛沙尼亞政府透過先進的法律、教育，以及開放透明等方式，保障人民監督政府的最大可能和建立保護隱私的獨立機關，確保資料與資訊的隱私和保密性。

二、訂定國家索取一次資料原則

愛沙尼亞政府訂定政府僅向民眾索取一次資料的原則，加上去中心化的政府資料結構，不僅可以避免資料集中的風險和重複蒐集的冗餘，當然也可因此避免過度地擾民。

三、保障民眾個人資料的所有權

愛沙尼亞政府高度重視民眾個人資料所有權的保障，因此建立讓民眾可隨時監測個人資料被利用情形的系統，讓民眾可以瞭解個人資料被誰及如何使用。

四、重視數位資料安全

愛沙尼亞政府透過資料大使館來備份數位資料，並利用加密技術確保資料傳輸安全，確保數位資料的安全性。

五、建構使用者為導向的服務

愛沙尼亞政府以滿足使用者需求為公共服務設計導向，積極打造主動回應的數位服務，並藉由創造高滿意度的服務來一次次地累積政府和公民之間的信任。

平實而論，愛沙尼亞政府的數位轉型經驗未必能完全複製於他國，各國政府推動數位轉型的根本之道，仍需審慎地考量當地政治、經濟、社會文化與科技等環境限制後，才能進一步規劃最符合當地

環境脈絡及回應本國民眾需求的數位轉型方案。然而，愛沙尼亞政府經驗的可貴之處，在於讓我們理解到，數位政府治理並非只是單純地將公共服務數位化而已，而是需要透過公開及透明的溝通，逐步累積政府和人民的信任以確立數位化發展的方向與原則，據以訂定法令規範、培育人才和建構數位基礎設施，來啟動政府的數位轉型，方能將我們所共同珍視的公共價值[3]具體實踐在現實與數位生活之中。

貳、政府數位轉型促進公共價值實踐

在 1990 年代興起的政府再造風潮下，運用資通科技（特別是網際網路）推動政府再造成為西方各國推動行政革新的主流模式（吳秀光、廖洲棚，2003），打造電子化政府成為各國追求的行政革新時尚。電子化政府假定可以協助塑造更好的政府，亦即在行政服務遞送效率與可及性，以及政策決策流程的參與度與決策品質都能獲得大幅度的改善（Lemstra, 2013）。隨著資通科技應用的擴大，以及科技本身在技術層次的複雜性，使得原有的電子化政府革新，跨出由政府單獨提供電子化公共服務的範疇，進一步讓公民有參與公共服務數位化的機會，擴大成為電子化治理革新。

然而，1990 年代電子化政府的資通科技應用，除導入資通訊基礎建設外，涉及政府運用資通科技再造行政流程的部分卻多停留在象徵性的應用層次，亦即僅對政府組織的運作帶來些許的調整，

3　有關愛沙尼亞推動數位化政府的相關說明，可參考數位化政府專家 Anna Piperal 於 2019 年發表在知名演講平臺 TED 的演講「What a digital government looks like（一窺數位化政府）」。

而無法涉入機關組織變遷的層面（Fountain, 2001）。換言之，早期的電子化政府屬於後應性（reactive）的行政革新，資通科技僅象徵性地扮演即插即用（plug and play）的角色，卻未對於政府的運作模式帶來根本性的改變。即使是應用資通科技的範圍擴大至電子化治理（導入公民參與部分），同樣也因為原有「科技／經濟典範」（techno-economic paradigm）的思考框架未變，使得應用資通科技的政府並未出現如科技樂觀論者預期的大幅度變革。學者分析政府變革幅度不如預期的主要原因，在於政府誤以為僅透過資通科技就能支持與實現行政革新，而忽略了人、流程、政策與領導力的根本性革新才能達成政府數位轉型目標的事實（Mergel et al., 2019）。對照前節引介的愛沙尼亞案例，應該可以讓我們深刻體會這個說法的重要性。

由於政府數位轉型意謂政府藉由應用資通科技以達成運作型態的變革（changes），如服務遞送模式的創設或服務績效水準顯著提升，其結果也往往會涉及公共價值（public values）或公共價值系統（value system）的改變（Bannister & Connolly, 2014；陳聿哲，2022）。舉例而言，要改善政府對於民眾的回應性，會涉及效率、效能，以及可能的課責與其他價值的改變（Bannister & Connolly, 2014）。

根據學者 Bannister 與 Connolly（2014）的研究，用於評估政府應用資通科技可能影響的公共價值可分類為以下三種類型，茲就個別公共價值類型的意涵說明如下：

一、任務導向（duty oriented）類的公共價值

意指政府機關推動法定任務所產生的公共價值，包括對公民的責任、對在位政務人員的責任、適當使用公共基金、服從法律、有效率地使用公共基金、廉潔與誠實、促進民主意志、對政府負責、經濟和簡約及正直等。

二、服務導向（service oriented）類的公共價值

意指政府機關提供符合民眾需求服務所產生的公共價值，包括依據公民的不同角色提供服務、尊重個人、回應性、效能、效率、透明等。

三、社會導向（socially oriented）類的公共價值

意指政府機關為保障社會運作的基本原則所創造的公共價值，包括涵容性、[4] 正義、公平、待遇和機會平等、尊重公民隱私、保護公民免於剝削、保護公民安全、對公眾負責、公正無偏地諮詢公民（consulting the citizen impartiality）等。

學者陳聿哲（2022）也認同 Bannister 與 Connolly（2014）的觀點，主張政府的數位轉型除了依靠數位科技的力量外，還需要思考如何選擇與設定欲達成的公共價值為何的問題，但對於可能受影響的公共價值分類則跟前述的 Bannister 與 Connolly（2014）不同。陳聿哲（2022）認為政府推動數位轉型將涉及數位社會面的倫理、

4　涵容性意指不落下任何一人，所有人都應該被涵蓋在政府服務的範圍內，不應有人因為先天的不平等或後天資源的匱乏，而被排除於政府的服務之外。舉例而言，辦理教育訓練及設施補助以縮短民眾的數位落差，可視為提升政府數位轉型涵容性價值的具體措施。

平等、隱私和安全，以及數位行政面的效率、效能、課責和透明等
公共價值的實踐。值得注意的是，資通科技對於公共價值帶來的影
響並不全然是正面的，它的影響也可能是負面的，或是轉換型的
（transformational）影響，亦即重新翻新公共價值內涵的影響。因此，
我們應確保數位科技發展有助於讓政府施政的利害關係人對公共價
值產生信任、滿意度、參與等正面影響，並抑制和避免弱勢族群愈
弱勢、損害個人隱私、造成網路成癮、促成網路霸凌，以及影響網
路安全等負面影響（陳聿哲，2022）。從本章第壹節所舉的愛沙尼
亞政府推動數位轉型的案例可知，政府推動數位轉型尤需重視增進
公民對於政府的信任，因為只有當人民對政府有了信任，數位轉型
之路才有機會起步。[5]

　　為了讓學者於接續的研究可以進一步地評估與觀察，以及讓實
務工作者可以留意政府數位轉型所期望實踐的正向及轉換型公共價
值、期望避免的負面價值，Bannister 與 Connolly（2014）將政府運
用資通科技對於公共價值可能帶來的影響整理如表 3-1 所示，其中
我們需特別留意打 * 號的公共價值，如經濟、廉潔／誠實、商議、
透明、待遇與機會平等、社會涵容性、增進自主治理、保護公民安
全、保護公民隱私等，因為這些公共價值是政府在推動數位轉型過
程中最需要優先關注其實踐機會（如經濟、商議、透明、保護公民
安全）、規避風險（如廉潔／誠實、待遇與機會平等、社會涵容性、
保護公民隱私），以及價值內涵可能產生轉換之處（如經濟、商議、
透明、社會涵容性、增進自主治理、保護公民安全、保護公民隱
私）。

5　讀者可進一步閱讀李梅君（2021），連「政府」都備份好了！愛沙尼亞如何打造世
　界最成功的數位社會？報導者，1 月 27 日，https://reurl.cc/Rv6DWD

▼ 表 3-1 資通科技對於公部門價值的影響

公共價值類型	公共價值種類	運用資通科技潛在產生之影響		
		正面	負面	轉換型
任務導向（7）	經濟*	高	低	高
	廉潔／誠實*	適中	不確定	適中
	行政中立	高	低	適中
	商議*	高	低	高
	合法程序	適中	適中	適中
	課責性	適中	適中	適中
	促進民主的意志	適中	適中	適中
服務導向（5）	效率	高	低	適中
	效率	高	低	適中
	服務公民（回應性）	高	低	適中
	尊重公民（回應性）	低	適中	適中
	透明*	高	適中	高
社會導向（8）	待遇與機會平等*	適中	高	低
	公平	適中	適中	適中
	社會涵容性*	適中	高	高
	正義	適中	低	低
	增進自主治理*	適中	低	高
	保護公民免於不公平的剝削	適中	適中	低
	保護公民安全*	高	適中	高
	保護公民隱私*	適中	高	高

資料來源：修改自 Bannister 與 Connolly（2014: 125）。

參、政府數位轉型的策略思維

政府的數位轉型，是因為導入的新興科技擾動了政策利害關係者的行為與期待、商業競爭版圖及資料的可取得性，進而觸發數位商業策略和數位轉型策略等策略性回應，導致更仰賴使用數位科技，以至於引起組織結構、組織文化、領導力和員工角色與技能等結構

的變革，同時也觸發價值命題、價值網絡、數位渠道，以及敏捷性和靈活性等價值建立路徑的變革。政府推動數位轉型變革的目的在期望產生高運作效率、高組織績效、產業與社會更進步等正面效果，同時預防變革造成安全與隱私受到侵害的負面效果，惟推動轉型過程，組織的慣性與抗拒等組織障礙需被克服，以確保價值建立路徑的變革得以成功（Vial, 2019）。

　　政府數位轉型是一個持續的過程，需要經常地調整行政流程、服務與產品以符合使用者的需求，致力於改善政府和利害關係者的關係以提高公民的滿意度，並徹底地改變官僚和組織文化（Mergel et al., 2019）。為此，當管理者愈能策略地界定與外部利害關係人和員工的關係並促進跨部門的協同合作，將愈可能精心安排成功的數位轉型（Bjerke-Busch & Aspelund, 2021）。在此情形下，未來的政府數位轉型研究應重視兩大轉型課題，分別是如何增進組織的動態能力（dynamic capabilities）以促進政府數位轉型，以及將倫理學納入相關資訊系統建置的研究（Vial, 2019）。為此，有意領導行政組織推動數位轉型的公共管理者可採取下列的管理策略（Bjerke-Busch & Aspelund, 2021: 287-288）。

一、建立政府數位轉型生態系統

　　政府的數位轉型需尋求跨部門的轉型，故應建立一個數位轉型的生態系統（eco-system），以克服資金的障礙與尋求跨專業部門之高效優質的技術解方。

二、改變行政人員的角色認知

　　公共組織既有的規範和文化往往會造成數位轉型的障礙，因此若欲成功地推動政府數位轉型，首需改變行政人員的角色認知，

從認知自己的角色是專業的行政人員，變成是專業的服務遞送者（professional service deliverer）。

三、塑造利害關係者的協作關係

公共管理者若能策略地重新界定外部利害關係者及其員工的邊界，愈可能成功地帶領政府數位轉型，這意謂消除政府部門間的本位主義和公私部門的隔閡，以促成公私部門利害關係者更緊密的協作，促進協調策略討論中的多元觀點，建立及發展具數位技能的勞動力參與開發新服務，以及勇於挑戰政治的議程。因此，公共領導力的權威模型需再行調整，並改由包含更具分散式影響力的協作模型取代。

綜合而言，從上述三個推動政府數位轉型的管理策略的說明可知，公共組織的領導者應變革傳統公部門採用的層級節制、專業分工的組織管理模式，轉換為透過跨部門互助的運作系統，也就是前述提及的數位轉型生態系統，進行跨部門的合作，因此行政人員也應轉換為服務導向的角色認知，並致力於打造與數位轉型利害關係者的協同合作關係。然而，政府的體制並非一朝一夕即可改變，政府需要擴大讓民眾參與決策，才能形成真正的協同合作。政府的變革存有風險，主事者不能躁進，才能避免傷害公共利益。為此，公共管理者需要有全新的領導思維來帶領政府數位轉型，轉型過程除需配置相關的資源外，也應透過公眾參與和試辦或實驗（如沙盒實驗機制）等作為，來增進跨部門的合作，同時降低潛藏風險的危害。

肆、回應性數位政府的願景描述

從第參節的描述可知，政府的數位轉型是運用資通科技（特別是新興科技）所觸發的政府變革，而此一變革沒有終點，需與時俱進地持續改善。然而，促使政府推動數位轉型的外部壓力通常只會造成公共服務和流程的數位化，但唯有來自內部的壓力才有可能啟動全觀性（holistic）的組織變革，其中尤以官僚思維與核心能力的改變才能引導組織文化的改變，組織文化的改變才能導致與政府利害關係者關係的改變，故賦予行政人員主動的角色與維持長期變革的責任是引導政府數位轉型的關鍵（Mergel et al., 2019）。

作者認為Mergel等人（2019）的觀點涉及官僚回應性（bureaucratic responsiveness）的問題。廖洲棚（2019）將官僚回應性定義為：「官僚體制為滿足民選政務官員、服務對象及專業責任的要求而採取的相關作為。」就官僚體制的本質而言，官僚回應性困境源自官僚體制在當前治理環境下，為同時回應民選政務官員、服務對象與專業責任的需求，所引起之需求滿足與衝突平衡的問題（廖洲棚，2019）。由此可知，不論官僚體制願不願意，它都必須涉入多元利害關係人的要求與衝突之中，而找出平衡這些要求與衝突的方式，正是官僚回應性最重視的研究焦點（Bryer, 2007）。

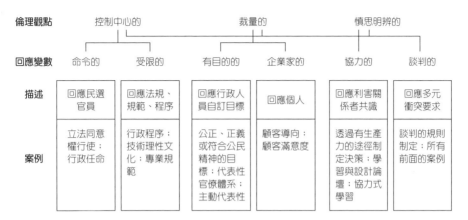

圖 3-3 官僚回應性變數和相關的倫理責任
資料來源：Bryer（2007: 484）、廖洲棚（2019：47）。

　　爲拆解官僚回應性的形成因素及相關條件，Bryer（2007）建立
一個官僚回應性分析架構（圖 3-3），其將官僚回應性解構爲六種回
應性變數，茲就其內涵說明如下：

一、**命令的回應性**（dictated responsiveness）：意指官僚體制需回應
　　合法選出的民選官員的指揮。

二、**受限的回應性**（constrained responsiveness）：意指官僚體制需
　　依法行政和遵守專業的規範。

三、**有目的的回應性**（purposive responsiveness）：意指官僚體制需
　　自訂符合公正、正義、代表性等公共價值的績效目標。

四、**企業家的回應性**（entrepreneurial responsiveness）：意指官僚體
　　制應具備企業家精神，以顧客導向的觀點進行行政革新。

五、**協力的回應性**（collaborative responsiveness）：意指官僚體制應建
　　立與利害關係者的共識，建立共同的決策及合作提供公共服務。

六、**談判的回應性**（negotiated responsiveness）：意指官僚體制應回
　　應社會上存有潛在衝突的多元要求，並設法平衡各方的利益。

　　值得注意的是，行政人員對於民眾的回應除需包含前述六個回應性變數外，也應同時注意個別回應性變數所對應不同的倫理責任，如命令的與受限的回應性對應控制中心的倫理；有目的的和企業家的回應性對應裁量的倫理；協力的回應性對應慎思明辨的倫理，只有談判的回應是同時對應所有的倫理責任。由此可知，行政人員在履行回應民眾需求的任務時，也需同時恪守必要的倫理修為，才能使維持良善的公共治理而不致沉淪為民粹治國的失控情境。根據 Bryer（2007）提出的官僚回應性架構，行政人員對於政府數位轉型的回應性，需在符合控制中心的倫理框架下，回應民選官員的指揮、依法行政和遵守專業規範，同時需在符合裁量的倫理框架下，主動地或稱之為具有企業家精神地行使裁量權限，並在慎思明辨的倫理指導下，鼓勵利害關係者協力合作，期間積極透過同時符合三種倫理框架的談判技巧來化解潛在的多元偏好衝突，找出平衡各方利益的解決方案。由此可知，行政人員能否透過，包括控制中心的、裁量的和慎思明辨的倫理責任的實踐，積極主動地落實行政組織變革的相應要求，將是政府推動數位轉型的成功關鍵。這樣的觀點，正可以補充詮釋政府數位轉型需要行政人員擔任「主動角色」的內涵。

　　如同 Nadkarni 與 Prügl（2021）所指出的，政府的數位轉型是破壞式創新科技觸發的組織變革，因此數位轉型包含以科技為軸心（technology-centric）和以行動者為軸心（actor-centric）觀點。前者涉及運用數位科技進行破壞式創新（disruptive innovations）以改善績效、降低成本與創造未來績效；後者涉及激發行動者的企業家精神（entrepreneurship），以創造全新的營運模式和轉變組織既有的營運理念或策略，因此行政組織需要與時俱進地強化官僚回應性的倫理思維，藉以引導和增強官僚體制的六大回應性變數，方能完整地釋放數位科技的潛能來完成數位轉型的目標。換言之，如何增進

官僚體制對於政府數位轉型的回應性，將會是政府成功推動數位轉型的關鍵配套措施。在此情形下，變革官僚體制的工作重點，將包括：一、回應民眾對於政府強化應用資通科技改善服務品質的要求；二、回應民眾要求政府改革傳統官僚文化的要求；三、回應民眾要求政府改善與多元利害關係者關係的要求；四、回應政府應持續促進民主化治理的要求；以及五、回應政府應持續改善公共服務品質的要求。無獨有偶地，Mergel 等人（2019: 9-10）根據訪談歐洲多位從事政府數位轉型工作的公、私部門管理者所得之意見，歸納提出下列的六點研究命題，恰可視為渠等對於前述五項官僚體制變革重點的呼應，值得我們於未來持續的觀察與檢驗，這些研究命題包括：

命題 1：當外部壓力催促公部門組織啟動數位轉型專案，他們將聚焦在數位化客體，例如人造物和流程（包括公共服務、表單、書或其他人造物）。

命題 2：當內部壓力催促公部門組織啟動數位轉型專案，他們將聚焦在改變官僚文化和組織以遞送公共服務。

命題 3：官僚文化的改變將導致對公民需求感知的改變，從而導致公共行政部門與其利害相關者保持的關係類型發生改變。

命題 3b：同時，在組織與官僚內部發生持久改變的必要條件是改變思維和公務員的核心能力。

命題 4：當數位轉型導致改變服務數量的產出在短期內增加時，長期變化不會自動隨之而來。反之，公共行政部門必須投資於實現永久的效率和透明度收益，從而使數位化公共服務的遞送能長期地促進民主化的本質。

命題 5：當科技發展持續，數位轉型的需要持續地改版和改善。數位轉型的最終狀態是無法迄及的，取而代之的是一個持續促使政府改善其公共服務遞送的回饋循環。

　　數位發展部規劃我國推動數位政府工作乃是「以創造公共服務價值、精進政府服務體驗為目標」，達成目標方式則是藉由「引導各級機關善用數位科技提供便捷服務、強化施政效能、完善數位涵容」的途徑著手政府的數位轉型，並期望達成「重塑政府數位服務，滿足民眾生活需求」的願景。[6] 為此，數位發展部研擬我國政府的數位轉型策略，亦即所謂的「智慧政府」發展策略，其內容包括以下五個重點 :

一、加速資料釋出，驅動資料再利用

　　透過建立高價值資料公眾諮詢機制及釋出程序，協助各政府機關建立資料治理及分析利用概念，逐步強化機關自主管理資料之能力，以提升政府資料釋出再利用的比率，優化政府治理與創新公共服務。

二、活用民生資料，開創施政新視野

　　針對大眾關注之公共議題及國家發展關鍵領域，運用大數據及AI 等技術輔助政府決策。

三、連結科技應用，創新服務新紀元

　　引進新興數位科技應用，創新數位化公共服務，並優先應用於創新交通運輸模式、社會安全智慧管理、經濟發展、犯罪偵查及提升公共服務能量範疇，目的在提升民眾服務體驗，進而強化民眾對政府之信賴感。

6　數位發展部網站，https://moda.gov.tw/digital-affairs/digital-service/354

四、厚植高安全之資通設施

發展政府網際服務網（Government Service Network）之基礎設施，配合行動通訊與新興科技發展逐年擴增頻寬，增強網路備援與強韌性，並改善管理制度確保資訊安全。另藉由多元數位身分識別技術與驗證機制，確保資料存取權限及使用政府網際服務網的安全性。

五、完備數位轉型配套措施

檢視各級政府機關施政所需的員工數位能力，規劃提升政府員工數位能力的政策措施，並辦理政府數位人力培訓課程，以滿足政府數位轉型的人力需求。

由上述的說明可知，我國推動政府數位轉型策略頗能呼應Nadkarni 與 Prügl（2021）所指出的以科技為軸心（如前述的第一至第四個策略）和以行動者為軸心（如前述的第五個策略）的數位轉型觀點，且數位轉型的重點也與愛沙尼亞著重政府數位資通設施、資料治理和公共服務創新的主軸近似。值得注意的是，我國政府以變革政府員工數位能力作為推動政府數位轉型的核心配套措施的構想是不足的，因為政府數位轉型所需的官僚體制變革，除了提升政府員工的數位能力外，還需要進一步激發員工的「企業家精神」，意即「創新精神」，以積極主動地學習發揮新興科技的潛能，來達成政府數位轉型的目標。而激發員工企業家精神的方式，則是透過前述官僚體制變革的五大工作重點著手，逐步增進官僚體制對於政府數位轉型的回應性。為此，作者將在下一章進一步討論官僚體系與民主的數位融合的可能性，並探討官僚體制在推動前述的變革中可能遭遇的衝突與調和方式。

CHAPTER 9

官僚體系與民主的數位調和

當代政府組織的結構及運作方式，和德國學者 Max Weber 描繪的理想型官僚體制（ideal type of bureaucracy）[1] 有許多相同之處，例如專業分工、層級節制、依法行政、非人情化、功績給付與永業化傾向等。此一制度使得政府組織得以由一群訓練有素的公務人員，依據專業能力及法令的規定來提供公共服務。然而，基於民主政治與官僚體制在本質上的差異，使得兩者經常會陷入既需要又衝突的兩難困境之中，若無法調

圖 3-4　Max Weber 肖像
資料來源：維基百科。

和將不利於國家社會的發展。為此，傳統的公共行政透過政治中立（political neutrality）、層級節制、專業分工及標準化等四種制度安排作為調和衝突的機制（Aucoin, 2004; 廖洲棚，2011），惟傳統的解方似乎愈來愈不適合這個日趨現代化和全球化的世界。例如，事前的專業分工與標準化程序，疲於應付日趨彈性和變動的環境；政治正確之由上而下的控制，卻不利於需求日殷的跨域協調與合作。所幸，隨著科技的進展，提供我們一個全新的機會，可以發現與導入調和兩者衝突的新途徑——開放政府。為此，本章重新審視官僚

1　依據 Weber 的說法，理想型的官僚體制是最理性的組織，具有專業分工、層級節制、依法行政、非人情化、永業化與功績制等特徵。

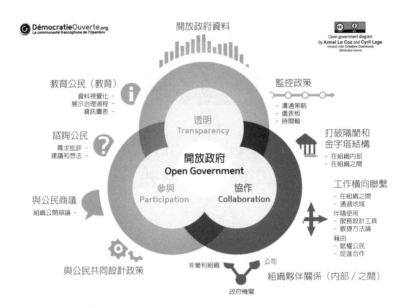

▋ 圖 3-5　開放政府的概念內涵及相關作為
　　資料來源：維基百科。

體制和民主政治的關係，探討開放政府作為調和機制的論述，以及
討論運用數位科技推動開放政府的困境與實踐途徑，並在文末為本
章的論點進行總結。

壹、官僚體系與民主政治關係的再審視

　　誠如已故的美國經濟學者 Joseph Schumpeter（1976: 206）所言：
「官僚體制並非民主的障礙，而是民主不可或缺的一部分。」[2] 因
此如何讓官僚體制成為民主制度的守護者，必須先從確保官僚體制
專業性的發揮談起（廖洲棚，2019：69）。然而，學者 Eva Etzioni-

2　原文：“Bureaucracy is not an obstacle to democracy but an inevitable complement to it.”

Halevy（1998）的研究卻指向較為悲觀的命題，她認為官僚體制和民主政治之間存有許多矛盾與衝突，主要的原因在於，民主運作規則本身曖昧不明、自相矛盾和具有爭議的狀態，而與官僚體制專業發展的明確性和程序性性格衝突，使得民主政治和官僚體制陷入一個彼此既需要又衝突的兩難困境，並加劇了政治背景之下的權力鬥爭，讓民主的運作規則失靈，同時為民主製造出更多的問題。因為官僚體制擁有的專業，雖能用於解決複雜的社會問題，但它的非民主（undemocratic）特質（有時甚至是反民主的）卻又經常使得兩者出現緊張的關係（Meier & O'Toole, 2006；廖洲棚，2011）。

　　為解決前述民主運作與官僚體制的衝突，傳統的公共行政透過政治中立、層級節制、專業分工及標準化等四種制度作為調和衝突的機制，例如，透過政治中立機制來釐清民選官員和常任文官的關係，基本的理念為文官不應該有特定的政治忠誠，而是服膺任何一個具有合法地位的統治者；層級節制則提供清楚的課責路徑和人員的角色定位，規範常任文官必須服從因為組織層級而授予的權威，以便能毫不遲疑地回應政務領導者的指揮；專業分工使得政府的目標、使命與任務是依據誰有提供政策最佳建議與服務遞送之能力原則進行分派，目的在獲得資源的最適利用和提升完成任務的效率與效能；標準化是設定常任文官績效標準的最有效方式，也是確保文官行為能達成預定的政策目標的一種管理手段，故將文官行為模式標準化就成為設定文官績效標準最有效的方式（廖洲棚，2011）。然而，政治中立、層級節制、專業分工及標準化等機制，並無法如預期地化解民主運作與官僚體制的衝突，其原因可進一步細分為兩個層次的衝突。

一、常任文官與民選官員的衝突

　　學者們雖建議常任文官與政務人員的緊張關係可透過適當的政治中立制度（或我國慣稱的行政中立制度）來調和（廖洲棚，2019）。例如，陳敦源（2012：279）曾建議建立「讓官僚向政務系統『說不』的誘因結構，但同時又不會讓官僚偏離民主課責的制度設計作為」的政治中立制度。蘇偉業（2012：39）則另引用英國內閣制的官僚「匿名性」和「忠誠性」補充該機制的設計，使得官僚體制「做『忠誠的』政治『牆頭草』，而不會出現尷尬狀況及影響他們對不同執政黨之服務表現」。然而，廖洲棚（2019：108-109）的研究進一步發現，我國民主化後形成的制度規範為官僚體制帶來了政治忠誠與專業回應的困境，使得「政務人員和官僚體制的互動關係產生選擇政治忠誠而犧牲專業回應」的現象，更弔詭的是「一個無力抗拒政務人員不當指揮的官僚體制，不但須犧牲專業回應，還須承擔民主課責的風險」。在此情形下，我國未來的行政改革若仍只著重改革官僚體制，增強政務人員對官僚體制的控制力，卻忽視對於政務人員決策責任的規範，則前述的困境仍將持續發生。

二、官僚體制與公民的衝突

　　當代的政治與行政學者 Dwight Waldo（1952: 102）曾指出民主行政理論的重要問題在於「調和人們對民主的渴望以及對權威的需求」。[3] 因此，「官僚體制如何在兼顧專業與公民需要的情況下做出適當回應？」的問題，

圖 3-6　Dwight Waldo
肖像
資料來源：維基百科。

3　原文：“to reconcile the desire for democracy and the demand for authority.”

便成為思考政府與公民關係的重要焦點（廖洲棚等人，2012）。政治系統回應公民偏好是民主理論與實務的核心問題（Dahl, 1967; Hobolt & Klemmemsen, 2005; Lijphart, 1984），有意義和真誠的公民參與之所以鮮少出現，可歸咎於多數的行政人員因專業立場或基於個人私利而不願將民眾意見納入決策制定之中，或即使是將民眾意見納入了，也僅是在議題已經設定且政策已經完成之後才讓民眾參與（Yang & Callahan, 2007: 249）。

▼ 表 3-2　官僚體系「行政裁量權」控制上的兩難

		官僚應不應該做	
		應該做	不應該做
官僚的 實際作為	行動	做了該做的	做不該做的事 （型一錯誤）
	不行動	不做該做的事 （型二錯誤）	沒做不該做的

資料來源：陳敦源（2005：107）。

　　由於文官回應公民的過程並非簡單的是非題，其涉及官僚體系「行政裁量權」控制上的兩難（陳敦源，2005：106-107），這個兩難其實就是對文官授權回應（內控）或控制回應（外控）的經典難題，也就是要透過標準化（外控）來控制文官回應民意，還是透過決策的授權，讓文官依據自己的專業及實際的情況來回應民意（廖洲棚等人，2012）。若以除弊設計為導向（外控），則對官僚體制控制過嚴，可能會減少犯下「做不該做的事」（型一錯誤，type one error）的機會，但也將因此升高「不做該做的事」（型二錯誤，type two error）的機會；反之，若以授權設計為導向（內控），則對官僚體制授權過頭，可能會減少「不做該做的事」（型二錯誤）的機會，卻也可能因此升高「做不該做的事」（型一錯誤）的機會（陳敦源，2005）。惟受限於一般民眾和政務人員與常任文官間存在的專業及

資訊的不對稱，不管是民眾或政務人員都難以判斷，常任文官對於民眾的回應，究竟是犯了「型一錯誤」或「型二錯誤」（廖洲棚等人，2012）。

　　為解決官僚體制與公民意見衝突的困境，實踐真誠的公民參與是學者們共同的主張（Arnstein, 1969; King et al., 1998），主要的理由是可以產生讓民主更民主、重新定義權力結構、強化可信度與正當性、管理衝突與建立共識、引出意見回饋與諮詢，以及提升課責性與透明性等民主治理效果（Buss et al., 2006: 9）。King 等人（1998）主張真誠的公民參與，是深入且持續涉入行政程序的過程，擁有讓所有參與者在此過程中發揮影響力的潛力，其關鍵要素在於：聚焦、承諾、信任、開放和誠實的討論，故行政人員與公民必須形成夥伴關係（partnership），亦即官僚體制和公民一同制定決策，並結合公民進入開放與真誠的審慎思辨之中。真誠的公民參與情境係將公民處在議題設定的核心位置，接著是行政人員，最後才是行政系統或程序（圖3-7），公民有權決定官僚體系應考量與接納何種公共問題，而行政系統或程序則是為了支持此種參與型態而設置。

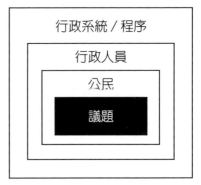

■ 圖 3-7　真誠的公民參與情境
資料來源：King 等人（1998: 321）。

　　Cooper 等人（2006）等人在回顧了美國推動公民參與的發展歷程之後，他們進一步主張當前治理環境下應發展以公民為中心的協作式公共管理（collaborative public management），而慎思明辨途徑最能夠符合這樣的公共管理需求。所謂的慎思明辨途徑，指的就是透過不同類型民眾間的對話、參與行動，以及為政策結果共享責任

的公民參與，它著重在尋求不同類型民眾、個人共識為基礎的跨社會部門聯合行動（廖洲棚等人，2012：62）。然而，慎思明辨的途徑會受到行政國（administrative state）思想的阻礙，使得政府機關對於公民驅動的政策興趣缺缺。所幸，近年來出現的開放政府途徑，彌補了傳統慎思明辨途徑的不足，並為調和民主政治和官僚體制衝突，帶來了新的曙光。

貳、以開放政府作為調和機制的論述

　　開放政府意謂透過透明施政與公眾參與機制來達成政府課責性（government accountability）目的的一種治理途徑（廖洲棚等人，2017），內涵來自前美國總統歐巴馬於 2009 年簽署《透明與開放政府備忘錄》（*Transparency and Government Memorandum*）後所帶動的思潮。[4] 在美國政府的倡導下，「透明、參與、協作」逐漸成為開放政府的核心論述基石，並帶動世界各國吸納與仿效相關做法，期望透過落實開放政府的核心論點，達成深化民主政治、提高公眾信任、促進政府課責性與回應性（廖洲棚，2018）。

　　從本質上來看，開放政府所倡議的正是真誠的公民參與，亦即**協作治理**觀

> **協作治理**
>
> 集合政府、企業、非營利組織和一般大眾的力量，共同來解決棘手的公共問題的公共治理模式。

4　美國歐巴馬總統清楚敘明了推動透明與開放政府的理路：「我的政府允諾於政府打造一個具有前所未有程度的開放性。我們將共同努力於確保公眾的信任，並建立一個透明、公眾參與和協作的系統。開放性將強化我們的民主，以及促進政府效率與效能。」（My Administration is committed to creating an unprecedented level of openness in Government. We will work together to ensure the public trust and establish a system of transparency, public participation, and collaboration. Openness will strengthen our democracy and promote efficiency and effectiveness in Government.）可參考美國白宮網站，https://obamawhitehouse.archives.gov/the-press-office/transparency-and-open-government

點下的公民參與，目的在改善政府與公民的關係，促使彼此進入對公共議題的開放與審慎思辨，以改善行政決策的品質（Cooper et al., 2006; Kim & Lee, 2012; King et al.,1998; Vigoda, 2002）。此外，推行開放政府也可同時改善民選官員和常任文官的緊張關係，因為開放政府強調的透明和開放，將使得民選官員的決策過程及競選承諾的實踐程度變得無所遁形，恰可因此促使民選官員對其決策負起最終責任。

　　開放政府理念的實踐，係透過透明、參與和協作等三種策略途徑來達成。首先，就透明（transparency）而言，主要著重在開放政府擁有的數位資料，透過資料的對外開放，讓民眾得以瞭解政府的運作過程，以及發現潛在的公共問題。其次，就參與（participation）而言，當民眾有能力瞭解政府是怎麼運作的，以及發現尚未被政府發現的公共問題之後，民眾還需要有表達意見的管道，並賦予民眾決定政府資源該用於解決何種公共問題的權限。最後，就協作（collaboration）而言，由於公共問題經常以跨域的形式出現，導致愈來愈難以由單一個行政機關獨立解決，故透過協作的方式集合政府、企業、非營利組織和一般大眾的力量，共同解決棘手的公共問題，將會是未來的公共服務樣貌。

　　值得注意的是，專業分工的政府組織往往有服務視野狹隘、各機關相互推卸責任、政策目標與計畫互有衝突、資源運用重複浪費等執行問題，不但造成行動的本位思維，更會惡化政府內部的協調與合作，因此學者 Perri 6 提出「全面性政府途徑」（whole-of-government approach）（Christensen & Lægreid, 2007）或「全觀型治理」（holistic governance）（Perri 6, 1997, 2004），目的即在打破部門藩籬，提高跨組織合作的能力，同時強調資訊科技所具有的整合性功能，並期望中央政府扮演整合協調性角色，以發揮此一模式主

張之整合型組織的效果（彭錦鵬，2005）。由此可知，不論是政府內部組織間的協作，或是和外部組織間的協作，政府都需扮演促進協作的角色，而資通科技的應用恰可提高各部門行動者參與協作的能力，這些恰好也都是開放政府途徑所關注的內涵。

參、運用資通科技推動開放政府的實踐途徑

資通科技為實踐開放政府理念的關鍵角色，因為藉由各式新興科技的輔助，將可以設計一個策略性的框架，讓更多以使用者為導向的公共服務可以被實現，且透過開放與透明的溝通策略，更可以進一步改善政府與公民之間的關係，增進人民對政府的信任。例如，Milakovich（2014）認為資通科技可以藉由網路為基礎的資訊系統和大數據分析，將政府機構轉型成結構更為扁平，也更為重視公民需求的組織，進而改善政府與公民之間的關係；同時也可以促進公共資訊的傳播及個人意見的表達，讓更多的公民能參與公共事務；以及增進公民參與設計和提供公共服務。實務上，國家發展委員會已將開放政府視為重要的施政重點並定有臺灣開放政府國家行動方案，方案的形成即是透過「公共政策網路參與平臺」（簡稱 Join 平臺）來徵詢民眾意見，並由政府與公民社會共同提出「推動資料開放與資訊公開」、「增加性別及族群包容性對話」、「擴大公共參與機制」、「落實清

▌圖 3-8　開放政府理念與公民參與
資料來源：國家發展委員會網站。

廉施政」與「執行洗錢防制」等五大範疇、19 項承諾事項。[5]

　　然而，即使各種新興科技的進展迅速，但政府卻經常囿於缺乏動機、能力和政治上的勇氣來破除根深蒂固的行政程序，使得科技的運用僅限於將現有的作業流程電子化，而非運用新興科技來重新思考人、流程、服務及利害關係者的互動關係。這是因為官僚體制經常對於變革抱持高度的懷疑，且經常會藉由各種維持現狀的藉口來抵制創新科技的運用，特別是受到漸進主義思維的影響，常常自我限制各種大幅改變現狀可能性的想像，如改變組織型態、精進資料蒐集方式，以及優化決策的模式（Milakovich, 2014）。除此之外，現有的法令規章對於跨部門和跨機關協作所需網絡環境的支持程度，以及社會經濟不平等的現實，也可能因為數位科技的導入而加大了需協調合作的行動者之間的藩籬或擴大民眾之間的數位落差（digital divide）。因此，在與時俱進地導入新興科技的同時，也要同時考慮法規環境的調適及加強社會的涵容性（inclusiveness），增進政府內部與外部的行動者共同思考科技應用需配合的變革和提供多元行動者參與表達公共事務的機會，同時運用**資料驅動**（data-driven）的思維取代官僚驅動的思維，來發現潛藏的公共問題，促進跨部門和跨機關的協力，並追蹤與評估實際的績效表現，才能真正的實現開放政府的理想。

> **資料驅動**
>
> 所謂資料驅動或稱數據驅動，是指組織內任何的改革活動的推展，是依據資料提供的客觀證據來推動的，而非僅透過個人主觀的直覺或者經驗便決定採取變革行動。

5　國家發展委員會網站，https://www.ndc.gov.tw/Content_List.aspx?state=F5D336F102ACBC68&n=0C5AB1D0FA5B64B8&upn=97AD5AA9359CAB38，最後檢閱時間：2023/2/27。

CHAPTER 10

應用新興科技推動政府數位轉型

　　先進國家在建構國家層級的數位發展策略上，莫不以滿足公民的需求爲使命，提升國家競爭力爲目標而積極籌劃布局。例如，我國頒布的「服務型智慧政府 2.0 推動計畫」（110 ～ 114 年），認爲政府必須正視治理模式之數位轉型浪潮，所以規劃從服務面、決策面、資料面和基礎面等四個政府資通訊應用的面向來精進政府服務及決策，包括政府公共服務要更簡單好用並貼近民需、政府決策模式要更快速精準並契合民生、政府資料要加強釋出力道並促成合規使用，以及政府數位基礎須循科技發展趨勢持續精進等。爲此，該計畫主張積極導入 AI、區塊鏈（blockchain）、雲端運算（cloud computing）和大數據分析（big data analysis）等新興科技來推動政府數位轉型，成爲服務型智慧政府，俾能優化政府服務流程、創新爲民服務型態來滿足民眾需求進而創造公共服務價值（國家發展委員會，2020）。

　　由於政府的數位轉型需進一步思考人、流程、服務及利害關係人的互動關係，轉型過程更需要調和官僚體制和民主政治的衝突，以強化以民爲本的政府回應性，故應用新興科技推動政府數位轉型的過程，尚需輔以實踐開放政府理念的策略途徑，方能達成政府數位轉型的目標。在此情形下，本章聚焦於引介我國及他國政府應用 AI 和區塊鏈的經驗，說明應用新興科技推動政府數位轉型的潛力、數位轉型過程應關注的焦點，以及數位轉型對實踐公共價值的可能影響。

壹、應用 AI 於政府數位轉型

運用機器學習演算法建構的 AI 系統被視為是當前政府推動數位轉型所需的重要新興科技之一，其對於改變政府的服務和管理模式有極大的潛能（黃心怡等人，2021）。學者認為 AI 就是讓機器可以做需要人類智慧才能做的事的科學（Yazdani & Narayanan, 1984）；尋求機器或電腦智慧的發展至近似於人類大腦的能力（Barth & Arnold, 1999: 333）；AI 是有關「智慧主體（intelligent agent）研究與設計」的學問，而「智慧主體是指一個可以觀察周遭環境，並且採取行動以達成目標的系統」（轉引自李開復、王詠剛，2017：53）或一種可以感知、學習、推理、協助決策，並採取行動幫助我們解決問題的科技（陳昇瑋、溫怡玲，2019：69）等。

目前討論公部門應用 AI 的相關文獻多聚焦在探討運用 AI 幫助公部門勞動力轉型的議題（Sun & Medaglia, 2019: 369），並預示 AI 將改變原有組織的工作及組織成員和機器的關係，故需留意導入 AI 可能帶來的挑戰與伴隨風險，以及思考應用 AI 能否增進公共價值、控制倫理道德風險、因應行政裁量權行使之影響等課題（黃心怡等人，2021）。學者的調查發現，許多高階管理者已預期在未來五年內，AI 可能會衝擊到組織中原有的行政協調和控制相關的任務，以及影響問題解決和協同合作相關的任務，至於需與他人和社群連結或策略和創新相關的任務則是較不易受到影響的工作類型（Kolbjørnsrud et al., 2017: 38）。

為因應 AI 對公部門勞動力帶來的影響，學者們已具體地將 AI 的影響歸納為以下四種類型，分別是（Egger et al., 2017; Sun & Medaglia, 2019: 369-370）：

一、**減輕**（relieving）：用 AI 處理瑣碎平凡的工作，讓公務員空下時間來處理更有價值的工作。

二、**分割**（splitting up）：用 AI 將單一工作分割成數小塊，並盡可能地完成這些小塊的工作，剩餘的部分再交給公務員處理。

三、**取代**（replacing）：用 AI 取代原本由公務員擔任的工作。

四、**擴充**（augmenting）：用 AI 補強公務員的技能，使得他們能工作得更有效能。

公共管理者對於 AI 的意向與接納程度，決定其導入政府組織的運用深化程度。Kolbjørnsrud 等人（2017）的研究發現，高層管理者不論在對於 AI 的信任度、接受 AI 監督和評估其工作的意願，以及接受 AI 行動伴隨責任的承擔意願，都明顯比中層管理和第一線主管來得正面樂觀。這個調查結果顯示的兩個重要的訊息是：一、對組織而言，若無中層管理者和第一線主管心甘情願地接納組織的 AI 方案，則不管是採用由上而下或由下而上的推動途徑，方案成功機會都極為渺茫；二、國情的差異顯示開發中國家的管理者期望藉由新科技來帶動蛙跳式進步的動機較強，卻較不重視 AI 潛在的風險和倫理問題，反之，技術能力和經驗相對都較高的已開發國家管理者則顯得較為保守（Kolbjørnsrud et al., 2017: 39）。

綜合而言，儘管在未來十年許多人類現有的工作都將被自動化機器所取代，但 AI 帶來的自動化卻會讓公共管理者的地位更形重要，因為要提高導入數位科技促進策略性組織變革的成功機率，將會特別仰賴公共管理者複雜的情感參與（特別是組織的中層管理者和第一線主管），因此將 AI 設定為管理者的好幫手而非取代他們的工作，將會提高渠等接納 AI 的意向（Huy, 2017）。學者預期在 AI 導入公共組織後，將在回應性（responsiveness）、判斷力

（judgement）和課責（accountability）等三方面產生影響（Barth & Arnold, 1999），這意謂著公共管理者必須學習和 AI 一起工作，並學習回應隨之而來的動盪。當然，此些動盪對於對公部門而言，可能會同時帶來正面和負面的影響。黃心怡等人（2021）的研究指出，AI 可為促進效率、平等和回應性等公共價值帶來正面的影響。首先，就促進政府運作效率而言，因為 AI 的營運成本較真人為低，且 AI 只要維持人類平均值的表現，就可以帶來極好的績效，故在政府組織導入 AI，可以大幅提升組織運作的效率（Young et al., 2019）。

其次，就 AI 能帶來更為平等的待遇和機會而言，因為 AI 對於服務對象沒有情感上的偏見，因此可以更平等地遞送公共服務。最後，就 AI 能讓官僚更具回應性而言，主要是因為當行政人員學會和 AI 一起工作，他們將能提供公民更多個人化的服務、更為預應式的回應，以及更精準的政策模擬（Margetts & Dorobantu, 2019）。

然而，AI 除了為公共價值的創建帶來正面影響外，它也可能帶來負面的影響。例如，AI 可能因為演算法的黑箱性質，導致破壞民主公開透明的決策價值，逃避監督並破壞民主課責的動線（黃心怡等人，2021）。其中最著名的負面案例就是美國的警務預測系統（Correctional Offender Management Profiling for Alternative Sanctions），該系統利用演算法來預測被警察拘留者的再犯行為，結果卻被電腦科學家發現該演算法對有色人種存有偏見，並導致個人自由的侵害（Kankanhall et al., 2019）。此外，AI 也可能會侵害個人的隱私。例如，大型社群媒體，像是 Facebook、Google 和 X（前身為 Twitter）等，藉由提供免費服務而蒐集巨量的個人隱私資料，並將這些資料作為公司在開發 AI 技術時的重要資料來源，但個人資料私有化後的不受規管，卻可能因此侵害用戶的個人隱私（Agarwal, 2018）。最後，AI 可能導致新的安全風險。例如，因為專業不對稱，政府缺乏關於

科技使用風險的詳細資訊，導致在不瞭解 AI 運作的黑箱的情況下，可能給人們帶來了一種錯誤的安全感，也給社會帶來了根本性的風險（Boyd & Wilson, 2017；黃心怡等人，2021）。因此，政府運用 AI 推動的數位轉型，需審慎地評估當前及未來使用 AI 的目的和潛在風險，建立能增進 AI 發展的法律和策略框架，以引導 AI 於政府數位轉型的正向使用。例如，愛沙尼亞政府已於 2019 年發布政府 AI 策略，說明 AI 在政府和私人服務中的當前和未來用途，以建立適當的發展框架來促進公私部門發展實施 AI 解決方案的詳細策略計畫。歐盟為了避免 AI 技術的發展危害公共利益，歐洲議會於 2023 年 6 月 14 日通過了歐盟 AI 法案草案，該法案旨在建立全面的立法框架，以治理和監督歐盟內的 AI 技術，確保 AI 技術的合理使用、透明度和責任。未來，歐盟將對 AI 技術的研發過程設立多項限制措施，例如，禁止企業在公共場所安裝感應裝置，以遠端蒐集生物辨識資料。同時，該法案也將對公部門進行規範，例如，禁止警察機構利用過去的犯罪紀錄來發展犯罪預測系統（陳穎梵，2023）。隨著生成式 AI（generative AI）的發展，AI 已快速地進入社會生活的各個層面，政府在積極導入 AI 於政府數位轉型的同時，也應留意 AI 發展的潛在風險。有鑑於此，我國行政院已於 2023 年 8 月 31 日發布《行政院及所屬機關（構）使用生成式 AI 參考指引》，揭示各行政機關（構）使用生成式 AI 時，應秉持負責任及可信賴之態度，以及安全性、隱私性與資料治理、問責等原則，並掌握自主權與控制權，以保有執行公務之機密性及專業性。

貳、應用區塊鏈於政府數位轉型

　　區塊鏈或稱之為分散式帳本科技（distributed ledger technology, DLT），概念源自虛擬貨幣——比特幣（bitcoin），其特徵是由記錄交易的載體，也就是「區塊」（block），記載每筆交易明細、製作區塊的時間、區塊的雜湊值（hash）、前一個區塊的雜湊值，並藉此構成連接區塊與區塊的鏈（chain），亦即由區塊內容算出來的雜湊值所建構，用於確保區塊的真確性（陳恭，2022：280-281）。區塊鏈為透過點對點（peer to peer, P2P）網路架構建立的一個去中心化的系統，擁有不易竄改、維護成本低、更敏捷和安全等優勢，因此不論企業或政府近年來都積極地導入應用。例如，愛沙尼亞政府早在 2008 年即導入由該國密碼學家所開發之可擴展區塊鏈技術（scalable blockchain）建置 KSI blockchain，用以確保國家資訊基礎架構中的 X-Road 資料庫的資訊安全。此外，愛沙尼亞的 X-Road 是龐大的資料交換系統，其技術架構和環境可用於連接各個公私部門的系統，提供愛沙尼亞各公私機構一致的資料傳輸格式與資安保護機制。X-Road 目前已可貫穿愛沙尼亞各政府機構和私人企業，以個人資料為例，只要獲得民眾授權，政府或私人企業就能從已經存有民眾個資的資料庫存取個人資料和信用紀錄，而不必要求民眾反覆填寫相同的個資，不但可大幅節省數位

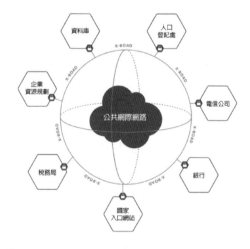

圖 3-9　愛沙尼亞 X-Road 的資料交換架構
資料來源：Estonian World。

化作業的時間，也可落實服務的無紙化和增進數位服務的便利性。X-Road 的資料交換架構可以圖 3-9 表示，中間的「公共網際網路」是資料傳輸的核心，周圍各個節點代表各公私機構，透過「X-Road」進行相互連接後，可以安全地經由網際網路共享彼此的資料。我國的數位發展部也借鏡愛沙尼亞的經驗，發展 T-Road 作爲跨機關資料安全傳輸機制，並優先應用於具有跨機關資料傳輸需求的資安 A 級機關，如內政部警政署、勞保局、健保署、教育部、財政部、經濟部等機關，以及臺南市政府等地方政府。

　　對政府部門而言，區塊鏈技術具有以下潛在的應用場域：

一、電子文書存證

　　政府可將數位檔案經過雜湊運算後存放在區塊鏈上，爲該份數位檔案留下證據。政府存證後的數位檔案不但可以追溯任何的資料異動紀錄，也可以經由比對區塊鏈上的雜湊值而辨別電子文書的眞僞。具體的應用如畢業證書、專業證照、電子謄本等，運用區塊鏈技術，將使發證機構不必再使用傳統的防僞紙本技術，就能得到比防僞紙本技術更好的證書防僞效果，並且還能記錄持證者的學習歷程和多元表現，進一步呈現持證者的特殊成就（陳恭，2022）。

二、促進跨機關協作

　　區塊鏈技術可以促進跨機關的協作，讓各機關可藉由一個可追蹤的授權，完成資料的共享和交換作業，改善不同組織間的橫向資料流通問題，有利於建構整合型的政府，提供整合式的服務（陳以禮、李芳齡譯，2021）。區塊鏈帳本紀錄的智慧型裝置，可便於管理者追蹤政府公物的物聯網，使物品及設備的管理效率提高，以及增進設備的使用安全性。

三、證明個人數位身分

區塊鏈技術還可以與個人數位身分結合，使得民眾僅需將政府核發的數位憑證儲存在手機中，就可以透過手機應用程式進行認證使用特定的政府網路服務，不再需要攜帶實體的卡片和讀卡機（陳恭，2022）。例如，我國服務型智慧政府 2.0 推動計畫中的子計畫之一，內政部自然人憑證創新應用服務計畫（110-114 年度中長程計畫書），正規劃建置多元身分識別平臺及導入區塊鏈強化身分識別。未來，政府可透過區塊鏈技術結合多元應用系統之個人帳戶身分識別，用來綁定自然人憑證與多元應用服務管道之個人身分資料，以期將來只需要擁有自然人憑證即可登入、操作多個應用系統。[1] 當然，區塊鏈也具有跨國界的特質。由區塊鏈進行網路身份認證，可擴大跨國之間的交易和國家的影響力，如愛沙尼亞推動的數位公民計畫，使得任何國家的公民都可以加入的無國界數位化社會，讓愛沙尼亞成為全球第一個任何人皆可加入的數位國家，成為吸引國際企業和人才到愛沙尼亞的數位國度的創新方法（Sullivan & Burger, 2017）。

綜合而言，各國政府致力於導入區塊鏈技術，可歸因於該技術具備下列四大特性優勢（陳以禮、李芳齡譯，2021）：

一、正直性（integrity）

區塊鏈技術追求徹底透明的設計原理，可以支持並促進正直性，以增進利害關係人的彼此互信。

---

1 有關自然人憑證結合區塊鏈技術的說明，請參內政部網站，https://www.moi.gov.tw/News_Content.aspx?n=13876&s=214627

二、真確性（authenticity）

區塊鏈技術具有無法由任何單一使用者竄改內容的特性，可以確保民眾透過數位參與決策的真確性，不會遭到系統管理者的任意改變。

三、安全性（security）

區塊鏈技術可讓個人選擇揭露部分個人資訊即可達到認證及交易的目的，故可以確保個人的隱私，以確保安全性。

四、課責性（accountability）

區塊鏈帳本可以確保公共基金使用的課責性，讓納稅人看到他們的錢流向何處，以及如何被使用。

然而，區塊鏈技術即使有上述的優勢，但仍潛藏以下的資訊安全風險：

一、輸入資訊錯誤風險

區塊鏈技術無法把關輸入者對於輸入資訊的正確性，所以一旦錯誤的資訊進入區塊鏈，將使得錯誤不易獲得更正。例如，**智慧合約**（smart contract）若設定錯誤，將自動執行程式設定的內容，帶來極大的資安風險。

智慧合約
是一個在區塊鏈上運行的應用程式或程序，其使用區塊鏈平臺提供之可信任的網路共享資料，將交易雙方談妥的條款與條件，透過預設的應用程式，以自動執行交易與資產移轉。智慧合約可以在沒有第三者的情況下自動執行，是完全去中心化的交易型態。

二、惡意大量連線風險

　　惡意的大量連線將對區塊鏈系統造成破壞，使得所有建構在系統上的認證機制無法運作，導致衍生一連串的資訊安全風險。

三、侵害人民權益風險

　　目前已知區塊鏈的使用潛藏四種可能侵害人民權益的道德風險，包括：㈠ 缺乏第三方保護風險，一旦交易出現問題，將無人可以協助解決；㈡ 侵犯個人隱私風險，將所有資訊揭露在公共區塊鏈中，將侵害個人隱私，因此系統設計者需考量結合公共區塊鏈和私人區塊鏈，以保護使用者的個人隱私；㈢ 零態問題（zero-state problem）風險，意指區塊鏈的第一個區塊若記錄了不正確的數據將產生嚴重的可信度問題；㈣ 不良的區塊鏈治理風險，因為區塊鏈的創造者決定誰擁有權力、如何取得權力、如何被監督和如何做出和實施決策，而設立者若心存不良，將無法透過事後的稽查發現區塊鏈的治理問題（瑞德‧布雷克曼，2022）。

　　由此可知，使用區塊鏈技術需經過審慎地評估後，擬定詳細策略計畫，以及嚴謹地執行步驟，方能確保區塊鏈系統的使用能發揮預期的效益。

◆ 篇小結：穩健邁向回應性的數位政府治理 ◆

政府的數位轉型是由數位科技所觸發的全觀性組織變革，變革的目的在促進公共價值的實踐，而當管理者愈能策略地界定與外部利害關係者和員工的關係，以及促進跨部門的協作，將愈可能精心安排成功的數位轉型（Bjerke-Busch & Aspelund, 2021）。因此，未來具有回應政府數位轉型變革所需的動態能力的行政人員，將會是促使政府轉型成功的關鍵（Bjerke-Busch & Aspelund, 2021; Nadkarni & Prügl, 2021; Mergel et al., 2019; Vial, 2019）。

同時，我們必須留意政府數位轉型所創建的公共價值，對人類社會而言並不總是正向的，它也有可能會帶來負向甚至是新型態之轉換式公共價值。為此，我們必須持續關注與留意政府數位轉型過程中，新興科技的破壞式創新及行政人員的企業家精神間的相互激盪成果，透過更深入細節的仔細耙梳，以進一步確認影響公共價值創新的關鍵因素，俾能平衡政治、專業和公民回應性的要求，確保新興科技導入政府，能促進正向的公共價值實踐，抑制負向的公共價值，同時與時俱進地促進民眾期待的新興價值創建。

為促使政府的數位轉型能以穩健的步伐持續邁進，以實踐數位轉型期望的公共價值，本篇提出以下三大建議：

一、重建公共治理體制：建立政府數位轉型生態系統、改變行政人員的專業認知，以及重塑政府與政策利害關係者的關係等策略，將可促進官僚思維與核心能力的改變而提升其回應性，進而引導組織文化的改變；組織文化的改變才能讓數位轉型變革的推動，成為長期持續的責任，進而帶來公共價值的實踐。

二、調整政府運作模式與人員思維：在導入新興資通科技的同時，也要同時考慮法規環境的調適、增強常任文官的數位能力，以及改善社會的涵容性，鼓勵政府內部與外部的行動者共同思考新興科技應用需配合的變革，和提供多元行動者參與表達公共事務的機會，同時運用資料驅動的思維取代官僚驅動的思維，來發現潛藏的公共問題，促進跨部門和跨機關的協力，並追蹤與評估實際的績效表現，才能逐步地改善

人民對政府的信任，持續地推動政府的數位轉型。

三、政府數位轉型的目標需扣合人民的需求及國家發展需要，而進行縝密的人、流程、服務及政府與利害關係人互動關係的研判和擬定詳細的策略計畫。此外，政府在導入新興科技的過程，不可過於樂觀和躁進，而需時時留意其伴隨的風險問題，建議透過透明、參與和協作的開放政府策略途徑，來增進導入過程的慎思明辨和決策的透明度，並藉由詳細的策略計畫引導數位轉型和促進跨部門的協作，以確保數位轉型的目標能有效達成。

自我評量

1. 請問愛沙尼亞推動政府數位轉型的關鍵成功因素為何？
2. 何謂政府數位轉型？政府推動數位轉型將帶來哪些公共價值的實踐？
3. 請問我國政府數位轉型的目標與願景為何？數位發展部推動的智慧政府發展策略內容有哪些重點？
4. 請問傳統的公共行政透過何種制度作為調和民主與官僚衝突的機制？這些制度無法發揮預期功能的原因為何？
5. 何謂開放政府？要實踐開放政府理念需透過哪些策略途徑？
6. 為何資通科技是實踐開放政府理念的關鍵角色？
7. 請問 AI 對公部門勞動力帶來的影響可分為哪些類型？
8. 請問 AI 可為哪些公共價值帶來正向及負向的影響？
9. 請問對政府部門而言，區塊鏈技術具有哪些潛在的應用場域？
10. 請問區塊鏈技術具有哪些技術優勢？潛藏哪些資訊安全風險？

PART

4

數位智慧創新

◆ 引言：數位智慧創新作為政府持續進步與 ◆ 發展的引擎

　　過去幾年，全球面臨著接二連三的動盪與危機，不同地區的地緣政治格局發生了極大的衝突與轉變。自 2018 年起，中美貿易戰爆發、接連而來的晶片戰（目前仍有爭議是否應稱為「戰爭」），雙邊經濟逐步脫鉤，這一系列事件不僅影響中美貿易戰的兩個要角，更多的是對全球化經濟運作的限制；與此同時，2022 年 2 月俄烏開戰，這場衝突至 2024 年 9 月仍在持續，導致能源與糧食價格飆升，地緣政治風險加劇，進一步影響了世界經濟與國際秩序。這些危機讓人們開始質疑現有國際合作機制與治理模式是否仍適用。

■ 圖 4-1　數位智慧創新與世界的棘手問題示意圖
資料來源：作者以 DALL-E3 繪製。

　　COVID-19 新冠肺炎疫情於 2020 年初爆發，全球公共衛生承受前所未有的壓力與危機，不僅威脅全世界人民的生命安全，也劇烈地衝擊各國經濟與勞動市場；隨後，2023 年被許多人稱為 AI 元年，因為（已被 Microsoft 收購的）OpenAI 公司發布了讓世人顛覆想像的 **ChatGPT**，其語

ChatGPT

ChatGPT 是一款由 OpenAI 開發的 AI 語言模型，基於 Generative Pretrained Transformer（生成式訓練轉換器）架構。透過大量文本訓練，具備理解、生成自然語言與模仿人類溝通對話的能力。雖然自 2023 年底對市場大眾公布以來，其語言溝通能力持續在進步，專家建議使用者 ChatGPT 在理解問題上下文和知識正確性上有時仍需注意。

文理解、答案尋找與敘事能力，使生成式 AI 從理論走向現實，不再是想像中的名詞。不僅是商業應用處處可見生成式 AI，公部門與社會發展治理上也可見積極地推廣與部署。

　　上述這些大事件皆突顯出，儘管國際社會仍強調民主價值、良善治理、全球化的互聯互通和經濟合作，傳統的治理方法與工具似乎已無法有效解決困擾著全世界人民的複雜與棘手議題，例如氣候變遷、能源短缺、環境污染、糧食供給安全、貧富不均等問題。

各國政府不僅面臨著短期危機處理的壓力，還需思考因應全球棘手挑戰的中長期解決策略。在此背景下，科技與創新帶來跳脫框架的新思維與新途徑。例如，愛沙尼亞的電子政府（E-Estonia）計畫成為全球數位政府創新與數位公共服務體系的典範。自 2002 年該國政府推行全國性的數位身分系統後，公民能通過線上平臺完成各類政府事務，如稅務申報、醫療紀錄存取、投票等多種服務，大幅提高了行政效率與透明度。愛沙尼亞政府藉由數位創新改善了國內從政治、經濟到社會上不同層面的治理，也對歐盟 2014 年訂定的 eIDAS（電子身分認證和信任服務規章）產生了經驗分享與解決方案上的影響。

此外，COVID-19 疫情危機與俄烏戰爭之能源危機促使許多國家積極鼓勵企業與組織的數位與綠色雙轉型，以歐盟共同提出的「歐洲綠色協議」（European Green Deal）為例，倡議透過數位化手段推動能源轉型，使用如物聯網、大數據和智慧電網技術來優化能源效率與使用、減少碳排放，以協助解決氣候變遷問題。歐洲綠色數位聯盟（European Green Digital Coalition）的成立，表明數位與綠色雙轉型的重要，旨在利用數位解決方案支持各行業對減排與氣候變遷做出貢獻。

圖 4-2　歐洲綠色數位聯盟的 LOGO
資料來源：歐洲綠色數位聯盟網站。

然科技應為人所用，而非成為決策的主體，從 2000 年與 2015 年兩次的聯合國高峰會與會後報告來看，其強調的因應之道有三，包括：發掘體認問題核心、促進國際合作，並運用數位資訊科技提供創新解方。二十多年來，我們看到各國政府積極發展數位民主與數位治理，強化公共服務的透明度與效率。隨著數位轉型的不斷推進，政府的治理模式也需與時俱進，探索新的創新思維與解決方案。

前一篇已介紹國內在電子化政府與數位治理長期以來累積的良好基礎，使政府得以於 2017 年後積極開展「服務型智慧政府計畫 1.0 & 2.0」政

策，推動「資料治理、開放協作、公民參與」、「結合科技應用，創新服務新紀元」等開放政府的公共價值與理念。延續本書前三篇所介紹的三大支柱，資通科技革命的民主挑戰與機會、人民數位權力保障之再省思，以及數位政府對於數位轉型應如何回應的組織檢視，作爲本書第四根柱子的第四篇數位智慧創新則進一步介紹在棘手問題的治理實務操作中，如何在民主、合作、開放、創新等數位治理長期發展的價值基礎上，思考更適合我們國情之創新與治理解方。

但讓我們回到源頭思考，如果政府施政沒有出現大問題，公部門何以需要思考創新？常有人說政府存在的三大功能，分別是：服務人民、安定社會與建設國家。從安定社會的角色來看，要公部門思考創新與接受創新是會產生許多衝突與壓力的。因此，即便只是回應短中期治理時所面臨的危機與不確定性，要刺激與推動政府運用數位創新來產生改變與解決問題都可能遇到阻礙，具備不斷思考數位智慧創新的「能」與「不能」之能力至關關鍵。如第三篇「數位政府治理」以國外借鏡，細述國內外學者研究資通科技應用於數位轉型、數位治理需具備的前提、資源，以及轉型過程的影響與分析，在此基礎上，本篇旨在提供政府利用數位智慧科技思考社會與經濟創新發展的具體途徑做法，第十一章首先介紹爲何要推動數位智慧創新，第十二章介紹 AI 作爲當前政府創新的主要代表性數位科技及其政府應用，第十三章進一步闡述採納數位創新政策應用之思維及工具方法。

為什麼要推動數位智慧創新？

2011年3月11日，日本東北地方發生了規模9.0的海溝型地震，是日本史上震度最強的地震，隨後三十分鐘引發了大海嘯，連續造成重大災害，包括東北許多沿海地區被夷為平地，機場被淹沒、民宅被沖走，以及福島核災事故，許多寶貴的性命因而離開。公視《救命大數據》紀錄片介紹了日本政府希望

圖4-3　日本311大地震海嘯襲擊宮古市

資料來源：Mainichi Shimbun/路透社。

記取這個經歷從中學習，於2012年召集了日本企業、科技公司、媒體（NHK）共同開展一項災害大數據的計畫。透過機器演算法，蒐集社群媒體、汽車導航、手機定位與氣象資訊的大數據後發現，許多民眾明知沿海地區危險，卻在海嘯發生後依舊趨往海邊。背後令人鼻酸的原因是，許多人在地震發生後，即使已經到了被通知的安全所在，仍驅車趕回家，希望接家人一同返回安全地，卻遭到無情的海嘯吞噬。創新資訊科技的運用，有助於找到問題的真相，似乎也能替未來政策規劃做循證基礎。臺灣同樣位在環太平洋火山帶上，這個例子自然讓許多身處這個島嶼的我們反省國土安全與防災系統的整備度與應對力如何，當重大災害不幸到來時，是否也準備好了？能否先行做預防或也從我們過去的經驗來學習？但即使想要使用創新資訊科技來處理與改善重大公共議題與事件，政府該如何推動，我們該瞭解、注意與改變什麼？

壹、面臨棘手問題，政府需有框外思維

首先是我們的社會面臨了比過往更多更難的棘手問題。棘手問題是什麼？這個概念由 1973 年美國柏克萊大學的萊特與韋伯教授（Rittel & Webber, 1973）提出，指的是相較於單純的大型問題（tame problem），棘手問題是那些可能問題定義無法完整、不夠清楚、充滿矛盾、無法以線性模式來思考解方，甚至可能沒有正確解或唯一解的複雜課題。過去政府秉持著專業與完美主義來進行社會治理與政策規劃，往往將效率視為政府的主要價值，但這樣的做法恐怕無法因應當代社會所面臨的許多社會棘手問題。比如：該如何因應社會上的貧窮問題？只要解決就業與低薪就好嗎？政府應如何規劃數位身分證的推動與應用？只要管好資料流與資訊系統就好了嗎？什麼樣的公共服務可以利用數位身分證進行？人民與市民團體對於資安的顧慮要怎麼回應？全球氣候變遷與環境永續更是個不知該從何開始談的課題與棘手問題。

萊特與韋伯教授認為棘手問題有以下 10 個特徵：

一、無法被明確界定。

二、並不存在停止的規則。

三、解方沒有對與錯，只有好與壞。

四、無法立即被解決，也不存在解方的最終檢驗。

五、任何解方都是一次性的，因為過去不曾發生過，任何試錯機會都具重要性。

六、棘手問題不存在一系列的潛在解方，也沒有一套已被描述與定義的操作。

七、每個棘手問題都是獨特的。

八、每個棘手問題都可被視為另一個問題的症狀。

九、棘手問題存在著複雜度的差異，解釋問題的方法也決定了尋找
　　解方的本質。

十、社會規劃者不容出錯，需對其決策所產生的後果負責。

　　從上所述，理解這個棘手公共問題的本身，就是一個難解且具
挑戰的過程，我們需要用新的視角與態度來理解與處理棘手問題。
如特徵之一的「每個棘手問題都是獨特的」，突顯政府需面對更複
雜難解的社會關係。又如「棘手問題不存在一系列的潛在解方，也
沒有一套已被描述與定義的操作」特徵，常出現議題參與者（政府、
科學家、議會、公民團體等），對公共問題與相關資訊證據之呈現
與解讀的差異。政府需要做的不是找到正確的答案，而是讓社會的
某些部分能多進步與多改善一點。就像我們每隔幾年會想換一支手
機，需要更新一下裡頭的作業系統（operating system），希望資料
處理的速度可快一點、更有效率一點、更省電或是有更好的鏡頭及
拍照的功能等。在面對新型態與更加棘手的社會問題時，政府對於
其內部與外部的治理是否也應思考開發與啟動新的作業系統呢？常
聽到政府需要有框外思維（think outside of the box），意指人們需要
跳脫舒適圈與過去的經驗，思考框架外的可能性。這個名詞並非新
鮮事，但卻是政府組織在思索如何改造政府作業系統時，重要的起
手式。但並不是解決棘手問題就得全面性地翻轉舊體制，許多時候
漸進式地進行組織轉型可能更好。

　　雖然政府轉型不易，但過去政府也並非一成不變，從傳統的韋
伯式官僚體制思維，到 1980 年代新公共管理的企業經營邏輯與新公
共治理的合作網絡治理模式，都顯示政府的變革其實一直在發生。
荷蘭學者 Braams 等人（2021）回顧、整理了 100 篇有關政府轉型的
文獻，發現政府從事轉型時，可歸納出五大類的工作：第一類是「給
予方向」（give direction），如規劃政策目標、指導管制的執行；第

二類是「支持治理」（support governance），如在數位轉型下強調人員成長與目標導向而非關鍵績效指標（KPI）治理；第三類是「支持新穎」（support the new），如接受新的想法與資源、介入開創性業務的實驗與設計等；第四類是「打破不永續的事務」（destabilize the unsustainable），如強調共同成長與共榮，但不鼓勵單一企業的無限成長與市場控制；第五類是「開發內部能力與結構」（develop internal capabilities and structures），為了讓轉型順利，政府組織應重新思考內部人員的能力、角色、任務，組織績效表現的評比制度也應更貼近轉型任務，強調持續適應變動與擁抱創新想法的概念。當然公部門組織的轉型治理（如永續轉型與數位轉型）與諸多的轉型任務要成功，需要提供政府組織與公務人員進行「轉型」的行政合理性，如同過去新公共管理成為政府改造（再造）的核心思想一般。

　　回到數位治理的範疇，國家發展委員會於 2020 年提出了「服務型智慧政府 2.0 推動計畫」（110～114 年），施政方針有兩大重點，分別是：運用開放資料強化智慧治理能量，以及開放民間多元應用創造資料經濟。目的在於讓政府加速數位轉型，變得更智慧與具有效能，如同政府內部作業系統的更新。但數位轉型究竟是什麼？根據維基百科，簡單的定義是指：透過採用數位科技，改善組織的效率、價值與創新。而公部門數位轉型即是政府機關使用新科技與技術，對服務或內部流程與管理等進行優化、更新或創新。看似簡單但在推動轉型過程中，不僅是種種服務與任務的數位化，更包括了思維的數位化，如同科技革命後產生的社會典範轉移，數位轉型將會碰觸到組織文化、既有流程與運作邏輯的調整，諸如行政負擔（administrative burden）、組織抗拒（organizational resistance）、

工作逃避（work shirking）等。如何理解與面對這些困難，後續章節將繼續探索數位智慧科技對政府創新與轉型工作的重要性。

貳、數位智慧科技是政府的創造性破壞嗎？

愛因斯坦（Albert Einstein）曾說：「智慧測量的是人有無改變的能力。」[1]改變與創新一直是人類與社會進步的驅力，但當我們回顧歷史與社會轉型理論，系統性的社會與組織改變不容易出現，也往往需要長時間不同元素的準備與醞釀，當然從好處想，這是人類替充滿未知的新科技設下的安全閥。不同的變遷理論都不約而同地指出，技術先行不代表社會就會接受，而政府與社會組織仍需要不斷的創新，因為人類無止盡的好奇心讓科學與技術開發的速度持續地前進。無論是 Geels（2011）提出的多層次的社會與科技互動觀點──當社會、科技與外部事件三股力量匯流時，就是創新技術變遷的時刻；或是 Loorbach 等人（2017）提出的社會轉型 X 曲線模型，如圖 4-4，意指當社會體制與科技利基產生新的創造衝撞（creation）與混亂破壞（destruction）時，就是新的改變出現的關鍵點。

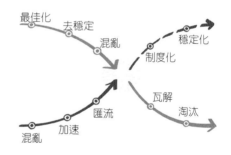

▌圖 4-4 社會轉型 X 曲線理論的創造與破壞之交互關係
資料來源：參考自 Silvestri 等人（2022），作者繪製。

---

1 原文：“The measure of intelligence is the ability to change.”

奧地利經濟學家熊彼得（Joseph A. Schumpeter, 1883-1950）可謂創新學者們的始祖。他提出「創造性破壞」（creative destruction）觀點，認爲決定經濟成長的並非大公司間的市場競爭，而是創新的競賽。創新是讓組織內既有秩序與結構破壞及重組的重要驅力。唯有不斷創新，才能讓社會持續有經濟動能與動態的競爭。熊彼得的理論提到，創造性破壞的過程包含了兩個階段，首先是創造的階段（creation phase），接著是再結構的階段（de-struction phase），創新帶來的獲益將取代舊做法與產品的商業剩餘。例如，Apple 公司開發了智慧型通訊手機，結合電話、遊戲娛樂、影音、電腦等多種功能，逐步淘汰各式舊的行動電話、隨身音樂設備、數位遊戲機等設備。Uber 從**循環經濟**（circular economy）的角度創造了更彈性的費率與服務，但也挑戰了現行法規與租賃車產業的營運模式。

■ 圖 4-5　奧地利政治經濟學家約瑟夫・熊彼特
資料來源：維基百科。

循環經濟

此打破過去經濟生產以有限資源為前提的假定，循環經濟是一種新型態的生產與消費經濟模式，內容包括採用分享、租賃、再使用、再修繕、再翻新與再回收既有材料、物品或空間等做法，使得物盡其用。常見的三個主要的原則為：減少浪費與污染、循環產品與材料、自然再生。

或許有人會問，爲什麼政府與公部門組織需要關心創新或是導入創新？政府的主要功能不應是「穩定社會」、「提供公共服務」與「分配資源」嗎？什麼時候又多了創新這個任務？相較於私部門來說，公部門組織對於創新確實較不敏感也容易遇到更多的阻礙。在未來，數位轉型概念的深水區將不再是資訊技術的完整與成熟度，更多的障礙是來自組織與人員的無法理解與合作。對服務於政府部門的公務人員而言，公職雖是極爲穩定的工作，但許多公務人員仍舊害怕、

猶豫或無法提出創新建議。面對新興數位科技的蓬勃興起與社會少子化、老年化與能源氣候等複雜難解問題，我們也需要轉型政府組織人員的思維才行。

參、誰能發起與設計數位智慧創新？

　　傳統政府提供政策與公共服務的方式，從政府為中心來主導、維護與提供，在新公共管理時期，轉變為強調市場機制與去官僚，盡可能在提升效率的考量下，委任或外包私部門來提供公共服務。藉此精簡機構和下放政府權力。從數位政府發展到數位治理，對於民主理念與實踐的價值，更是被突顯與關注。相較於新公共管理時期強烈的實務主義觀點，後新公共管理時期我們聽到更多新的治理名詞，如：民主治理（democratic governance）、開放治理（open governance）、合作治理（collaborative governance）等，都逐漸轉向要更以「公民」為中心，在民主體制的運作系統中建構一個政府、市場、民間社會、人民各自力量可互動、溝通、合作、監督的體系。雖然不否認經濟與效率是重要的社會成長驅力，但更重視制度化公民參與的管道與機會。

　　以上述的治理邏輯來看政府的數位智慧創新，政府創新的三個重點，包括了：建構與社會個人及其他部門合作的平臺和基礎，積極重視創新開放（innovative openness）；參與合作（participatory collaboration）；隨時檢視共容可供性（inclusive affordance）。以2020年影響全世界的COVID-19疫情為例，符合前述提到的棘手問題的特徵，是個複雜、充滿不確定性、恐危害人類、社會與政經系統的重大問題。回想兩年前的情景，各國政府無不思考如何快速因應與解決當下（每日）公衛危機。

面對這些挑戰，學者 Colovic 等人（2022）發現許多國家當時都利用**群眾外包**（crowdsourcing）的方式來尋找無前例且急迫性高的解方。而群眾外包的類型，可依該挑戰的開放性與共創性來分類（如圖 4-6），除了開放性與共創性皆較低的傳統式電子採購外包（e-procurement），還包括釋出公共資料（release of public data）、誘發新想法（elicitation of ideas），以及**開放式共創**（open co-creation）。在疫情的當下，這四種做法其實都有被各國政府使用，而其中的開放式共創屬於開放性最高，共創價值也最高的做法，被認為是更能激發社會與政府共同思考共融、創新，且能夠快速解決問題的做法。

群眾外包

也常被稱為「群眾智慧」，公部門的群眾外包意旨將合適的公共任務分派給適當的協同生產者（coproducer），適合的任務包括：資料蒐集、協同生產服務、找出解決方案、政策制定等，可改善公共服務，也促進民主體制中民眾與政府間互動關係。

開放式共創

可拆解為「開放」（openness）與「共創」（co-creation）兩個部分，「開放」指的是在公共創新過程中，秉持資料開放、過程開放、結果開放等原則。而「共創」則是由於傳統政府獨立提供創新做法的模式已難以回應社會與民眾需要，愈來愈需要多人、多組織與多產業的協同，以打破傳統組織與社會結構方式，共同創造以解決新的挑戰。

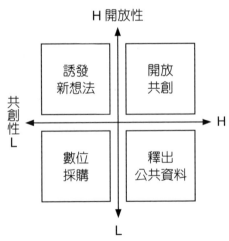

▌圖 4-6　不同政府挑戰可應用之群眾外包的類型範例
資料來源：參考自 Colovic 等人（2022），作者繪製。

相關的例子像是 2020 年舉辦的 EU vs. Virus。由歐洲創新委員會及歐盟成員國合作舉辦，一場泛歐盟區域的黑客松（Hackathon）加上配對黑客松（Matchathon）的活動。舉辦方式由各個成員國提出 COVID-19 疫情中面臨的挑戰，課題領域包括了健康醫療、產業經濟、遠距工作與學習、社會與政治連結，以及數位金融等面向。當時有接近 3 萬人次、2,164 個團隊參與這個活動，提出對上述挑戰的想法與解方，此活動被視為深具開放式共創的精神。近來國際社會上出現許多促進開放性與共創性做法與討論，如：生活實驗室（living lab）、監理沙盒（regulatory sandbox）等，事實上都具有**開放式創新**（open innovation）的概念。此方法雖源自私部門，但公部門追求此方法的終極精神是提供民眾共同且開放地解決公共問題的途徑，並非一味地求新求變，而是深刻理解民眾與社會需求後，再來設計與進行創新解方的過程。

圖 4-7　2020 年歐盟與病毒之配對黑客松活動海報
說明：海報內容說明該活動獲得廣大響應，如有 40 個國家的團隊參加，120 個專案被提出。
資料來源：# EUvsVirus。

開放式創新

指在開放政府治理的發展下，公部門採用新的政策設計流程，開放民眾一同參與解決組織內問題，共同激盪新想法以促進公部門的創新。開放式創新的挑戰在於存在高度不確定性，但也能帶來許多好處，如提高民眾對社會問題的認知，改善政府民眾信任、獲得更令人滿意的解方等。

本章介紹了為何推動政府數位智慧創新的學理與實務措施，在下一章中，我們將進一步針對近年來發展急速的 AI，探討此新興數位科技的革命性潛力，以及政府組織與公共事務的應用現況與挑戰。

CHAPTER 12

AI 與機器學習演算法是官僚的聖杯嗎？

　　新冠疫情爆發，全球人心惶惶，在這場COVID-19的防疫大戰中，我們看到各國利用各類 AI 工具進行科技防疫。從即時的各國疫情看板（AI-powered COVID-19 watch）、無人車配送防疫物資、電子監控、預測蛋白質結構等。AI 與機器學習演算法在各類商業或公共服務的應用，疫情後似乎更是指數性地猛爆成長。大家應該都聽過擊敗韓國圍棋棋王李世乭的 AlphaGo。在《AlphaGo 世紀對決》這部講述「AlphaGo」圍棋機器人的紀錄片中，背後靈魂人物 DeepMind 的創辦人德米斯‧哈薩比斯與其團隊成員談及開發過程的不易，但也驚嘆深度學習演算法能讓 AI 機器在過程中學習到程式開發者起先完全想不到的事情，如 AlphaGo 贏李世乭的第二局第 37 手，被許多高段棋手認爲是相當美妙的一手，也是人類不會下的棋路。究竟如何克服比西洋棋可能的棋路與解方更多且更複雜的圍棋博弈？ AlphaGo 選擇不採用傳統暴力計算方式來找解方，以大量隨機生成類神經網路參數與層數，進行更快速地搜尋與排除不需要處理的路徑。這樣的演算邏輯其實更接近人類的捷思（heuristic）法，意即在有限能力與資訊下，迅速解決問題。舉例來說，要是一間餐館的菜單上可選擇的太多，有些人可能會因此出現選擇障礙一樣，實務上較少的選項可讓我們更快獲得或是不是最佳但是滿意的判斷，這樣的做法幸運的話可以得到不錯的結果，但也可能錯得離譜甚至產生偏誤。所以 AI 究竟是什麼？具備哪些能力？讓我們在這一章向大家娓娓道來。

壹、先談談什麼是 AI 吧

科技的發展一直是驅動社會進步的重要力量之一。現在的我們似乎正在第四次工業革命的十字路口，近來的資通科技發展簡單來說就是希望讓機器具備智慧與思考的能力。靠著第三次工業革命所成就的網際網路基礎與半導體發展，更強大的運算能力與網路速度，像是化作春泥更護花一般，讓人類對機器能獨立思考與行動的想像得以更上一層樓。爲了達成此目標，第四次工業革命的三大技術或許可用 ABC 口訣來說明，A 是 AI；B 代表大數據（big data）；C 則爲雲端運算（cloud computing）。AI 技術讓機器具備自主深度學習的能力，就像是人類的腦袋。大數據技術代表機器所擁有的資料，就像是人類世界的諸多訊息、記憶、知識、甚至是認知。而雲端運算技術是運用分散式電腦系統來處理資料傳遞與儲存，類似我們感官器官與類神經網路的運作系統。

本節聚焦介紹三大技術基礎中具有大腦功能的 AI 技術。AI 這個字詞由人工（artificial）與智慧（intelligence）兩個單字組成，「人工」代表人造物的概念，而「智慧」的定義則較爲模糊，多數觀點認爲是能夠模仿人本身的智慧能力。電腦科學家普遍認爲 AI 是由「人工」編寫的電腦程式，用來模擬出具備理性「智慧」的人類能力，如理解（understand）、監控（monitor）、預測（predict）、互動（interact）、學習（learn）等。綜合各方說法，以本書所希望著墨的推動政府數位民主的課題而言，我們將 AI 廣泛地定義爲，「一種讓電腦和機器能感知周遭環境、自主學習、邏輯推理，提出決策建議或自動採取行動以解決特定問題或達成特定目標的科技」，以此作爲後續實務討論的基礎。

作爲電腦語言的核心，根本且重要的其實是 AI 技術背後的演算法。在 Rishal Hurbans「*Grokking Artificial Intelligence Algorithms*」一

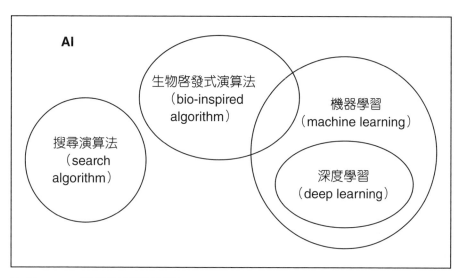

▌圖 4-8　AI 領域下的演算法類型
　資料來源：參考自 Rishal Hurbans（2020），作者繪製。

書中（2020），即對 AI 與演算法的關係做了清楚地整理，如圖 4-8 所示。AI 包含傳統的搜尋演算法，也包括新型態的機器學習、深度學習或生物啓發式演算法等，常見的應用包括：最短路徑或運算的搜尋、邏輯推論、機率與統計，以及模擬人類神經網路的運行，讓機器學習與判斷被人類指定的任務。

　　搜尋演算法是電腦科學的基礎，傳統演算法的問題與過程都是被事先定義好的。透過數學函式在給定的搜尋空間範圍內，使電腦自行運算來進行資料的搜尋。一個最簡單的例子，像是程式設計基礎課程中常見的習題，寫出一段能執行「在 0 ～ 100 的整數中找出可被 3 整除的數列」程式，其中以迴圈方式反覆進行數字搜尋的語法即是搜尋演算法的基本概念。AI 技術得以突破，奠基於機器學習與深度學習兩大認知技術的蓬勃發展。為了讓電腦學習得更好、建構出更有效率的模型。這類演算法模型概可區分爲解釋性與預測性模型，解釋性模型顧名思義側重在自變數對於依變數的解釋力；預

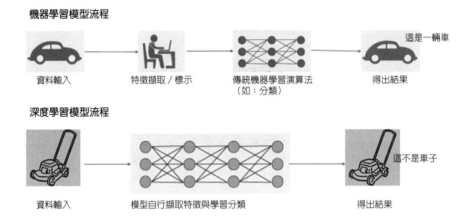

機器學習模型流程

資料輸入　特徵擷取 / 標示　傳統機器學習演算法　得出結果
　　　　　　　　　　　　　（如：分類）

這是一輛車

深度學習模型流程

資料輸入　模型自行擷取特徵與學習分類　得出結果

這不是車子

▌ 圖 4-9　機器學習模型流程 vs. 深度學習模型流程
　資料來源：參考修正自 softwaretestinghelp.com，作者繪製。

測性模型則是講求自變數能否對依變數進行正確的預測。而機器學習與深度學習這兩個認知技術分支在運作流程上又有何差異呢？首先利用圖 4-9 簡單說明，機器學習與深度學習的差異在於，前者在特徵擷取階段需利用專家手動的註記，在將所標示出來的特徵丟入機器學習模型分析處理；後者參考神經網路傳導邏輯來運作，在原始資料與輸出資料間建構出多層神經元系統，透過反覆改進模型可自行擷取資料特徵，並得到預測結果。

　　進一步來說，深度學習中的類神經網路方法，是目前許多 AI 與大數據分析技術的基礎演算法模式，藉由大量資料訓練網路中的不同層次神經元，而其中類神經網路的運用即是透過大量的數據資料進行預測模型的建構，以一個三層神經元的類神經網路為例，包含：輸入層、隱藏層、輸出層（如圖 4-10 所示）。分類與預測方法可能是利用迴歸統計模型，將隱藏層中的神經元視為迴歸分析中的預測項，迴歸分析取得的迴歸係數則成為預測項連結到輸出層的連結強度，預測項受到輸入層神經元的投射，而預測項被那些輸入項神經

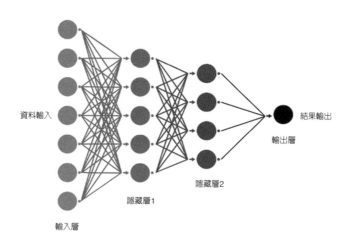

資料輸入

結果輸出

輸出層

隱藏層2

隱藏層1

輸入層

■ 圖 4-10　類神經網路架構圖
　資料來源：參考自 Smartboost（n.d.），作者繪製。

元的投射則是模型訓練後的結果，並非解釋性模型一開始藉由理論建構的預設。因此，當訓練資料夠充分大量的時候，此預測性模型將比模型結構固定的解釋性模型，能更精確地去描述資料間的關係（黃從仁，2020：23-25）。

　　上述討論的近代 AI 技術與演算法突破背後，皆是朝著發展機器更高智慧甚至接近人類智慧來努力。事實上早在 1950 年英國電腦科學家圖靈（Alan Turing）即提出機器將具備智慧的假說。但 AI 技術也可以依據其智慧程度來分類，最常見的三種分類為：功能型 AI（task-specific artificial narrow intelligence）或稱為弱 AI（weak AI），一般型 AI（artificial general intelligence）或稱為強 AI（strong AI），以及超級 AI（artificial super intelligence）。弱 AI 定義為該 AI 只能完成特定的功能與指派任務。這樣的 AI 技術現今已無所不在，相信你應該多少體驗過，例如，Apple 手機中的 Siri 能辨識與理解人聲並執行工作，自駕車根據導航與所接收的道路資訊完成某些自駕功能。強 AI 則定義為該 AI 具備能跨足不同應用領域的智慧，如不僅是會下西洋棋，AI 機器一旦學會了遊戲規則，即能類比

過去的西洋棋經驗，學會駕馭不同的博弈遊戲。三個 AI 的技術里程碑的出現，從 1997 年 IBM 西洋棋電腦深藍（Deep Blue）、IBM 益智問答電腦華生（Watson），以及 2016 年 Alphabet 的圍棋電腦 AlphaGo，讓人們相信一般型的 AI 可能正在成形。

但科學家最終的希望或許是發展出第三代 AI，即所謂的超級 AI。不少科學家認為超級 AI 將自動從一般型 AI 演變而來，它具有真正自我意識（self-aware）和意識系統（conscious systems），可應用於任何領域並具有科學創造力、社交技能和一般智慧（Haenlein & Kaplan, 2019; Wirtz et al., 2019）。但有更多學者認為人類真正的智慧是隱性的，以游泳為例，真正讓人浮在水上的是人們控制呼吸的能力，而非游泳的動作（Dreyfus & Dreyfus, 1986; Fjelland, 2020）。當然工程師可以自由創造能夠浮在水上或是能自動行駛的工具，但往往僅是完成最低層次的外顯規則，而非較高層次的隱性能力。

要定義一個仍在發展與演進的科技（如 AI）是相當困難的，會需要定期地檢視與修改。如根據歐盟委員會於 2019 年提出的 AI 法案草案的定義，「AI 指的是一能展現智慧行為的系統，該系統具有部分自主性，可透過分析環境來行動，以達成特定的設定目標。」但時至 2024 年 2 月，歐盟議會與歐盟理事會同意的決議版本中，則修改其定義為：「AI 系統是一種機器為基礎的系統，設計為具備不同程度的自主性，並且在部署應用後可能會表現出適應性。所預期達到的目標可能很明確外顯也可能不明顯。AI 系統能從接收到的輸入資料（input）推斷出如何生成輸出（output），達到如預測、內容、推薦或決策能力，這些輸出可以影響物理或虛擬環境。」[1]

---

1 完整法案的紀錄，請參 https://artificialintelligenceact.eu/ai-act-explorer/

　　先不論法律規範的困難度，不同型態的 AI 科技與應用事實上已經很普遍存在我們日常生活中，比如影像辨識（物體、人臉、車牌辨識等）、汽車自駕功能、語音辨識系統（Siri、Amazon Alexa、Google Assistants）等。擁有 Facebook 社群平臺的 Meta 公司在 2022 年 10 月推出一款測試中的 AI 通用語言翻譯工具，號稱能處理閩南語與英文的互譯。

　　相較於早期 AI 系統主要以決策型為主，生成式 AI（generative AI）是運用深度學習技術所開發之 AI 系統的通稱，主要是根據使用者輸入的提示（prompt），透過大量資料訓練的大型語言模型，來產生輸出。成立於美國的 OpenAI 自 2022 年底發布的 GPT-3.5 版本以來，其大型語言模型與文字語意理解力更是徹底震驚世人。生成式 AI 席捲全球，許多 OpenAI 的競爭者相繼推出類似模型（如：Google Gemini、Anthropic Claude 等），翻轉了此產業與對於生成式 AI 社會應用的許多想像。

　　然而從圖 4-9 中，我們也很清楚看到無論是機器學習或是深度學習模型，AI 技術都需搭配更巨量、更快速、與更多元的大數據資料來進行訓練與學習。資料品質（data quality）與 AI 是否存在演算法偏誤（algorithmic bias）成了各國制定相關 AI 政策的最大顧慮，擔心影響到社會與民眾的基本權利。

貳、應用 AI 與智慧科技將帶給政府什麼？

　　在一份美國聯邦政府之聯席會議的報告中，Engstrom 等人（2020）等學者發現美國聯邦政府已使用智慧型的資訊工具來完成更多核心的政府工作。根據他們的調查，時至 2019 年，在 142 個最機要的聯邦機構中，已有約近 190 個 AI 應用，機器學習演算治理工具可分為五種類型，依照業務類型，Engstrom 等人將其區分為五類，分別是管制

執行（enforcement）、監理分析與監控（regulatory analysis）、裁決（adjudication）、公共服務與參與（public services and engagement）、內部管理（internal management）。參考 Engstrom 等人的分類，於 2020 年出版的歐盟各國家的政府 AI 應用調查報告中，也發現了超過 200 個有關 AI 運用於公部門的案例（EU, n.d.）。表 4-1 整理這五類業務類型的定義，以及美國與歐盟調查的結果。美國聯邦政府的調查顯示有高達 88% 機關採用基礎 AI 技術，高達 45% 機關已採行 AI 或機器學習，惟過程中不確定其正確性與效率是否能夠得到保障。

■ 圖 4-11　運用於交通監管與分析之示意圖
資料來源：作者繪製。

　　政府無庸置疑是個官僚組織，即使官僚在當代被視為是負面的字詞，官僚體制在社會學家馬克思・韋伯（Max Weber）的眼中，卻有著柏拉圖式的理想典範解釋。韋伯提出了六個官僚體制經典特徵，包括了：司法範圍、組織科層、書面文件系統、技術專業分工、全職保障員工與一般行政規則，清楚論述與說明官僚體制的組織型態可具備理性化與可預測性的優點（Weber, 1946）。但時至今日，組織與行政學者多認為官僚制度也具有以下三個負面特徵，分別是：頑固（stubborn）、障礙（obstacle）與疏遠（elsewhere）。與創新或是創業者精神很不同的，公部門文化也被常被貼上「依法行政」、「官僚穀倉」、「繁文縟節」、「停滯不前」等標籤。而這些缺點都可能讓在官僚組織中的工作者，感到自己純粹是個一成不變的小螺絲釘而失去自我（黃心怡，2022）。

▼ 表 4-1 AI 應用於不同政府業務的定義與實例介紹

業務類型	定義／實例介紹	美國個案	歐盟個案
管制執行	協助機關找出優先執法對象 • 證券交易委員會、醫療保險和醫療補助中心及國稅局用以決定執行標的之順序 • 海關和邊境保護局及運輸安全管理局之人臉識別系統 • 食品安全檢查局用以預先告知食品檢測事宜	25%	20%
監理分析與監控	透過蒐集或分析資訊來達成機關政策 • 消費者金融保護局對消費者投訴的分析 • 勞動統計局對工傷的敘述進行編碼 • 食品藥管理局對不良藥物事件之分析	42%	17%
裁決	協助機關執行福利分配或是權利的正式或非正式裁決 • 社會安全局用於糾正裁決錯誤 • 專利商標局用於裁決專利和商標申請	6%	5%
公共服務與參與	完成機關對外業務或溝通工作 • 郵政署的自動車和手寫辨識工具 • 住房暨城市發展部及美國公民暨移民服務局的聊天機器人 • 機構對法規制定相關意見的分析	16%	38%
內部管理	支援機關內部資源與流程管理 • 衛生及公共服務部用於協助制定採購決策 • 總務署用於確保聯邦招標的合法性 • 國土安全部用於應對機構系統遭網路攻擊的工具 • 北歐面試機器人	11%	20%
	總數	190	230

資料來源：Engstrom 等人（2020）。

然而在此傳統官僚體制的框架下，資通科技與 AI 技術的出現開啟了另一種組織治理的邏輯，政府研究者們將此稱為**演算法治理**（algorithmic governance）。學者 Vogl 等人（2020）在其英國智慧城市研究

演算法治理

儘管此名詞目前尚未有定論，但根據 Katzenbach 等學者的定義，演算法治理可謂某種社會秩序的型態，基於既有社會規則並結合複雜數學與電腦計算的認知流程，使系統中不同行動者得以互相協調。

中，更進一步提出**演算型官僚**（algorithmic bureaucracy）的新思維模式。支持此趨勢的正方論述認為演算法治理將大幅提升政府的效率與效能，不但可用最少的成本達到最高的回收，也能因此產生更多社會與經濟性效益（Milakovich, 2012）。

> **演算型官僚**
>
> 意旨未來公務人員將大幅度借助電腦演算技術來協助地方政府與機構執行公共服務。也有觀點認為是指陳一種新型態的組織環境，政府公務工作者與演算法一同合作，完成公共服務的執行。

參、AI 演算法治理能實踐政府的公共價值嗎？

在網路時代與發展數位政府的趨勢下，政府持續投資與發展數位治理的目標，往往是為了實踐更全面的公共價值。從新公共管理改革開始，即積極推動政府需變得更有效率、更以民眾為中心，更透明與課責，但也追求更多的政府回應性與合作性 （Cordella & Bonina, 2012）。面對比傳統資訊系統與網路應用更具智慧性的 AI 系統或機器，應用 AI 演算法於公部門的優缺點，學者與實務界的觀點不一。透過系統性的文獻分析，Zuiderwijk 等學者（2021）歸納了九大類的效益（benefits）：

一、**提升政府效率與績效**：業務自動化，增加效率與效能，解決人力不足問題，減少人類錯誤發生，減少行政負擔，提升業務的規模化執行。

二、**改善政府監管與風險預知能力**：確保城市治理的風險監督與控管，更智慧的監控，偵測民眾與組織詐欺行為，增加對民眾的行為洞察（behavioral insight）。

三、**刺激經濟或產業發展**：刺激經濟發展，開發個人化產品與服務，鼓勵資源更有經濟效率的重分配，鼓勵競爭，減少冗員與繁文縟節，增加工業的自動化。

四、**強化資料品質與治理能力**：改善資料流程，處理更大規模與多元的巨量資料，增加資料的使用深度與廣度。

五、**改善公共服務的設計與提供**：改善公共服務的效率，效能與品質，確保以顧客為中心的公共服務，提供個人化（personalized）與主動式（pro-active）服務。

六、**輔助組織與個人決策能力**：運用 AI 與機器學習演算法支持且改善政府業務的決策判斷，提升決策品質，協助政策制定過程的分析與問題理解，減少行政負擔。

七、**促進公共參與與合作**：增加市民互動與溝通，藉由 AI 與機器學習演算法服務讓更多社會參與者共同合作與解決公共事務問題。

八、**創造社會價值與生活品質**：轉型政府角色，透過新系統與服務的設計創造社會價值，改善人民生活品質，標準化與統一政府的服務品質。

九、**支持社會永續發展**：解決環境與能源的棘手問題，使組織得以轉型變得更永續。

　　相對地，近年也有許多學者與研究發現應用 AI 演算法於公部門的新挑戰與可能隱憂。Zuiderwijk 等學者（2021）歸納了需要政府正視的八大挑戰（challenges），分別是：

一、**資料的挑戰**：資料的挑戰十分關鍵也複雜，包括如何取得、整合、使用與分享資料，以及如何確保資料品質、多元性與安全等挑戰。

二、**組織與管理上的挑戰**：組織抗拒資料分享，缺乏 AI 治理機制與風險管理規則，不同組織邏輯的衝突，跨域合作的機會主義者，內部官僚制度的挑戰。

三、**技能的挑戰**：缺乏有能力理解新技術的人力，產學差距，缺乏不同知識領域的專家，AI 人才的供不應求。

四、**詮釋上的挑戰**：缺乏理解與解釋 AI 學習過程與結果的能力，無法預知當 AI 能力超越人類智慧時的風險與威脅，存在演算法偏誤的可能。

五、**倫理與合理性的挑戰**：擔憂 AI 輔助決策對社會不同群體的影響，人類是否從此失去決定能力，道德兩難，AI 的歧視，不公平與不正義，個人隱私與資安無法被保障，個人資料所有權是否可以被販賣，AI 的決策判斷如何被檢驗爲眞實。

六、**政治與立法的挑戰**：自動化司法系統的正當程序，裁決與透明問題，出錯的課責問題，AI 黑盒子的法規調適如何處理。

七、**社會挑戰**：AI 機器對人力取代與勞動市場影響，對經濟 GDP-PPP 的影響，對未來創新與社會進步的未知。

八、**經濟性的挑戰**：AI 提升的效率性可能影響整體經濟，失業率增加，人們對工作失去熱情與挑戰，取得醫療與健康服務的成本增加。

　　值得注意的是，許多資料治理與演算法治理的挑戰是同時且複合性地出現，如「劍橋分析（Cambridge Analytics）事件」發生於 2016 年美國總統大選與英國脫歐公投過程中，一家應用資料技術影響選舉的劍橋分析不當取得全世界 8,700 萬個 Facebook 用戶的個資，並透過社群網路平臺演算法對政治選戰進行輿情操弄。媒體與輿論認爲數據分析不應對重大選舉公投活動涉入，並影響社群平臺上的「網絡中立性」（network neutrality）（Wu, 2003），意即網路平臺公司必須平等對待網路上每一則溝通訊息，不應該因其個人、內容、平臺、裝置，以及其他足以影響平臺公平應用性的原則。此事件最

被媒體與輿論抨擊的便是濫用意圖誤導民眾的「具偏誤性的演算法AI」，也包括大型網路社群平臺對於使用者個人資料蒐集、使用與販賣的濫用。後續結果大家或許都聽說過，劍橋分析遭英國數據監管機構徹查，於 2018 年宣布母公司英國 SCL Elections 破產。

　　以上述事件為鑑，政府應用演算法進行的數位創新與轉型，一方面是值得期待的，但是另一方面卻也是令人擔心與恐懼的，因為，這些演算法仍然受到人類價值觀的直接影響（Diakopoulos, 2015），從公共價值的角度來討論演算法，可以看出公部門雖然已經從技術上大量引進演算法到行政運作的各個環節，但是仍然必須面對各種價值層面的挑戰與衝突（Veale et al., 2018），學者 Andrews（2019）就認為，政府演算法的應用會帶來五種治理風險，包括：「選擇誤差」（selection error）、「演算法違法」（algorithmic law breaking）、「操控與對弈」（manipulation or gaming）、「演算法宣傳」（algorithmic propaganda）、「演算法未知」（algorithmic unknowns）等問題，需要政府以適當的政策介入並且避免之。

　　面對演算法治理的不確定性與可能風險，如何對 AI 進行課責的挑戰相當大。因此政府部門在應用 AI 時應該注意什麼呢？Thierer等美國學者認為（2017），AI 對社會的負面影響有兩種方法禁行治理，第一，管制 AI 技術的研發與應用，但是這樣「絕禁」的做法會阻礙科技發展對社會帶來的正面影響；第二，依循學者 Rahwan（2018）提出「用社會契約將人留在決策環境中」（society-in-the-loop）的增強版「弛禁」策略，作為 AI 所開啟的演算法治理時代的風險、課責、透明等問題的解方，將社會規範制度與多元社會價值都共同置入演算法中。哈佛學者 Mehr （2017）認為政府需要注意以下六件事：

一、這個技術的應用將會達成什麼政策目標？是否以民眾需求為核心？

二、採用過程應納入民眾意見。

三、應以組織既有資源來完成。

四、所需要的學習資料是否完備？需謹慎思考資料治理的課題（如隱私、資料所有權）。

五、盡可能降低倫理風險與避免 AI 的直接決策。

六、是要強化公務工作者，而非取代他們。

我國不同層級的政府機關正日益增加具備 AI 技術的數位服務，諸如：機場人臉辨識系統、臺北市政府交通局的智慧化交通量調查分析系統、臺中水湳智慧城花博園區的自駕公車、健保署去識別化的醫療影像應用，另有 AIoT 建置的智慧生活服務系統、空污通報與環保實地稽查的智慧環境監控等。然而，政府部門推動的過程還是遇到許多挑戰，首先，因為公共組織的數位成熟度（digital maturity）不一，領導團隊不清楚自己的組織可以與不可以發展界限為何；再者，政府相關法制結構的密度甚高，新興的機器運算可能會為組織甚至廣大社會帶來的影響未明，政府組織面對其應用風險控制需要正視；最後，面對機器運算對傳統組織人力的替代效果，政府部門在人力（human resource）、能力（talent）與資源配置的調適（adaptation）也需要系統性地評估，因此，為因應這股不可逆的趨勢，政府在採用與導入這類新興科技於政府功能與數位服務時，仍有賴前瞻性政策和制度規劃。

在政府往前邁進並擁抱更多政府創新與數位轉型應用時，對技術與其影響有基礎的理解是十分重要的。本章對 AI 的不同機器學習演算技術做了簡要的介紹。除了介紹 AI 的技術類型、人們對 AI 類比人類智慧時的不同期待，以及現階段 AI 技術可被應用的公部門工作與服務。最後，針對政府角色的複雜性，討論 AI 創新應用於公部門的效益、挑戰與其公共價值。

CHAPTER 13

擁抱政府創新的工具

或許你曾聽過這樣的新聞或傳聞，「某縣市一家金屬加工廠趁颱風來襲偷排廢氣，該縣市環保局接獲民眾通報，稽查人員旋即冒著風雨趕往現場，但因颱風前夕風速不穩定且不時有陣雨，人員抵達時沿路巡查並未觀看到空氣污染現象……」。

■ 圖 4-12　工廠排放廢氣示意圖
資料來源：unsplash-JuniperPhoton。

　　空氣基本上看不到也摸不著，一旦有違法排放事件，要即時發現相當困難。當然這也與現行各縣市政府環境保護局稽查員使用目測判煙做法有關，根據國際規範與《空氣污染防制法》所規定的這個做法，在國內已經執行使用約三十年。儘管目測判煙的專業老手可以做到誤差極小，但稽查人力有限、也有易發生視覺疲勞、無法持續長時間稽查的種種限制與困難。能否結合數位智慧科技讓政府的管制稽查效能得以提升，政府可以有哪些創新改革的做法呢？

　　是的，隨著氣候變遷、貧富不平等、國際政經動盪、能源供需挑戰等更多棘手問題的出現，人們對公部門的信任日益降低，不認為政府有能力解決這些複雜且難解的困境，原因之一即是人們認為政府似乎仍以舊思維與舊方法來進行政策制定和提供公共服務。然而政府應該如何思考與進行創新？首先，需認識的是創新有哪些類型。社會上普遍將創新分為產品創新、服務創新、流程創新與組織

創新（Damanpour et al., 2009; Schumpeter, 1976）。但這樣的分類方式恐單視創新爲外生性的產物，並未將其與使用者或所屬環境的互動與變化納入考慮。因此經濟合作暨發展組織（OECD）下公部門創新觀測臺（Observatory of Public Sector Innovation, OPSI）團隊，重新定位公共創新意涵，提出政府創新的四大面向（OECD-OPSI, 2021）依序說明如下。

一、以任務為導向的創新（mission-oriented innovation）

不再由不同業務政府機關各自主導政策設計與提案，而是以達成某社會共同任務與目標爲原則，政府的角色在指導相關生態系統參與者一起重新調整系統以實現目標（如永續能源、乾淨海洋、開放政府等目標）。具體來說，聯合國氣候變化大會（COPs）的協議往往會提出一個大家應共同合作創造的目標，例如，政府面臨在一定時間內需減少 10% 的碳排放量，如何達成此目標，即需透過一系列創新做法與利害關係人的合作。

二、以增強為導向的創新（enhancement-oriented innovation）

側重升級實踐、實現效率和更好結果，在現有結構的基礎上發展，通常建立在現有流程和計畫的基礎上，以實現更高的效率、效力和影響。不是革命性也不是破壞性的，也不涉及重新思考基本系統或價值衡量標準。例如，透過行爲分析洞察科技或數位服務來改善公共費用的繳費行爲。

三、適應性創新（adaptive innovation）

測試和嘗試新方法，以應對不斷變化的運營環境。創新的目的可能是發現過程本身由新知識或不斷變化的環境驅動，當環境發生

變化時，可能有必要以有助於適應變化的創新來應對。例如，面對
COVID-19 的突發公衛危機，政府透過觀察社群平臺的動態，快速
理解社會輿論與需求，進而提供具適應性的彈性對策。

四、預期創新（anticipatory）

　　需要探索和參與可能影響未來優先事項和未來承諾的緊急問
題。可能顛覆現有的範式，預期創新通常需要避開核心業務並擁有
自己的自主權，否則有形的現有優先事項的壓力可能會蠶食必要的
資源。例如，藉由創新監理沙盒的規劃，測試以機器學習演算法為
基礎的 AI 系統應用於社福補助的政府業務上。

　　OECD-OPSI 重新替創新進行分類，反映了公部門創新的多元
性與不確定性。從國家政府的角色來看，需確保國家政策與運作的
一致與穩定性，卻也得具備回應社會變動與需求的彈性。既要在現
有政府體制下進步，也得保持預見或探索未知領域的勇氣與能力。
當然，不同功能與規模的公部門組織在選擇創新類型時，勢必有不
同資源、考量與限制，如何決定不同創新類型的採用比例，也是一
大考驗。在 OECD（2019）所發布的《擁抱政府創新》（*Embracing
Innovation in Government*）報告書中，即說明政府創新的需求日益增
加，不單單只是一個口號，更是全球政府都應正視且學習的方向，
不僅使國家競爭力提升，也可望改善國家人民的生活品質。然知之
非艱，行之惟艱，如果真正擁抱政府創新，該如何才是真正的課題。
本章即是介紹可供政府機關參考的擁抱創新工具與做法，分別為：
一、將隱性變顯性；二、敞開大門與包容多元；三、重視資料的品質、
合作性與包容性。

壹、將隱性變顯性

　　民主體制政府面對複雜與多元的社會，為了更即時地回應民眾，最受挑戰的就是感知與預先理解不同的社會需求情境和未來展望，如何將社會的隱性需求與知識顯性化？行為洞察可視為一種政府創新做法，使民眾需求與問題的解釋因素變得較為可見，進而增加政府做正確決策的能力。而強化政府行為洞察的能力，需要重新思考政府政策制定流程，使政府政策與服務更是「以民為本」，是社會民眾所想與所需要的。更進一步，透過不同政策工具（如推力）、遊戲與群眾智慧專案等，觀察、洞悉、分析、理解民眾的想法、態度及行為，也能洞察社會真正的問題。終極目標是希望藉此設計良善政策，並與公民建構正向信任與行為的循環。在此願景上，公部門組織需提倡的治理理念包括：以民為本、創新思維、可重複驗證。

　　已有不少國家透過小規模測試，實踐這樣的創新思維。舉例來說，與傳統健康政策宣導多以廣告或口頭講授的做法不同，加拿大的三個省分共同推廣了一個結合遊戲化和行為洞察力的「紅蘿蔔獎勵健康應用 APP」（圖 4-13）。其動機為幫助政府瞭解其選民的健康動機和觀點，並有助於政府設計、推動健康生活與環境永續等政策。加拿大人可使用此應用程式以遊戲方式進行健康知識的測驗且持續追蹤目標，以此獲得忠誠度獎勵計畫的積分。另外，不少各國自 2007 年後相繼爆發了更大規

▌圖 4-13　加拿大政府開發之健康推廣應用程式
說明：宣傳海報中寫到，「紅蘿蔔集點挑戰，透過選擇健康生活方式來累積點數」。
資料來源：加拿大政府 Facebook。

模的茲卡病毒傳布，此病毒是由難以撲滅與檢測的蚊子攜帶傳播，讓各國政府都相當頭痛，希望及早發現茲卡蚊子並做防範。澳洲昆士蘭州政府因此推出了十分具有創意的「寨卡病毒搜索器」（Zika Mozzie Seeker），做法是以群眾募集的方式廣邀「公民科學家」一起參加並部署蚊子陷阱來蒐集蚊蠅的卵，希望及早發現是否有茲卡蚊子入侵的現象。這改變了傳統的疾病監測工作，作為當地茲卡蚊子的早期預警系統。從政策設計與制定的角度，愈是高品質、能被公民信任的科學證據，將愈能得到社會大眾的認同。另外，開放資料組織（Open Data Institute）設計了桌遊讓民眾或政府人員理解開放資料的做法，透過遊戲方式，在過程中讓參與者思考不同類型政府資料與開放做法的關係，以及能夠產生哪些價值或是造成什麼挑戰？是否有資料倫理的問題？上述例子都是政府創新過程中，將隱性需求變顯性的思維與具體可參考之做法。

貳、敞開大門與包容多元

　　過去公部門政府事務的複雜性與專業主義，導致政府組織與政策決策並不透明。但民主治理這個自 2000 年後興起的政府治理概念，大幅度嘗試翻轉傳統的政府治理邏輯，主要理念是希望政府治理真正地實踐民主，以民主的方式來管理社會國家的大小事。而網路與數位科技的發展，更是大大地推動且充實這個治理概念的內涵與傳散。面對日益複雜難解的公共事務，使得政府不得不尋找更有創意且適應性高的解方。但該如何打開政府這個大宅院的大門？OECD（2019）的報告認為政府應該使用創新技術和工具來打開大門，讓每個人都能獲得政府所倡導的公共價值。

　　敞開大門（open door）與一篇提及之開放政府的概念有類似之處，

政府的開放性與回應性被視爲重要的元素。Wirtz 與 Birkmeyer（2015）定義開放政府是一個多層次的政治與社會流程（process），使得政府與公民能在透明、協力及參與的行動中進行互動，才得以改善政府行政與服務。開放政府中數位科技更是扮演支持此流程的重要角色（Evans & Campos, 2013）。爲了面對更多不可以預期的挑戰，敞開大門作爲政府學習的新流程，可望強化政府的適應力與問題解決能力。需要提倡的組織治理理念包括：連結社會多元團體與部門、實驗精神（包括面對失敗）、社會包容下的審議溝通。

投注資源開展與鼓勵循環經濟是政府敞開大門的一種做法。比如荷蘭阿姆斯特丹市政府即以共享政府資源的方式，允許民間社會組織進駐政府建築中未充分利用的辦公室空間，作爲滿足公眾需求的可行方式之一，荷蘭地方政府希望未來也能將這一概念從出租政府建築與房屋空間擴展到市政車輛和工具。印尼泗水（Surabaya）政府也提出創新做法來推廣新的交通道路建設，允許城市居民蒐集可回收的瓶子來支付巴士車費。通勤者可以將塑料瓶直接帶到公共巴士上，或者在城市周圍的回收中心和投遞箱換取巴士票，藉此鼓勵且改善市民回收習慣，讓經濟弱勢者也可利用大眾運輸。

另外，自 2016 年開始，美國非營利組織 Code for America 與加州政府合作進行的「清除我的紀錄」（Clear My Record）計畫，協助政府開發了一個自動化刪除犯罪紀錄的 AI 系統。他們使用大量的公開資料與法院資料，利用 AI 演算法進行審查紀錄的比對，並爲

圖 4-14　美國「清除我的紀錄」首頁
資料來源：Clear My Record。

法院產出清單文件，已成功讓許多人受益，替過去因為有犯罪紀錄而很難獲得社會經濟資源者打開了進入社會的大門。

參、重視資料的品質、合作性與包容性

現今許多的政府數位創新，都與資料（data）有關。上述兩節講述的擁抱創新做法，不容忽視地皆需建構在高品質的巨量資料上。如圖 4-15 所示，不同的社會參與者與行動者都具有資料提供與使用的身分。政府、民眾與企業三方如何形成良善的開放資料生態系，並使其持續正向循環，是資料治理的第一步。開放資料生態系的形成，有助於社會創新與政府創新。Zuiderwijk 等學者（2014）整理了四個創建生態系的關鍵要素，包括：政府資料提供、資料存取與許可規範與機制、資料處理與安全，以及對資料提供者的反饋。三個使生態系運作無礙的條件分別是：使用範例、品質管理系統、詮釋資料（metadata）。

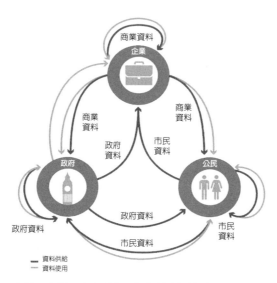

▌ 圖 4-15 政府、企業、市民三方之開放開放資料的生態系統
資料來源：參考自 Deloitte LLP（2012），作者繪製。

　　COVID-19 疫情時期，政府推出一系列的科技防疫、疫情追蹤政策與做法，在當時的緊急狀態下，政府需要擁有諸多資料治理的多元能力，包括：整合跨機關合作、公私協力、開放資料管理、資料分享、宣導市民參與資料提供等。資料治理課題成為政策創新發想與設計前的必備條件，而這個大主題我們在本書下一篇將繼續深談。

　　本節希望提醒的是資料品質對於政府治理的影響，如對合作性（collaborative）與包容性（inclusive）破壞。當要導入、應用與 AI 有關的資訊科技於政府創新時，如前面章節提到的，機器學習與深度學習皆需依賴先驗資料的輸入來建構模型，資料品質的不確定性很自然會產生演算法偏誤或不正義結果的顧慮。針對 AI 資料的類型來說，專家認為目前 AI 輔助系統或機器內的演算法，可簡化為以下三種資料類型：訓練資料（training data）、無法取得的特徵資料（unseen data）、推論標記（inferred label）。以上三類都是歐盟基本權利署（European Union Agency for Fundamental Rights, EU-FRA）認為政府機關需要謹慎處理的資料。EU-FRA 的報告認為政府機關可以透過以下五個問題自我評估，某個規劃中的 AI 系統與其演算法是否會因為資料品質的問題導致基本人權的侵害（EU-FRA，2019），問題包括：

一、資料從哪裡來？資料蒐集、維護與散布的工作將由誰負責？

二、什麼樣的資訊會在此資料中？這些資訊應當被包含在此演算法中嗎？

三、哪些社會群體會被納入這個資料中？他們的樣本代表性足夠嗎？有沒有哪個群體的代表性不足？

四、有沒有資料闕漏或不完整的問題？

五、時間長度與地理涵蓋度是否具追蹤性與完整性？

　　因此延續前面兩小節所談的，無論是洞察行為與敞開大門，政府都不再將公民視為消極的公共政策與服務的消費者，而是政策或公共服務設計的參與者。OECD 於 2023 年公布的《政府創新全球趨勢》（*Global Trends in Government Innovation*）報告，也提出要尋找能鼓勵更多公民、居民參與政策設計的新方法，審議式民主需要仰賴更多民眾自發表達自己的意見，才能讓現況有被充分討論、改進的可能（OECD, 2023）。這樣的思維改變將對公共治理帶來許多好處，例如，增加人民賦能感與政府－公民信任關係。但根本性讓公民社會更有課責與監督能力的基礎，仍舊要回到政府資料開放的落實程度。普遍認為首先應改善的是從資料蒐集階段，即需思考機器可讀性（machine readable）。如何將政府轉型為「機器可讀」的型態，加速新興科技（如 AI、區塊鏈、高速運算等）的跨組織與多元合作，以快速成為改善公部門行政管理的工具，則是需要更多持續的努力。如歐美國家也正在討論的「法規程式碼化」（legislation as code）——使立法規範更加機器可讀、人民資料自主授權、機器學習演算法的可解釋透明、AI 創新採用時的風險評估等，都是政府要迎向創新需學習的重點。在此發展上，公部門組織需提倡的治理理念包括：開放資料、人民自主、透明演算。政府數位創新被認為能打擊國家存在已久的問題，如改善過去無法追蹤與制裁無證藥商販賣假藥的問題。根據 OECD（2019）的報告，許多開發中國家都身受其害，以蒙古為例，有接近四成的藥品都是假藥，長期來說對於國民健康產生巨大傷害，蒙古政府為了打擊假藥市場，與私部門合作利用 AI 與區塊鏈的技術來追蹤供應鏈流程中的每個步驟，以捉拿和消除假產品。這當中需要大量的設備與技術更新，讓整個供應鏈的資料變得透明。納入本章所討論的三個擁抱創新觀念與做法。利用新的實驗與驗證方法，將社會隱性需求轉為顯性，重新思考傳統

政府不足之處，將政策制定的做法進行翻轉，敞開政府的大門，以及針對物理世界的物聯網架構，再次建構政府資料蒐集與分析做法。當資料的機器可讀性與共通合作性更高時，資料的品質也可望提升，將連帶使 AI 機器演算的決策輔助更爲可靠、可信任。

◆ 篇小結：創造人人皆可近用的數位智慧創新 ◆

數位智慧政府的核心目標，在於面對多元社會挑戰、經濟發展需求與不可預期之危機時，如何協助政府各機關組織能快速成長與尋求解決之道。而政府擁抱數位智慧創新不能僅是口號，還需要有效的工具與方法。需要重視與關注的是，針對不同類型與型態的政府創新，深刻理解其內涵與挑戰。綜合此篇三章的討論，此篇內容倡議有關政府機關在推動政府數位創新時，政策做法應重視以下三個重點。

AI 的智慧發展正以我們無法料想的速度成長，放眼國際公私部門無不積極超前部署，數位創新與數位轉型時應謹慎評估與理解 AI 演算法之潛在風險。

第一，這類數位智慧創新的成熟與可信度，仰賴大量且持續不斷的高品質資料，在瞭解 AI 的內涵、機會與風險後，讓我們更清楚明白 AI 科技對於資料品質需有更高標準，也因此我們需持續強化公共資料的品質、合作性與涵容性，方能讓我們信任 AI 的發展將強化與賦能政府治理。提高資料的合作性與涵容性，也是民眾能參與監督與關注的核心要素。

第二，嘗試創新與改變對組織來說是困難的，因為它存在失敗的風險，不會百分百成功。當失敗發生時，本篇強調在數位轉型與採納數位創新科技解決公共事務問題時，組織心態改變的重要性。持續滾動式評估創新政策的實驗做法與精神，但並非是把人民當試驗品，而是真誠面對快速變遷的時代，公共服務也應與時俱進的理念，相關配套與可能風險的評估與規劃是至關重要。正因為要追求更佳的政府服務與民眾體驗，才導入創新的政策設計思維與數位智慧創新，以期形成良性反饋。

第三，充分理解社會問題與需求，不應為了創新而創新，而是秉持「科技始終始於人性」的想法。當有突破與創新需要時，採納開放創新框架，藉由以人為本、公民參與、開放共創、多元協作等思維與做法，充分讓跨組織、跨部門、跨專業、生活價值觀不同的社會成員，得以參與公共服務與政策的思考和設計。

下一篇主題「數位社會發展」，將更進一步針對上述的第三個重點，深入探究與討論數位社會中數位機會、數位涵容、數位平權、多元協力的意涵、前提與展望。希望能在強大且資源豐沛的數位科技與經濟發展的驅力下，同時鞏固能有效參與、監督與反省的公民及社會力量。

自我評量

1. 何謂社會棘手問題？試舉例說明之？國內有什麼例子嗎？
2. 政府為何推動創新？請解釋其意義，也討論有何推力與拉力？
3. 政府欲推動數位智慧創新需要注意哪些問題？請從開放民主治理的邏輯與意義來討論。
4. 從政府與公務員數位轉型的過程中，目前公部門組織有無具體的做法與計畫？能否從本章所介紹的概念中，分析目前做法的優缺點？
5. AI 科技的智慧發展可應用在哪些政府應用上？試舉例說明之？這些應用能對應到哪些公共價值上？
6. 政府為何希望導入 AI 科技於業務上？請研析其目的與預期成效？
7. 請問我國政府有無 AI 演算法治理的政策與規範？試分析目前的政策規範是否能回應公部門應用 AI 會面臨的挑戰與隱憂？
8. 公部門創新需具備哪些新的政府思維，試討論背後的理由。
9. 當前的政府制定政策時，應該如何理解民意，以及社會的需求？有哪些具體的做法與工具可採納？
10. 請問何謂開放資料生態系？對公共行政之意涵與實務做法為何？

PART

5

數位社會發展

◆ 引言：數位社會發展如何確保大家的 ◆
「數位機會」？

圖5-1所示爲桃園市復興區羅浮部落的羅浮數位機會中心（LOUFU. Digital Opportunity Center）標誌。「數位機會中心」（Digital Opportunity Center, DOC）旨在爲偏鄉居民提供網路連接與數位應用的場所，藉此提升居民的數位能力與學習能力，並培育當地多元族群，以促進文化、農林漁牧及觀光特色產業的發展，進而縮減數位科技發展所帶來的數位落差。該中心是教育部爲配合行政院縮減數位落差政策，於第五期（109～112年）「邁向數位平權」目標下，推動「偏鄉數位應用精進計畫」所設立，旨在協助偏遠地區民眾與多元族群提升數位應用與服務的能力。傳統上，數位

■ 圖5-1 羅浮數位機會中心 LOGO
資料來源：羅浮數位機會中心。

數位機會

民眾對於數位政府所提供的服務或決策參與管道的使用機會，此機會涉及民眾的網路應用能力與經驗，能力與經驗較佳者，將有較多的機會接觸到數位科技所帶來的效益。

落差的概念著重於電腦硬體設備與網路連接的可及性，然而隨著數位科技的普及與進步，數位落差的討論逐漸轉向使用者的數位應用能力，尤其是資訊科技知識、應用能力與整合資訊的能力。因此，**數位機會**（digital opportunity）與數位涵容（digital inclusion）成爲值得關注的議題，這些議題不僅影響社會發展，也在企業與公眾層面廣泛存在。

1990 年代後，公民價值的呼籲促使各界倡議更多民眾參與政府決策或公共服務，公私雙方的協力關係受到重視。公共服務傳遞從政府單方面提供轉變為政府、私部門與公民共同參與。在數位民主討論中，除考慮政府角色外，還應從私部門及公民角色思考，避免因科技應用能力不足而形成數位民主的弱勢。本篇將討論「共享價值」如何透過數位科技協助企業整合社會與經濟價值，以及**公民科技**如何幫助公民利用數位科技提升社會價值。

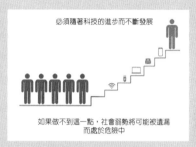

必須隨著科技的進步而不斷發展

如果做不到這一點，社會弱勢將可能被遺漏而處於危險中

▌ 圖 5-2　數位涵容
資料來源：National Digital Inclusion Alliance。

　　在市場競爭下，企業的趨利形象使得公私部門難以建立對等關係。然而，社會的進步與繁榮依賴市場經濟下私部門的資源與收益創造。私部門追求短期利潤可能忽視公眾利益，數位創新提供了解決之道，既可創造經濟價值又能滿足社會需求。此植基於共享價值的概念之上，企業在追求經濟價值的同時也需解決社會問題。政府應積極支持數位創新，制定政策鼓勵企業兼顧經濟與社會價值，並透過與私部門合作提供資源和監管機制，確保企業活動同時促進經濟發展與社會福祉。數位科技能幫助私部門在創造經濟價值的同時，也能實現社會價值的最大化。此外，政府在數位轉型過程中與公民的互動也需考慮公民科技的發展。政府應推動公民在數位轉型中不因資訊科技變革而面臨數位機會問題，並促進公民科技的應用與普及。從政府與公民的關係角度來看，公民作為公民科技的主體，其意識發展與政府數位轉型、開放資料及公民科技之間的關係，以及未來如何透過公民科技來提升社會價值，都是本篇的重點。

本書前幾篇聚焦於數位轉型中政府如何保障人民主權與權利，並透過資通科技增強民眾參與決策的管道，確保政府回應性。數位發展過程中，如何保障人民權利與增強政府回應性是討論重點之一。透過開放政府機制，政府能調和官僚體制與民主本質的衝突。數位轉型過程中難免遇到困難，因此數位智慧創新成為政府變革的必要條件。也如同時政府有可能面臨失靈的風險，私部門與社會大眾在數位轉型中也可能面臨數位機會的威脅，致使數位涵容亟需關注。本篇探討政府如何確保私部門與民眾不因數位機會受阻，並基於協力治理理論進行論述政府、企業與公民三者的互動關係，在協力治理與資料治理基礎上提出數位社會發展的政策建議。

CHAPTER 14

以協力與資料治理落實數位社會發展

目前整體社會發展已無法單純區分公、私部門，而是朝雙向互動關係，在數位科技及政府開放資料發展下，愈來愈多機會可納入企業與公民，形成協力合作生態圈以促進社會的公益發展。

壹、協力治理與數位涵容的兼容並蓄

協力治理的本質是一種民主參與過程，政府、私部門與公民三方互動關係是雙向的，政府主要目標是構築公私夥伴關係的發展，提供私部門及公民更多參與政府決策及共同提供公共服務的管道。Hui 與 Hayallar（2010）曾進一步提出，以數位科技將企業與公民意見納入政府決策機制中，以縮短彼此距離的倡議。雖然協力治理的概念常指涉政府與私部門間的夥伴關係，然協力不僅止於組織內部與外部的互動，更也包含組織內部單位與單位之間。我們認為，協力治理的概念可延伸至所有組織，而其中協力綜效的發揮，有賴「資料治理」的落實，資料治理之所以尤為重要，其原因在於不論是現在或是未來，公私部門的運作模式皆會與目前的組織運作和結構有所不同，其差異性在於未來將是人與資料並存的運作型態，數位科技的快速發展更使得未來協力治理要能發揮效果，必須得先落實組織內或組織間的資料治理。再者，協力概念在數位科技發展下，也必須顧及「數位涵容」的問題，要讓組成社會的各個行動者在數位科技所建構的生態圈中發揮綜效，則必須確保不會有人（私部門、

公眾）成為運用數位科技的弱勢族群。有關資料治理的討論，將在下節做進一步的說明，本節將聚焦在數位涵容與協力治理概念的討論。

一、以「數位涵容」保障私部門在協力治理中的參與

資策會曾針對社會的數位轉型提出循環三部曲的概念，透過「數位創新」打前鋒，「數位調適」作為緩衝，以「數位轉型」作為所欲達成之目標。其中數位調適所指涉的是社會對數位科技是否感到理解、認同、信任及包容，其面向是整個數位轉型中最軟性的環節，當數位創新的提出得到數位調適的緩衝得宜，則會成功地達到轉型的目標（資策會，2021）。而調適中最重要的則是**數位信任**（digital trust）的建立，數位發展下的協力治理綜效發揮，首重社會上對於數位信任元素的型塑，唯有兩兩相互在數位科技上的信任，才可能做到彼此間協力對等綜效的發揮。數位信任的建構，則需要社會上的組成成員具有**數位素養**與數位涵容性。其中，涵容性的概念與協力治理講求社會上組成分子彼此間對等地位的概念相符，也可以說是在數位科技的生態系統中，若要能發揮協力綜效，則必須實踐數位涵容的價值，不會有個體因個人背景因素（階級、性別、種族或地理區域）或使用資通科技的應用能力，而影響其獲益於服務的提供或參與社會上決策事務的權利。

> **數位信任**
>
> 人們在數位生態體系中對於科技本身信任與不信任的程度。

> **數位素養**
>
> 指對於數位創新事務的提出，社會上成員必須願意花時間理解與學習善用新科技。

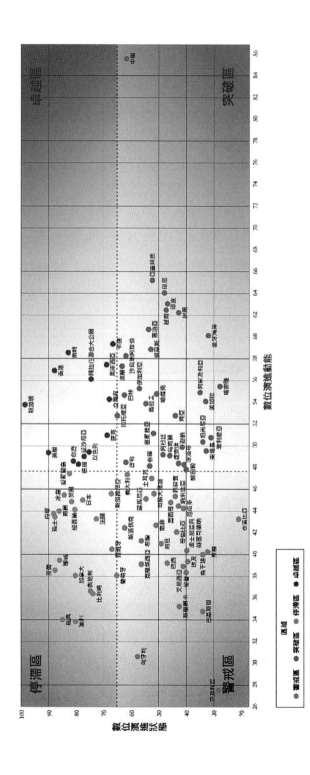

圖 5-3 各國數位化程度

說明：根據數位演進的四項評估指標，分析全球 90 個國家在數位演進上的定位，區分為左上的停滯區、右上的卓越區、以及右下的突破區。

資料來源：參考自 https://hbr.org/2020/12/which-economies-showed-the-most-digital-progress-in-2020，作者繪製。

二、數位涵容在國際評比中的重要性及其關鍵指標

數位涵容在相關國際評比上占有重要的指標評比地位，如 2020 年 Tufts University's Fletcher School 與 Mastercard 合作針對全球 90 個經濟體以四項關鍵指標進行評比，分別是 ㈠ 供給條件：有助數位生態系統發展的基礎設施；㈡ 需求狀況：消費者是否具備有使用數位生態系統的意願與能力；㈢ 制度環境：法律規範上對於數位生態系統發展的限制程度；㈣ 創新與變革：創新生態系統的投入、過程與產出狀態（Chakravorti et al., 2020）。從此四項評比指標的定義，可知數位環境的發展目標即直指數位涵容的重要性，著重討論於社會成員對數位科技的使用意願與能力，以及社會環境對於數位科技發展的助力。

三、數位涵容可能的解決策略

相關研究如 Yokoi 等人（2021）針對 68 場國際性的黑客松進行研究，提出全球性黑客松的虛擬協力競賽，若要能發揮協力效益必須具備數位涵容的幾項關鍵要素，我們認為這些要件似可作為發展數位生態系統中，協力治理效力發揮效果可茲借鏡的對象，其中包括：㈠ 培訓與支持：針對數位技能受限者必須投入資源與時間進行培訓，以減少因技能不足所呈現的數位落差；㈡ 建置社群經理（community managers）型塑學習經驗：目的在提升個體對於數位科技生態的一種歸屬感，而為了提升社會成員在數位科技上的使用能力，可嘗試設置社群經理，透過經理制度的即時回饋系統，協助社群進行討論與分享。而 Kalla（2016）也對青年參與的賦權在數位涵容上提供以下三點建議，分別是：㈠ 發展數位技能；㈡ 基礎設施的開發；以及 ㈢ 連結性。前兩者主要聚焦在數位科技使用的基礎設施與能力的培育，連結性主要是指網路的可近性（access），如同許

士軍（2021）所指出的，企業的數位轉型在連結的概念上，得跳脫以往實體的內外連結概念，而是植基於網際網路的連結，打破以往實體疆界對於組織內外環境間的聯繫，轉爲透過網路與數位科技，使得企業或組織，甚或是個人可以做到即時、精準與隨心所欲的連結，主要原因在於網路中的連結具有分散、開放與移動的特性，此些特性帶給社會上的組成分子不論是組織或者是個體，具有去中心化、去結構化與去疆界化。

從上述討論可知，協力治理可說是未來公私部門作爲組織互動模式的發展目標，而因數位科技的興起，社會中組成分子的協力綜效必須避免出現數位落差的可能而有害於數位涵容，除政府外，如何避免企業或公民因資訊科技的應用能力，而有被屏除社會外的可能性，將是政府未來發展數位轉型之際所應重視的課題。再者，數位科技下的資料結構與處理方式，已跳脫以往形式而必須與時俱進地與數位科技接軌，資料將成爲未來私部門或公民發揮協力綜效的關鍵所在。在此認知下，未來資料治理該如何落實，涉及其中的制度運作該如何進行，以下將介紹何謂資料治理及相關運作框架，以作爲未來更進一步延伸的基礎。

貳、資料治理作爲啓動數位時代下協力治理的樞紐

承前所述，協力治理的價值展現除了關注數位涵容外，還必須仰賴資料治理的落實。資料治理不僅是協力治理的基礎，更是確保數位轉型順利進行的重要支柱。那麼資料治理是什麼呢？有哪些運作模式可供公私部門參酌？

一、資料治理的界定

　　對於資料治理的界定如同 Abraham 等人（2019）的研究所指出，學術研究的文獻並未有明確的共識性定義，而相關國際性組織曾針對此概念進行界定，如 Data Governance Institute（DGI）即認為，資料治理是針對與資料相關的一切事務所進行的決策及一套課責的商定模式，決定誰可以在何時、何種情境下針對何種資訊進行何種行動（DGI, n.d.）。The Global Data Management Community（DAMA）將資料視為資產，對該資產進行權力的行使與控制，可說是針對資料的規劃、監測與執行進行紀律性的管制，此管制涉及對重要資料進行編碼、分配資料所有權及一系列日常對資料所有的業務的規約（DAMA, 2017）。Abraham 等人（2019）透過搜尋 2002 年至 2019 年六個學術資料庫（AIS Electronic Library、EBSCOhost、Emerald Insight、IEEE Xplore、ProQuest、ScienceDirect）與資料治理相關文章，以開放編碼析探各個定義中的共同特徵後，將資料治理界定為一具體規劃的跨職能的管理架構，對於組織內部資料以策略性資產視之，在此管理過程中，必須明確界定組織中對於資料決定的決策權力與課責的歸屬，再者，也必須型塑資料政策、標準、程序與監測規範等。綜上所述，我們認為資料治理即為針對一切與組織策略性目標有關的內外部資料，所進行的一連串決策權與管理的行使。

二、資料治理的運作框架

㈠國際視野下的資料治理：策略與結構

　　基於上述對於資料治理的界定，在整個推動的過程中，將面臨組織、流程、技術與人員等各項挑戰。DGI 認為

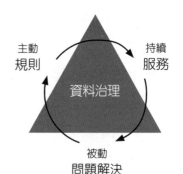

■ 圖 5-4　DGI 所提出之資料治理機制
資料來源：參考自 Data Governance Institute（n.d.），作者繪製。

資料治理的運作主要涵蓋三大面向：1. 確立「交戰規則」（rules of engagement），此面向必須考慮確立資料治理的願景與目標，以及衡量目標達成程度的評估指標，同時也要確立資料的相關規則，包括資料的蒐集、創造、定義、調校、優先順序、監測等；2. 資料治理方案所涉及的人與組織（people and organizational bodies）的界定，即在資料治理的整體過程中，有誰會創造資料、使用資料，以及誰將制定資料的規則，凡是會影響資料或被資料影響者，均是這個面向所必須確立的；3. 資料流程（data governance processes），泛指上述兩面向所提各項元素在資料治理中必須如何進行？會有多少要素需要納入？有多少人員將涉入執行過程？這將取決於方案的範圍、資料的結構與形式，以及有多確實地在執行資料治理的原則而定。簡而言之，DGI 所提框架與政府運作的行政、立法與司法三個分支功能相似。立法部門會制定資料治理的法律與規則；行政部門則是負責執行這些規則，同時提供組織內外部成員所需的服務；司法部門則是負責處理當資料管理違反規則的人，有時候會解釋規則，並且解決不同規則間的衝突（Thomas, 2020）。

PricewaterhouseCoopers International Limited（PwC）曾提出一套資料治理框架，該框架如圖 5-5 所示。

▌ 圖 5-5　PwC 資料治理框架
　資料來源：參考自 PwC（2019: 3），作者繪製。

1. **資料治理策略**（data governance strategy）：資料治理必須先有策略與願景，以此勾勒出資料治理的所有面向，且應建構可操作化的績效衡量指標以確保成效達成程度。

2. **資料監管**（data stewardship）：著重組織中對資料的管理及資源的分配，包括資料處理歷程、品質、使用權與所有權、資料詮釋、隱私與安全等。

3. **資料治理推動**（data governance enablers）：此層面涉及組織內部人員與文化，在資料治理之前必須先瞭解組織目前對於如何掌控資料資產的成熟度與流程，確認資料處理程序與所欲執行方案設計間的配適程度。

4. **資料生命週期管理**（data lifecycle management）：此管理途徑以資料生命歷程為基礎，奠基於資料管理原則，針對資料創建、儲存、處理與銷毀的一連串活動進行管制（PwC, 2019；蕭乃沂、朱斌妤，2022）。

㈡ **資料生命週期：從規劃到分享的全程管理**

　　除資料治理框架外，李洛維、朱斌妤（2021：122-123）參酌美國地質局的做法，提出以生命週期為主軸的資料治理程序，包括以下六個階段：

1. **規劃**：考量專案過程中與資料有關的所有工作，考慮各階段資料管理的做法、所需資源及預期成果。

2. **獲取**：根據組織的策略性目標，進行資料的取得、創造或再使用。

3. **處理**：定義資料、整合不同資料集，以及資料的提取與轉換。

4. **分析**：進行資料探索、解釋等分析工作，必要時需串接各不同來源資料以整合成同一資料集後再加以分析。

5. **保存**：確保資料的再使用性，過程中各階段所產製之重要資料都必須加以保存。

6. 發布與分享：資料的出版與傳播是組織任務相當重要的部分，是組織與內外部環境溝通的管道。

　　此生命週期的程序從資料保存與共享的概念，到資料管理活動該如何與工作專案連結，並以資料視覺化方式告知組織內部成員面對資料週期各階段應採何種程序、行動來管理資料。

㈢ 資料治理運作框架所涉的決策領域

　　基於前述資料治理框架與生命週期的討論，組織在進行資料治理時，將涉及內部結構與運作多項層面的決策活動，此概念與 Khatri 與 Brown（2010）認為資料治理涉及五項決策領域相呼應，包括：1. 資料原則；2. 資料品質；3. 詮釋資料；4. 資料近用；5. 資料生命週期。上述各項可參見表 5-1 所示，除闡釋各項決策領域內容外，也涵蓋各項決策領域所必須考量的問題。此些決策面向可作為建構資料治理之基礎，並搭配資料治理框架，建構出各項決策領域中在資料治理各階段所應關注與決策之重點。

　　前述資料治理主要聚焦在組織內部所做的變革與流程再造，根據 Abraham 等人（2019）所提的資料治理框架尚包括「前因變數」（antecedents），前因變數可區分為內部與外部因素兩類，此些因素對組織的資料治理機制，在建立前後均會產生影響。外在因素中即包括法律與管制性的要求，這些法令規章的影響又因產業別與地區別的差異而有所不同。這些法令規章將會影響資料治理機制中對於資料的商業使用與控制、資料品質、資料安全性、儲存與保留等產生影響。其中，具有高度法令規章管制的場域，組織內部的資料治理機制相較於管制性較低的地區，在資料治理機制的設計上要有更集中的組織結構。

▼ 表 5-1　資料治理決策領域

決策領域	主要內容	決策問題
資料原則： 確立資料作為 資產的角色	1. 資料是專業管制上的重要資產 2. 政府管制資料應該與其他單位分享 3. 政府專業管制應該以循證決策為依據 4. 內外資料來源應該被視為機關資產	1. 資訊對機關有什麼用途？ 2. 在持續的基礎上傳達業務使用資訊的機制是什麼？ 3. 將資訊用作資產的理想行為是什麼？ 4. 如何識別資訊共享和再利用的機會？ 5. 管制性環境如何影響資訊的使用？
資料品質： 建立所欲使用 資料之規約	資料應正確、完整、即時與相關	1. 資訊品質在準確性、即時性、完整性和可信度方面的標準是什麼？ 2. 建立和傳達資訊品質的計畫是什麼？ 3. 如何評估資訊品質？
詮釋資料： 建立語義或 資料內容讓 使用者能瞭解	1. 詮釋資料應該涵蓋所有資料元素 2. 詮釋資料應該對機關資料解釋深具重要性	1. 記錄資訊語義的程序是什麼？ 2. 如何針對資料進行一致性的定義與建模使其具可解釋性？ 3. 如何讓不同類型的詮釋資料持續更新？
資料近用： 釐清資料取得 的相關要求	1. 機關資料是敏感資料 2. 管制資料取得應有標準與管理	1. 資訊的商業價值是什麼？ 2. 如何持續進行風險評估？ 3. 如何將評估結果與整體資料監測相結合？ 4. 資料取得的標準和程序？ 5. 資料的定期監控和審計？ 6. 安全意識與教育宣導計畫？ 7. 備份和復原程序？
資料生命週期： 決定資料的 定義、產製、 保留與淘汰等 規定。	1. 資料定義、產生、保留與淘汰週期應有標準 2. 資料生命週期應該要被監控	1. 如何對資訊進行盤點？ 2. 不同類型資訊的資訊定義、生成、保留和報廢程序是什麼？ 3. 與法規相關的問題如何影響資訊保留和歸檔？

資料來源：Khatri & Brown（2010: 149）；蕭乃沂、朱斌妤（2018：83）。

　　在討論資料治理的定義和運作框架之後，我們瞭解到資料治理策略受到多種內外部因素的影響。隨著法律和技術標準的演進，資料治理需不斷適應這些變化。特別是隨著大數據和量子運算的進步，新技術為資料治理帶來新機遇，這些進步不僅改變了資料處理方式，也擴展了我們對資料潛力的認識。

參、大數據、量子運算對於資料治理的契機

　　資料在組織運作中被視爲一項資產，資產能夠爲組織帶來效益，爲了能讓效益產生極大化，對於能夠運算資料的分析工具與技術的開發將是未來數位科技的重要關鍵，以往資料處理多爲統計分析（敘述與推論統計），然自 Ginsberg 等人（2009）提出流感預測模式，大數據即成爲另一波數據分析的趨勢，改變我們對資料的認知，以及對社會實體建構的方式。然而，大數據分析也有其限制，因此資料分析的未來應結合兩者，透過大數據我們可發現事件「是什麼」，而在發現是什麼後，依循理論基礎建構因果模型，以統計分析發掘事件背後的「爲什麼」。

一、大數據分析的特性與對量化研究的影響

　　Ginsberg 等人（2009）提出以 Google 關鍵字方式建構流感預測模式後，大數據分析逐漸成爲另一波新的量化分析趨勢（王鴻龍，2016）。大數據分析的興起讓我們改變了對實體與資料的認知，而這認知的轉變奠定於大數據的三種特性：㈠ 由於大數據分析本身的資料量大，相較於以往統計乃採取小樣本進行母體推論的方式，大量數據可以協助我們觀察到實體社會或組織場域中更細微的部分；㈡ 由於資料量夠大，對於母體所能涵蓋的範圍會更完整，同時對於所欲觀測的行爲變數的資料蒐集可能更爲周全，也因此減少了統計推論上的抽樣誤差與問卷設計所帶來誤差的可能性；㈢ 大數據分析並非與統計推論相同是在找出事件背後的因果關係，大數據分析主要是在尋求事物背後的相關性爲何，也就是發現事實現象正是如此的解答，而非探詢事件背後產生的原因爲何（林俊宏譯，2013：22-24）。

二、大數據的挑戰：隱私、資料可近性與分析的準確性問題

　　大數據雖有前述有別於調查統計獨特之處，但大數據多為個體私密性資料，且常串接外部資料，添加個人資料外洩的不必要風險。因此，蒐集大數據的同時得需考量個體資料資訊安全風險問題（United Nations Global Pulse, 2013）。除個資風險問題外，「資料可近性」也必須加以考量，此問題緣起於組織因本位主義的關係，產生資料權責歸屬與違法性等疑慮，以至於形成資料間共享與整合的阻礙；另外也存在著「資料分析的挑戰」，在資料探勘過程中可能會因以下因素致使分析的精確性降低，包括：㈠ 由於時間、地區與國家等因素的差異，對於文字情緒與意圖判斷的準確性受到影響；㈡ 文字編碼可能因在文中脈絡的位子，以及個人特性而產生相同文字有不同意思表示；㈢ 雖可透過演算法於事前排除雜訊，但對刻意捏造與動員將無法即時透過演算法來阻擋；㈣ 巨量資料的良窳取決於資料來源的涵蓋面（代表性）及有用性（Boyd & Crawford, 2012）；㈤ 巨量資料主要在於發現人事物的相關而非因果關係，同時當蒐集資料變數增加，則變數間關聯性也因而提高，但卻有可能是虛假相關（Fan & Bifet, 2012）；㈥ 巨量資料多為非結構性資料，要瞭解資料所顯現的特性，得將其置於情境脈絡中，但現實情境脈絡往往無法簡化為數理模型（蕭乃沂等人，2015）。

三、AI 與量子運算：數據分析與資料治理的革命性進展

　　由於大數據的關係，讓 AI 有長足的發展。AI 係指一種會學習的電腦程式，並根據外在環境即時資訊進行感知以做出合理的行動（李開復、王詠剛，2017）。AI 的應用層面很廣，像是人臉與車牌辨識、聊天機器人，甚至是具備邏輯推理能力的新聞稿撰寫等，這些應用涉及的技術如影像與自然語言的處理、邏輯推理或推薦系統

等技術，其中，深度學習技術扮演著關鍵地位。而深度學習又以大數據分析為基礎，若能在演算上的軟硬體有所提升，則更能提升數據分析的發展。如同圖 5-6 所示，AI 與機器學習兩者均需大數據資料的分析以進行訓練，而訓練後的模型可以應用於新匯入的數據分析以提出服務或決策輔助。

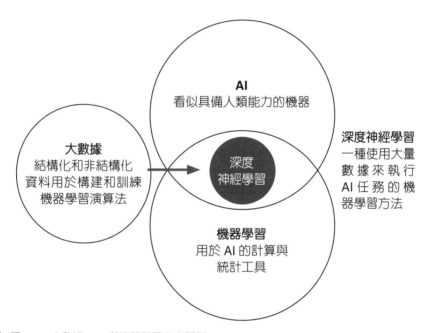

▌圖 5-6　大數據、AI 與機器學習三者關係
　說明：AI 與機器學習需要大數據作為資料的分析基礎，而 AI 與機器學習的交集則為深度神經網路的範疇。
　資料來源：Rodriguez 等人（2018）。

　　1980 年代，即開始發展量子革命（quantum revolution），興起兩支發展方向，一為量子計算，另一為量子通訊，而量子電腦在資料處理上與傳統電腦不同，依著「疊加」（superposition）與「糾結」（entanglement）的特性，讓子電腦的運算可以處理變數的數目呈指數增加（林來誠，2021），因此量子運算將更能有效地突破

現在我們所面臨到的複雜多變的環
境。各國不論產官學界都投入大
量的資源，科技業大廠如 IBM、
Google、Microsoft 等紛紛投入量
子電腦的開發，各國多數也都透過
政策或計畫來協助量子運算的技術
研發，如 2020 年美國白宮國家量
子協調辦公室發布《量子技術創新

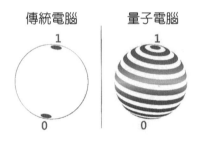

圖 5-7　傳統電腦與量子電腦的比較
資料來源：參考自科技大觀園，作者
繪製。

策略》；英國在 2016 年科技辦公室發布《量子時代：技術的機遇》
（*The Quantum Age: Technological Opportunities*）報告，提出一公私
協力生態系統將量子科技產業化（賴志遠，2020）。凡此皆顯示，
未來在協作治理下的數位社會發展，更需要注意到資料治理的實踐，
而資料分析技術是使資料獲得加值的必要工具，因此未來除了大數
據分析外，量子發展也必須加以關注，如同英國所發布的報告書指
出，必須確保國家在量子科技的研發上具優勢地位，可見掌握量子
運算對國家長遠發展有舉足輕重的影響。

　　隨著我們探討協力治理與資料治理之間的關聯，以及資料治理
的框架和技術發展對組織的影響，我們看到資料和技術不僅塑造了
治理結構，也為社會創造了新的價值。這種價值的創造和共用尤其
在數位時代顯得更為重要，它推動了從傳統的資本主義市場經濟向
以社會價值為核心的轉型。在這一大背景下，共用價值生態圈不僅
是理論上的概念，而是現實中可行的治理策略，能夠緊密連結社會
與經濟價值，推動更全面的數位社會發展。現在讓我們在第十五章
深入探討共用價值生態圈如何作為數位社會發展的重要平臺，並如
何實現這一戰略目標。

共享價值生態圈作為數位社會發展的平臺

共享價值生態圈的建立是一種協力治理平臺概念的實踐，透過落實共享價值，促進政府、企業、非營利組織及公民等多元行動者間的合作。本章將探討共享價值的意義，解釋從資本主義市場經濟向以社會價值為核心的私部門轉變的過程，並討

> ### 共享價值
>
> 主要指涉企業在追求經濟價值的同時，能以社會問題的解決與需求的滿足作為背後主要價值的導引，也就是讓企業的成長與社會進步得以兼顧，擴大經濟與社會總體價值。

論在這一轉型中，數位科技如何發揮作用，幫助建立共享價值生態圈以整合社會與經濟價值。此外，我們將回顧企業內部落實價值創造的具體方法。根據 Ansell 與 Gash（2018）的觀點，協力平臺被視為促進資源分享與協力策略執行的關鍵工具，這些平臺擁有專業能力、制度和資源，可以推動協力計畫與網絡的建立、調整及成效展現。

壹、讓社會責任不再是企業邊緣而是核心議題

因政府財政短絀與民眾需求漸增，加上公民意識的覺醒，以往層級治理及市場治理的模式似已無法滿足現實環境所需，而以「協力治理」〔亦可稱之為「公私協力」（public-private partnership）、「間接政府」（indirect government）及「代理政府」（proxy government）〕取代傳統層級節制的指揮控制關係獲得高度的關注

（曾冠球，2017：67）。協力治理與公私協力常可視為相同概念，若需嚴格加以區分，則公私協力較聚焦在雙方的協調，協力治理則主要強調雙方在決策制定上的共識（Ansell & Gash, 2008: 548）。整理相關研究對協力治理的界定後，本篇認為可做如下定義：協力治理是一個或一個以上的公部門與私部門或公民所建構的一種運作制度的安排，此安排涉及政策的制定與行政管理，彼此在資源、資訊與能力的分享下，透過審慎思辯的對話機制以取得共識，並執行相關政策與管理方案（Bryson et al., 2015: 648; Emerson et al., 2011: 2）。

一、建立協力治理生態系統：數位科技與信任的關鍵角色

協力治理也是一種民主參與的實踐過程，如 Vigoda（2002）所提出的，在協力治理的概念下，政府、私部門（營利與非營利組織）及公民三者間的互動關係，由以往單向互動轉為兩兩雙向關係，政府在這關係中的目標是要建立起夥伴關係的發展，提供私部門與公民有更多參與政府決策的權利與提供公共服務的管道。而此參與過程實屬民主治理的體現，政府提供多種公民社會參與的管道，令公民主權與價值的落實不僅止於投票這項底線，反而積極從間接民主過渡到直接民主。在此概念下，Hui 與 Hayallar（2010）也提出透過數位科技方式，建構政府與公民社會間的溝通以縮短彼此距離，將企業與公民意見納入政府決策中。從相關研究我們可知，數位科技的發展對於協力治理概念的落實有其功效，不論是作為提供民眾參與政府決策的管道，或是作為提升政府與營利或非營利組織合作的媒介，以提供相關公共服務的輸出等，數位科技均將扮演一個非常重要的角色。但要讓數位科技發揮角色前，這樣的協力治理生態系統的建立應為首要之務，然其中維繫之道即在於雙方信任關係的建構。

「信任」是長期合作關係中，影響彼此合作者關係維繫的關鍵

因素（Jeffries & Reed, 2000: 873）。它是一種心理的期望狀態，對被信任者的投機行為願意冒險承擔，因此具有易碎（vulnerability）特質（Tyler & Kramer, 1996; Cummings & Bromiley, 1996）。然而，回歸市場機制本質，企業在社會上的角色已長期被定位在「唯利是圖」上，在此形象下可以如何建立起與公民及政府間的信任，將是企業在協力治理中所需正視的問題。

二、協力治理下的企業角色與社會價值創造的重要性

誠如本篇引言所提及，社會的進步與繁榮發展多數時候是因市場經濟，透過企業的運作以製造資源與效益，只是企業或許較以短期效益為標的，無法在製造本身經濟價值導向下，同時兼顧社會價值的體現。因此，我們可以說，這一波協力治理要能發揮功效，站在社會發展的層面，最重要的是如何引動企業在協力平臺中的角色，如何嫁接起企業在政府與公民內心角色的轉型，這將能有效發揮企業在協力治理的功能，更能帶動整體社會的發展與繁榮。譬如雀巢為了解決咖啡種植者因惡劣地理環境（非洲及拉丁美洲）問題，產生低生產力、低品質的惡性循問題，因而改造採購模式，與咖啡農密切合作，提供種植意見、為農民擔保銀行貸款，協助投入相關生產元素，並對優質咖啡豆支付較高的價格以激勵咖啡農。此做法不僅解決咖啡豆品質進而創造經濟利潤，更因此解決該地區的生活品質（Porter & Kramer, 2011）。雀巢被認為是全球首間實踐共享價值的企業，也被視為是這方面的商界先鋒（團結香港基金，2018）。

■ 圖 5-8　雀巢 CSV 架構
資料來源：參考自團結香港基金（2018），作者繪製。

Porter 與 Kramer（2011）提及，由於在資本主義市場經濟下，社會上對企業信任度不高，普遍來說或許多數人會認為企業是社會與環境問題的來源，企業在營利的同時將可能產生的外部成本轉嫁由總體社會來承擔。也因此特性，政府不得不制定管制性政策以削弱企業營利行為，形成兩者間惡性循環關係。然在公共管理浪潮的影響，卻也主張政府應該解除相關的管制措施，甚至有學者將此解除管制措施的行為，視為一種民營化的做法（林淑馨，2017），在共享價值的願景創造下，似乎賦予了此項師法企業精神的工具價值理性，而有終極價值上的目標追求。亦即，解除管制措施的目的是為了讓企業更能實現經濟價值，其價值背後可被視為解決社會問題的終極價值。也因管制措施的解除，更能有效增進公私部門間的互動關係，兩者正向反饋的交互成長也將有助社會價值的創造與積累。

貳、數位科技如何協助鏈結經濟與社會價值

共享價值的創造是一種嶄新的企業思維模式，且此思維模式也並不只是企業單方面的思維轉型，其應包括整體市場生態的轉變。如同苑守慈（2020）在〈繁盛共享價值生態系統與企業數位轉型〉一文所提的，單一企業已無法面對共享價值的社會生態，企業與企業之間甚或是與政府部門間，必須共同承擔創造社會價值的同時又能利於組織整體經營所需的經濟價值，形成一種「共享價值生態圈系統」。在此生態系統中，政府可跳脫以往對經濟管制與兼顧社會發展兩難的抉擇，因為在扶植企業經營發展之際，也同時在解決社會問題所需要的價值創造。因此企業在這樣的生態系統中之所以存在，其根本性的質變是在於企業存在的意義是為了創造共享價值，而非單純求取自身利益而存在。

一、企業如何透過數位科技重塑經營模式與社會責任

　　然而，我們不禁好奇，究竟該如何根本性地轉變以往企業經營的思維模式，其中有無必須要兼顧的面向與重點？再者，數位科技可在這中間扮演什麼樣的角色？根據《哈佛商業評論》所刊載的一篇報導指出，一份針對美國大型公司所做的調查研究發現，某些企業可能是數位領先者，有些則為落後者，關鍵取決於誰較擅長即時運用顧客資料、分析需求與模型預測以製造產品，蒐集顧客資料遠端資料，並運用科技來提升員工績效。領先者以創新的方式將科技應用在經營上，可見數位科技及資料分析的應用，將成為接下來企業能否在未來創造經濟利潤及實踐社會價值的關鍵（吳佩玲譯，2017）。再者，近期因新冠疫情的影響，一份針對行銷長（chief marketing officer）所做的調查指出，社群媒體在疫情期間對於行銷而言占有舉足輕重之地位。該調查中有 56.2% 的行銷長聚焦在數位機會上，改變進入市場的商業模式。可見，外在環境的變化對於企業來說，也是促使其思考如何應用數位科技的趨力，若是無法適時因應，也將喪失機會而成為數位的落後者（Moorman & McCarthy, 2021）。

二、數位時代的共享價值創造：企業轉型與社會責任的整合路

　　本章嘗試從 Furr 與 Shipilov（2019）及 Pfitzer 等人（2013）整理相關企業對於共享價值創造的例子，來談論企業可如何進行共享價值生態圈的建構，其中數位科技可如何進行協助轉型。如同苑守慈（2020）所提出的，其認為共享價值是一種新的經濟模式的新思維，其實這也服膺本書第一篇數位公民主權所提出之概念相符，公民在民主治理的概念下，應具備獨立思考且具自主意識的自覺，並積極涉入公共事務，以表達本身意見。回歸到共享價值的討論

上，這樣的自覺需要在企業中落實，企業在追求經濟效益時，也應與多元行動者建構共享價值生態圈，共同創造經濟利益的量與社會進步的質的成長，達到質量並進的生態系統。而此共享價值的創造與 Raworth 在《甜甜圈經濟學：破除成長迷思的七個經濟新思考》（*Doughnut Economics: Seven Ways to Think Like a 21st-Century Economist*）一書所提繁盛經濟模式概念相似，繁盛經濟模式意指經濟發展的重點不再是成長而是繁盛，是如何可透過取用地球資源的同時，也實現所有人類生活的興盛與繁榮（苑守慈，2019）。植基這樣的概念下，過往衡量社會發展的「國內生產毛額[1] 指數」，將不再是有效的衡量指標，經濟成長的上升不代表社會整體效益的提升。

　　像是 Uber、Airbnb、Siemens、阿里巴巴（Alibaba）等**數位企業**，似可作為企業在面臨數位科技下因應共享價值的做法。在企業數位轉型過程中似可培養三種能力，藉以培養數位心態：㈠ 繁盛力：

> **數位企業**
>
> 指能善加利用數位資源與流程的企業，這些企業植基於繁盛經濟的概念，以客戶為中心提供差異化的服務與產品。

指企業能運用數位科技提供服務或產品，以提升顧客的生活福祉或品質。例如，Uber 和 Airbnb 的共享經濟，整合閒置的社會資源，讓資源得以透過平臺做到資源的配對運用以提升社會整體效益；㈡ 共創決策力：泛指企業能否在內部透過數位科技的方式提供組織內部決策、確立方向的敏捷管理方式與價值共創及執行的能力。例如，阿里巴巴透過本身的生態系協助企業進行數位能力的提升，擴大企業服務對象的市場；㈢ 智慧生產力：指企業能夠利用數位資源與流程增強共享生態系統內價值創造的能力，並能適切因應外在環境變化保持連動關係。例如，Siemens 協助工具機製造商透過數位化方

1　根據行政院主計總處對國內生產毛額的界定，意指在本國（或一定地區）疆域以內所有生產機構或單位之生產成果，不論這些生產者係本國人或外國人所經營者。

式整合生產流程、產品與客戶三者之間，有效提高產品效益與降低成本（苑守慈，2019，2020）。

無獨有偶，Pfitzer 等人（2013）也曾針對共享價值的創造提出五個關鍵要素，認為這五個關鍵要素所建構的各個環節，均可置入數位科技以利達成環節上的要求，進而達到共享價值創造的可能。此五個環節分別是㈠納入社會目的（embedding a social purpose）：企業可重新界定組織目標，在獲利的同時將社會使命納入企業文化當中，藉投入資源發展各種創新做法以解決社會問題，這其中數位科技的協助將可協助有效納入社會使命；㈡定義社會需求：企業除必須瞭解滿足自身的需求外，應更深層的瞭解社會根本狀況，並探究可用何種方法去改變；㈢衡量共享價值：為了要能讓經濟與社會價值持續建置與擴展，必須要發展適當的衡量機制以監控達成的程度；㈣建立適當的創新架構：共享價值新方案的創造也必須兼顧考慮其偏離企業本身既有業務的風險程度；㈤與外部利害關係人共同創造：讓利害關係人共同參與以確認問題、設計與執行解決方案。

參、企業可以如何落實共享價值的創造

上一節的討論主要聚焦在數位科技可以如何鏈結經濟價值與社會價值，本節則將焦點置回企業內，在這根本性經濟發展目標質變下，企業內應進行怎樣的轉型以為因應，始能在這一波變革中不僅能獲利，也更能聚焦在社會總體效益的創造。

一、以利害關係人管理加強共享價值的創造

企業內如何涵融社會使命又能兼顧經濟發展，這可從企業內部定義利害關係人開始做起，在共享價值生態系統內為了能讓價值主張被生態內各利害關係人所接受與共創，因此就企業端來說必須有

一套界定利害關係人的工具，以白話文而言就是在界定誰會為你這樣的構想買單。

Ihrig 與 MacMillan（2017）界定出一套步驟供企業參酌，以協助企業讓利害關係人能夠接受企業的創新構想，此六個步驟為：

圖 5-9　左圖為 Martin Ihrig；右圖為 Ian C. MacMillan
資料來源：維基百科。

(一) **確認關鍵利害關係人及其需求**：針對價值生態系統內瞭解所有利害關係人的期望與需求，而並非每個利害關係人都同樣重要，企業必須決定哪一類對生態系統內的交易具最大影響力。

(二) **描繪利害關係人的消費鏈**：針對第一階段所列利害關係人繪製消費鏈，以顯示滿足利害關係人需求的流程的關鍵步驟，就 Ihrig 與 MacMilla（2017）所述而言，繪製這個消費鏈的關鍵步驟與設計思考的概念相同，必須奠基於同理心的原則，亦即站在利害關係人的角度去思考滿足其需求的流程，接著企業必須思考在這個消費鏈中，可以在哪些環節利用數位科技去進行調整與變革。

(三) **將現有產品依特性分類建立產品資料**：針對每一類利害關係人羅列出對產品或服務可能會有的產品特性感受，依照無商議性（non-negotiables）、差異性（differentiators）、不滿意性（dissatisfiers）等進行區分。

(四) **利用產品資料設計成長機會**：銜接第三個步驟，設法在消費鏈中的每個環節，為每類利害關係人安排一個差異性，同時也可以嘗試去排除每類利害關係人的不滿意性，此步驟可增加自己本身產品或服務的差異性，以提高在市場上與其他對手的競爭力。

(五) **描繪利害關係人間的緊張衝突關係**：所謂緊張衝突情況是指在有

多類利害關係人的生態系統中從事創新時，可能會碰到哪些挑戰。在上個階段針對每類利害關係人建構出差異性的同時，我們必須要知道這些差異性的安排是否會影響其他類別的利害關係人及對他們造成什麼樣的影響，對於這些影響我們必須要有所評估與掌握。

㈥ **選擇最好的機會**：一旦列出各類利害關係人在消費鏈中因差異性所可能會產生的緊張衝突關係後，就必須決定哪些可以克服及如何克服。消費鏈建構的各個步驟均在協助企業去思考哪些環節可進行創新性變革，而這些變革可奠基在數位科技的基礎上進行思考。

二、數位轉型：平衡經濟與社會價值的原則與挑戰

承上，苑守慈（2020）提出成功繁盛價值生態系統需讓企業關鍵價值鏈「數位化」，以共創智慧方式滿足顧客需求。因此提出四個可供企業進行數位轉型時可遵循的原則，包括：㈠企業本身利潤是否是以社會進步及強大的價值主張為主軸下所產生的？㈡經濟與社會價值可否透過鏈結利害關係人的參與以獲得創造？㈢在連結企業價值鏈數位化與生態系統時，係以能為顧客產生最大利益的方式來思考？㈣以漸進式方式建構或參與繁盛共享價值生態系統。

Furr 與 Shipilov（2019）提出企業在進行數位轉型時的五項迷思，此似可作為呼應企業在進行數位變革時可能必須思考的問題：㈠數位轉型並不是要破壞掉企業既有的價值主張，而是要運用數位工具去更好地滿足顧客的需求，當然這些都是奠基在前此價值鏈創造的過程下，亦即企業不僅是以經濟利潤

▌ 圖 5-10　左圖為 Nathan Furr；
右圖為 Andrew Shipilov
資料來源：維基百科。

作為企業的價值主張，而是以社會價值的創造與問題解決作為領航角色；㈡數位轉型並非要揚棄實體，而是兩者兼備，虛擬的便利性不該取代實體與消費大眾建立情感關係的管道；㈢若要以併購新創的科技公司作為本身數位轉型的利器，則收購的動作或許可替換為保護新創公司，亦即與新創公司建立混合關係，這樣的混合關係是奠基在一種較為弱的連結關係上，一方面因彼此的關係可以相互學習以共構綜效，另一方面也因為彼此關係的聯繫並非緊密的強連結，而不會破壞彼此各自的文化，也因為保有文化的多樣性，在相互合作下可激發出不同的火花；㈣數位科技發展的關鍵並非科技本身，科技本身僅是工具價值理性，終極價值應在於消費者身上；㈤數位科技的變革並非是一蹴可幾，而通常是漸進式地銜接。若要一次更換多個複雜且相互銜接的系統，無疑將是一場災難。

　　在這數位化快速進展的時代，企業不僅在其轉型過程中尋求經濟效益的最大化，同時也探索如何更有效地融合社會使命於其業務模式之中。這一過程不僅反映了企業對社會責任的深刻認知，也揭示了數位科技在推動社會進步方面的重要角色。隨著這一波數位轉型的深化，企業逐漸形成了一種新的共享價值生態系統，將利害關係人的需求和期望緊密結合，從而在增強自身競爭力的同時，推動經濟與社會價值的共同提升。然而，數位社會的發展不僅是企業的責任。公民作為社會變革的主體，其角色和參與方式也隨著數位技術的發展而進行著深刻地轉型。面對未來，公民需如何適應這種變化，並積極參與數位治理和社會創新？這是我們在接下來的討論中將要深入探討的問題。隨著我們將視角從企業的數位轉型轉向公民在數位時代的角色和機遇，本書的下一章節將進一步闡述公民在數位化社會中的活躍參與，以及如何在保障數位機會的同時，促進公民對社會進步的貢獻。

CHAPTER 16

公民作為數位社會發展的轉型主體

　　陳聿哲（2022）在《政府數位轉型》一書中撰文〈數位科技發展與公共價值〉，探究數位科技的發展究竟應該以人為本或者以企業為本，然而站在本篇論述的角度來看，既是要以人為本也應該要以企業為本，在共享價值的共構願景下，大科技公司的賺錢表象實際是增進社會問題的解決與效益的推進。有關企業端的論述已如前述，本節將視角拉回公民本身，在協力治理當代，所有公共服務提供都應奠基於政府、私部門與公民三者間兩兩互動所建構的協力平臺之上。

　　公民在這個平臺上要能發揮效益，基本要先喚起公民自覺意識，以下將先嘗試討論在臺灣民主體制下，公民本身自覺意識的現象，第貳節將嘗試說明在數位科技與開放政府發展下，奠基公民自覺意識的覺醒，如何確保公民的數位機會，以及如何激盪公民科技的發展，最後本章將收攏於未來公民在數位發展下的可能展望。

壹、我國政治文化下公民意識的覺醒

　　我國政治文化長期受儒家思想影響，重視個人本身的修身養性，主要在教育「私民」角色與所應遵從的規範，較少著墨於「公民」，長期薰陶下塑造出普遍缺乏民主政治所需的公民自主性的政治文化，以及參與公共事務的性格。社會中彼此關係的連結與強度多奠基於血緣的親疏來決定，以家庭為本位的影響下難以型塑自主的公民意識（林毓生，1994）。也因此去私才能至公的濃厚道義色彩，

也嚴重導致後續民主政治體制下，公民自主性因受傳統文化的薰陶而顯得不到位，以及對個人權力的不重視（蕭揚基，2001）。

一、公民的意涵與重要性

　　進一步我們想要問的是，何謂公民？從學者的界定綜整歸納，公民可指涉兩層涵義，包括地位（status）與活動（practice），地位主要係指個人與國家間的關係，而活動則指個人對公共事務實際的參與（Cooper, 1984; Stivers, 1994）。

　　因公民的積極參與政事與公共事務，始可確保公民自身的權益，且從參與的過程中善盡對社會的責任，藉由參與淬鍊公民的素養與能力，展現人的尊嚴與權力（蕭揚基，2001）。就公民社會而言，主要係透過公民參與的過程增進「公民資本」（civil capital），以充實公民社會的品質。因此，公民參與對整體社會效益來說是積極正向的，能協助政府成為負責任的政府，在資訊交流下政策制定符合民眾所需，社會上不同階層的利益將受到考量與維護。

二、數位科技與公民參與

　　回歸陳聿哲（2022）所撰〈數位科技發展與公共價值〉一文所討論的，數位科技可以為社會帶來信任、滿意度及參與的價值體現。而這些價值正也合乎本節一開始所提公民角色倡導下所能引動的社會價值。公民參與可促進公民資本的積累，透過參與的過程中累積解決問題的能力與負責的態度，其中，本篇非常重視在社群中信任的價值，信任的滋養將有助於協力平臺上三方之間的互動關係的潤滑，其中數位科技將扮演滋養孕育的工具，例如，透過網路平臺達到行動者之間的資訊公開，大幅提升彼此間的資訊透明度，讓以往因資訊不透明所形成的不確定性的相互牽制關係，在數位科技的協助下達到多方行動者間共享價值的願景共構。

滿意度的提升係指因數位科技的應用，有效提升政府對於公共服務的提供與品質確保，進而提升公民對於政府的滿意度，然而，本篇認為此滿意度價值的體現不僅在公民對政府之間，當然反之亦然，很多時候政府之所以無法廣開參與管道，多數時候或許是顧忌公民是否有相對的參與能力，倘若基於前述信任的價值實踐，讓政府也能看到因公民參與，形成政策往前推進或社會效益往前邁進，不僅讓原本的信任元素能更加提升，同時也能增進政府對於公民的滿意度，在相互正向反饋增長下，彼此間的互動關係將會愈趨緊密才是。

三、公民參與在數位科技的挑戰

參與的公共價值取決於數位科技導入政府行政程序，藉以提供公民參與公共事務的機會，並透過數位科技降低公民參與的成本。然而我們比較好奇的是，如同前述，政府近年確實有提供很多線上公民參與的管道，如中央政府的「公共政策網路參與平臺」（圖5-11）、地方政府如臺北市的「iVoting」（圖5-12）等，但成效上均不算彰顯，主要來自政府本身的回應性不足

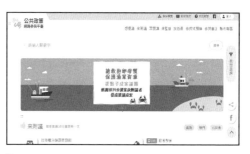

圖 5-11　公共政策網路參與平臺首頁
資料來源：公共政策網路參與平臺官網。

圖 5-12　i-Voting 平臺首頁
資料來源：i-Voting 平臺官網。

所致（王千文等人，2019）。此也與相關實證結果相同，如王國政

等人（2019）針對 2017 年 9 月至 2018 年 8 月所提議的 50 件提案進行附議者滿意度調查指出，整體來說，附議者中有將近五成（48.9%）對於機關的回應意見是感到不滿意度的，而其中不滿意的原因多集中在機關未回應到議題核心重點。在民眾高度期待卻可能受到低度回應的同時，兩者間信任感的建構將更為困難。

　　另一方面，我們也不禁慮及，數位科技此項工具對某些民眾來說，我們可如何確保其有應用的能力，而不被排除在這一波數位轉型的趨勢下，此將涉及本章下一節所要討論的公民科技的議題。

貳、數位機會、開放政府與公民間的協作關係

　　數位科技的發展縮短了民眾與政府之間的距離，數位機會的普及性成為現代數位政府發展的重要課題。過往討論數位落差概念時主要聚焦在硬體設備及其連網，以及網路應用的能力，而現在數位落差的概念則進入到對於相關資訊科技的知識與能力高低，以及資訊的整合與運用上的討論。數位賦權（data for social good）的提高，令民眾有更多機會參與政府的決策制定實現以民為主的理想。然而，這樣的機會是否會對某些特性的民眾產生限制，而形成數位發展下的弱勢群眾。

一、開放資料驅動的公民社會服務實踐

　　除了數位賦權的近用限制外，社會上因開放政府的資料釋出，有愈來愈多的數位服務因公開資料而被加值利用，如 DSP 智庫驅動所舉辦的「資料英雄計畫」（D4SG Fellowship），藉由媒合社會上對於資料加值應用有志的資料科學家與組織，協助非營利組織或政府提供更好的社會服務，如社工外勤風險評估系統（2021 年由臺北

市家防中心提出）、石化公司減碳足跡透明化（2020 年由綠色公民行動聯盟提出）。零時政府（g0v）是另一個公民社群，透過各種網路與工作坊的活動，整合線上與實體進行各方資源的媒合，協作並開源各項專案成果，深化對社會的貢獻。如中央政府總預算視覺化平臺、Hackfoldr 黑客公事包等。上述主要是由公民發起運用政府內部資料提供社會服務的案例，然而也有由公民或非營利組織發起，運用政府開放資料所提供的服務，如众社會企業的「友善哺乳室 APP」，提供民眾查找哺乳室資訊及環境照片的母嬰親善服務；綠色公民行動聯盟的「掃了再買 APP」，提供民眾選擇友善環境的消費商品（曾憲立等人，2022）。原為中研院所支持的「臺灣創用 CC 計畫」，現轉由「開放文化基金會」與「CC 臺灣社群」共同維運，主要在推廣參與國際社會上針對所創造的數位內容進行公益授權的使用，讓更多人願意分享創意產品；該計畫目前主要與教育部及文建會合作推廣此概念與授權方式。然而上述所提各項因數位科技與開放資料所建構的服務，卻可能因為民眾的個人特性而產生數位服務近用不足的可能，此些特性可能包括年齡、教育程度、性別、區域等（黃妍甄、黃東益，2022）。

二、政府開放資料的發展與應用趨勢

　　另一方面，觀察目前臺灣中央政府的「政府資料開放平臺」及各個地方政府相似的資料網站，可看出目前的網站內容資料囊括政府多元領域的資料集（蕭乃沂、朱斌妤，2018），這樣的趨勢也與世界上多數政府在開放資料的發展相同，如同戴慧紋（2022）在〈以開放資料應用強化政府治理的國內經驗〉一文中指出，歐盟調查曾

提出全球資料量的增幅將自 2018 年的 33 ZB[1] 躍升到 2025 年的 175 ZB，其漲幅達到 5.3 倍，而英國開放資料組織（Open Data Institute, ODI）及 OECD 均呼籲政府應讓資料盡量透明開放、共享，其中包括跨領域跨部門間的資料流通，透過資料的匯聚與開放給社會上所有行動者使用，創造資料的應用範圍，帶動智慧化與社會問題解決的創新模式，當然這樣的趨勢也呼應第十五章一開始所提的共享價值生態圈建立的規範性構想。

　　戴慧紋（2022）嘗試整理國內現行有關開放資料目前使用的三種方向，正可作為目前公民科技應用發展趨勢的彙整。㈠透過競賽的方式提升資料集的數據價值，藉由賽制的舉辦，讓世界看到我國資料在不同情境下是如何被加以應用以改善社會環境，以及提升政府的治理效能，譬如總統盃黑客松歷年的舉辦與卓越團隊的應用；㈡透過整合公私部門資料創造新的商機模式，譬如交通部運輸資料流通服務（Transport Data eXchange）；㈢以監理沙盒的方式進行，譬如金融科技議題等。DSP 智庫驅動作為公民社會中民間智庫的代表，長期致力於「資料英雄計畫」。該智庫主要在媒合具有寶貴領域專業經驗與資料的組織，但卻缺乏可以善用的數據分析能力以進行資料的加值應用，因此該智庫主要在協助媒合資料科學家以提供資料分析的協助，進而激發公共服務的創新。其目標在於建構一個協助政府機關提升資料素養、發掘資料價值的平臺，實際案例有：以 AI 建置模型，結合數據資料分析針對家暴防制預警系統進行評估，降低受虐兒再次受害之比例，亦進而解決社工人力資源不足之困境；另亦應用於長照服務，以數據分析個案服務歷程紀錄，提供個案與

1　網路硬碟總容量或大型儲存媒體的計量通常使用一種資訊單位，稱為 Zettabyte（ZB，皆位元組）。

家屬最適切之資源與服務，以提升效能，減少不必要的資源浪費。

　　政府的開放資料若能提供民眾更廣博與多元的瀏覽與下載，在以免費為原則且不限定用途的情況下，可以預期的是，社會上將因企業與資料科學公民對於開放資料加以加值應用，有助於經濟發展、社會價值的體現、增加政府施政透明度，以及社會公益的促進。

參、公民在數位科技發展下的可能展望

　　公民科技作為引領數位社會發展馬車的車頭之一，要能讓其發揮更大的效益，則政府開放資料的廣度與深度將是非常重要的影響因素。因此我們不禁好奇，究竟有哪些因素會影響政府開放資料的選擇？楊東謀、吳孟家（2022）針對這樣的主題進行過討論，該文整理國內外相關文獻建構出影響機關開放資料的意願與行為的影響因素，這些因素包括認知有用性、預期成本、外部影響、外部促成成本、外部促成條件、組織能力、法令政策、領導階層、開放資料價值認知、預期風險等，該研究以機關參與開放資料的時間歷程進行多群組分析，以瞭解影響因素在不同實行時間歷程的機關是否有所差異。研究結果指出對於政府開放資料意願與推動有關的正向影響因素，有價值認知、組織能力、認知有用性、外部促成條件、外部影響與領導階層，而預期成本與預期風險則對於意願具有顯著的負向影響，其中僅法令政策一項對於推動意願而言未通過顯著性檢定（楊東謀、吳孟家，2022：160-162）。從這樣的研究結果可知，對於機關內部的開放資料政策作為，其實涉及內外部兩股力量的控制：

一、支持對政府開放資料的內部影響

對內，高階領導階層的支持似乎是所有組織變革的重要影響關鍵，而開放資料當然也是相同的狀況，高階領導層對於開放資料必須是持開放的、鼓勵與正面態度的。同時也要讓機關內部認知到開放資料是有助於本身業務的推動，有助於機關間的協力、促進經濟與新創產業的成長，從根本性認知層面著手進行內化，藉以改變其面對該業務的態度，進而塑造機關內部同仁的意願與行為。

二、支持對政府開放資料的外部影響

除了前兩項內部因素外，外部影響與促成條件也占有非常重要的影響力，就外部的影響而言，主要是上層機關對於本機關重視開放資料的要求程度，其實這也回應到不僅機關內部需要上層領導者的支持與重視，就機關上下層級來看也服膺此原則。就外部促成條件而言，主要泛指機關是否能從外在環境取得開放資料所需的人力與物力方面的資源挹注。針對外部資源的協助一項而言，作者認為可借重此項做法以跳脫過往多數透過委外方式進行資訊業務的推動，然也因為委外造成我們機關內部事後的營運上的限制與設備擴充上的問題。或許我們可以善加與公民社會中有志與有興趣參與政策規劃的資料科學家合作、主動尋求社群協助，漸進脫離完全仰賴委外的思維模式，透過意見徵集與提案方式引進民間組織以協作增能（曾憲立，2022：220）。

三、信任關係在公私協力治理中的關鍵角色

然而，回歸到本篇一開始論述協力治理過程，最重要的因素仍然是信任關係的建構，唯有建立在信任的基礎上，這樣的合作關係才會走得長遠，這也是為什麼公私協力治理下，我們希冀政府

與私部門所簽訂的契約並非奠基在經濟觀點下的正式契約（formal contract），其本質仍是在雙方無法相互信任的基礎，因此想方設法以確保未來在不確定的環境下防止合作方對於本身效益的影響，但公私協力講求的卻是關係式契約（relational contract），在此契約關係下講求彼此社會關係的共構，運用廣泛的正式或非正式管道進行資訊的溝通甚或是衝突的解決，共同分享綜效與承擔公共服務提供的責任（Reeves, 2008: 978; Walker & Davis, 1999: 24）。未來，政府或許可嘗試關注關係式契約的合作方式，讓彼此之間的合作關係能夠更為長久。而此信任關係的培養也非一蹴可幾，可透過漸進方式為之，在合作初期或許可透過彼此契約查核的履約無誤，奠定起所謂的計算型信任基礎，但依時序的推移，為能建構起長期的合作關係，或許可漸進走向關係式契約。在這樣的基礎下，我們也才能認為信任有其建構的可能性，畢竟信任是指涉一種非理性的心理狀態，是信任者願意承擔風險對於被信任者可能有的投機行為（Cummings & Bromiley, 1996; Tyler & Kramer, 1996）。

◆ 篇小結：數位社會發展的可能契機 ◆

本書第一篇章始於數位人民主權的討論，也以此作為全書各篇章的立論基礎所在，其後各篇分成以人民的角度討論數位發展下的權利保障，從政府端討論數位發展可以如何轉型，以回應性作為數位轉型的價值導引，而當政府面臨轉型困境時如何可以透過數位智慧創新作為解套。而從各篇小節中我們可以發現一些共通點，為均提出政府的數位轉型必須從民眾端的問題與需求出發，同時，為了能有效面對轉型所帶來的挑戰，不僅形體必須改變，連心態上都必須要有所調整，最後，也是本書所強調的一個重點，數位民主治理的實踐來自於協力的有效落實，政府數位轉型要能成功必須與整體社會數位轉型有所勾稽。也因此，本篇作為全書最後一個篇章則將焦點置於數位社會發展上另兩個重要的角色，從私部門與民眾的角度看他們在數位轉型下所可能會遇到的問題與解套的可能方式。

本篇植基於協力治理的理論基礎，提出未來數位社會發展的綜效必須奠基於社會組成成員之間的兩兩互動關係，而因數位科技的興起，為讓協力概念能在資通科技發展下展現效益，則必須聚焦於資料治理與數位涵容的重視，基此提升公民的數位素養，注入協力體系所需的信任元素，以讓數位生態系統能產生協力綜效。對於數位社會發展，以下將提出幾點建議供未來政策執行上之參考：

一、為發揮協力綜效需重視數位涵容與連結性

在開放政府的持續推展下，數據資料的公開取得與運用將獲得進一步的發展，然而為避免產生使用資通科技的能力限制，則政府必須針對涵容性與連結性提供有效的服務與培訓措施。針對數位涵容性的促進方式，本書已於第十三章有所討論，另數位社會的經濟發展除了資料數據的競爭力外，「行動連網」（mobile internet）將是一個必要存在的條件，政府必須提供更為便捷的行動網路普及性，整體社會發展有賴行動裝置的數量、網路與使用品質的提升（Chakravorti et al., 2020）。這也呼應前此本書所提及的，發展數位涵容中一項重要的條件即為連結性的建構，或許透過行動網路的連結性可以拉近實體網絡中所倡議的劃破彼此公私部門的界限，甚至是組織內部之間，當然還包括資料間的連結

二、企業數位轉型需專注數位人才的培育

根據 Kavanaugh 與 Kumar（2019）所提，若企業內缺乏數位人才則會導致數位轉型窒礙難行。因而提出企業可透過以下做法打造本身的人才庫：㈠尋找潛力而非資歷：對於人才的僱用不能僅專注於技術專業能力的重視，反而必須瞭解受聘對象本身是否具有好奇心、適應力或者是學習速度；㈡認同軟實力與硬實力相同重要：針對目前資通科技開發的重點，與以往決定規格、撰寫程式有別，目前更專注於找出問題及創造可能的解決方案，在這樣的訴求下，軟實力就相較於硬實力而言備受關注。軟實力可能包括團隊合作、溝通、領導、協作及批判思考能力等；㈢重視團隊而非個人：進用人員時應重視能發揮團隊運作能力者，由於數位計畫需要多種技能的成員組成團隊執行，因此能在團隊中進行協力者，將會是組織所應進用之人才；㈣激勵員工成長：與其直接提供訓練機會，倒不如提出激勵員工成長的誘因。企業組織若僱用了具有潛力的員工，則提供教育訓練的機會並非是這些具有潛力特質者所需的，畢竟目前有很多免費或是其課程費用是員工可負擔的課程，或許我們應該提供的是能激發他們進一步自我成長的誘因，如升遷機會與激勵措施。

三、公民科技的協作需能引起協作興趣與落實協作成果

公民科技在於引入公民社會資料科學家的專業能力，藉由政府的開放資料的公開透明，讓政府的資料進行加值分析以回應社會上的議題。然而這樣的分析結果必須要能有效落實，亦即針對公民科技此協力社群所分析之結果，要能在相關的政策上產生實質的影響力。再者，為了要能維繫此資料分析社群的動力，則必須要能適時保持社群的社交氛圍，讓參與者保持參與和積極性。

自我評量

1. 數位涵容的重要性為何？如何保障在數位轉型過程中所有社會成員都能公平參與？
2. 資料治理在協力治理中扮演什麼角色？請描述資料治理的主要運作框架。
3. AI 與量子運算如何促進數據分析和資料治理的進步？
4. 共享價值生態圈的概念是什麼？如何透過協力治理來實現這一概念？

5. 信任在協力治理中的重要性是什麼？企業如何建立和維護與政府和公民之間的信任關係？
6. 企業在數位轉型過程中面臨哪些挑戰和機遇？數位科技如何改變企業的經營模式？
7. 在數位科技的影響下，公民的角色如何轉變？這種轉變對社會和政府有什麼重要性？
8. 數位科技如何促進公民參與和公共價值的體現？
9. 數位科技的發展如何影響政府的開放資料政策？公民科技在這其中扮演什麼角色？
10. 公民在數位社會中的未來展望是什麼？政府和企業應該如何支持公民在數位社會中的參與和發展？

結語

沒有回頭路的民主治理之數位優化改革，
從這裡開始！

這（網路與其他資通科技）就是當下民主政治運作的
場域，沒有回頭的餘地！因此，我們如果想要優化民主，
這環境就是我們著手應對的地方！[1]
——英國政治學家海倫・瑪格麗特（Helen Margetts, 1961-）

本書以大約 23 萬字探討了數位
轉型對現代民主治理的重要影響，
希望讀者能在此基礎上思考未來應
對數位挑戰的策略。當前的數位時
代，資通科技不僅改變了社會互動
方式，更深刻影響了公民權利、政
府治理、社會發展等多方面的運作
模式。本書試圖透過探討數位公民
主權、數位權利保障、數位政府治
理、數位智慧創新及數位社會發展

■ 圖 1　牛津網路研究中心（The
Oxford Internet Institute, OII）
政治學教授海倫・瑪格麗特，以
及她與另三位教授於 2006 年發
表的《數位時代治理》專書
資料來源：維基百科。

這五個基於憲政體制觀點而矗立的柱子，幫助讀者理解一方面，如
何透過技術創新來推動民主治理，提升公民參與度，並且同時保障

1　原文請參：“This [the Internet] is where democracy happens now and there is no going
back. […] If we want to make democracy better, this is what we have to tackle.” 轉引自
背景文件 Rau 與 Simon（n.d.）。

個人權利與社會發展；另一方面，又能夠洞悉前述的科技應用，給國家民主治理所可能帶來的威脅與挑戰，以期能夠預做準備。事實上，本結語一開頭就提醒大家治理在後網路時代已經無法回頭的海倫·瑪格麗特，與另外三位學者，於 2006 年就以專書的形式提出一個「**數位時代治理**」（digital era governance, DEG）的概念，他們認為，數位時代的民主治理已經全方位地取代了 1980 年代以降的「**新公共管理**」（new public management, NPM）的概念（Dunleavy et al., 2006; Margetts et al., 2016），因此，數位時代民主國家的公共治理，包括三個重要的元素：[2]

一、重新整合（reintegration）

意指利用數位科技調整公共服務的組織形式，特別是圍繞服務的輸送進行調整。這過程包括逆向去機構化、**聯合治理**（joint-up governance）、重新政府化、恢復中央化流程、大幅降低生產成本、後端流程再造、集約化採購與專業化、以及網絡簡化。這些措施旨在透過數位工具來重構政府服務，進一步提高政府效率，並有效整合資源。

> ### 聯合治理
>
> 這個概念是指跨部門、跨機構間的協同合作，旨在打破政府各單位之間的孤立運作，促進資訊共享與資源整合，從而提升政策執行的整體效率。這種治理模式透過建立更緊密的協作關係，促進各部門間的共同決策與行動，以解決跨領域的公共問題，並確保公共服務能夠更有效地滿足公民需求，並提升政府運作的透明度。

2　他們認為目前是數位時代治理風潮的第三波，主要是以資料科學方法與 AI（data science methodologies and artificial intelligence, DSAI）的發展為主，請參 Dunleavy 與 Margetts（2023）。

二、需求導向的全觀主義（needs-based holism）

需求導向的全觀主義挑戰了機構與顧客之間的傳統關係，採取簡化且端到端的方式來滿足使用者需求。這包括根據顧客需求進行重組、提供一站式服務、互動式且「一次詢問」的資訊搜尋、數據倉儲，以及端到端的服務流程再設計。該方法旨在提升服務品質和效率，並使公共機構能夠更有效地回應使用者的具體需求。

三、數字化變革（digitization changes）

數字化變革指的是在數位化的基礎上，進一步利用其轉型機會來創新。這涵蓋了電子化服務交付、新型自動化流程、激進去中介化、主動式管道流傳、促進等距管理，以及朝向開放帳目制的發展。透過這些技術與流程變革，數位化能夠徹底改變公共行政的運作模式，提升透明度與效率。

接下來，結語將分三個段落，第一段，將先簡單歸納一下前面各篇的內容，接著，本文將應用前述 DEG 三元素與五柱的模式進行交叉評估，整體性地討論並羅列未來政府在這些領域可以進行的變革方向；最後，討論這五個柱子彼此之間的交錯關係，並且提出一些未來在數位民主治理的領域可以觀察與討論的重要概念作為結束。

數位民主治理「五柱模式」的統整分析

一、數位公民主權

本書所討論之數位公民主權意指一國公民在數位時代中運用數位技術參與公共事務、監督政府及影響公共政策決策的權利。這一

概念強調公民在數位公共空間中應享有與實體空間同等決定國家政策的知能，並透過數位技術參與民主社會的運作。數位主權重新定義了個人與國家在數位世界中的關係，強調公民不再是被動的受眾，而是積極參與決策過程的重要角色，這促使公民在民主社會中發揮更多的主動性與責任感。然而，數位主權面臨的挑戰主要來自於民主治理的效率和集體不理性的問題。儘管數位化技術提升了公民參與的機會，但同時也揭開了數位落差、資訊不對稱，以及假資訊對公民判斷的負面影響問題。此外，民主制度中的審議過程常因公民知能不足、技術工具欠缺而導致效率低落。這使得在解決複雜公共問題時，民主社會常無法充分發揮其應有的作用，以至於無法有效應對外部棘手問題的挑戰，並加劇了 DEG 的困難。

為了解決這些問題，本書提出了資通科技作為潛在的解決方案，特別是 Web 3 與區塊鏈技術的應用。Web 3 去中心化的特點及區塊鏈的透明度，能夠增強公共決策的有效性，並提升公民參與的真實性。區塊鏈技術有助於解決集體不理性的問題，促進透明和公開的決策過程。另外藉由 AI 和協力智慧的運用，政府能夠更好地實現數位轉型，並幫助公民在應對假資訊時做出更合理的判斷。總結來說，數位公民主權是未來民主制度發展的關鍵，但仍需解決技術應用與公民能力不足的挑戰。

二、數位權利保障

數位權利保障的意義在於現代數位社會中，公民應享有與實體世界一致的基本權利，這些權利包括隱私權、言論自由與結社自由，並進一步延伸至數位環境中的人格發展與資訊控制權。這些權利不僅是現實生活中的延伸，也涉及數位環境中個人對於資料自主權及

隱私保護的保證。數位權利保障強調公民權利的虛實同步，並認為這對數位社會的永續發展至關重要，以確保個人在虛擬世界中的尊嚴與自主性。數位權利保障面臨的主要挑戰源於技術迅速變遷所帶來的問題。首先，隨著元宇宙與 Web 3 技術的發展，個人資料的保護成為重點，尤其是公民在虛擬世界中的資料容易被過度蒐集與使用。在缺乏適當監管的情況下，政府或私營企業可能會過度干預個人資料的使用。此外，數位落差與資料不當使用會使弱勢群體受到更大的影響。這些問題顯示數位權利保障必須與時俱進，以適應新技術環境，並強調對個人資料隱私與公平使用的保護。

> **歐盟《一般資料保護規則》**
>
> 歐盟 GDPR 於 2016 年通過，並在 2018 年正式實施，旨在統一歐盟境內的資料保護規範。其起源可追溯至 1995 年的《資料保護指令》，但由於數位時代的快速發展，舊有規範無法充分應對新興科技和資料處理方式的挑戰。GDPR 的主要目的是保護個人資料的隱私權，增強個人對其個人資料的控制權，並規範企業和機構如何合法蒐集、處理和存儲個人資料，確保資料在全球範圍內的安全流通。

本書提出的解方著重於強化監管機制的建立。首先，政府應制定法律並且完善執行機構來保障個人隱私，並且提供技術支援以讓公民能夠查詢、刪除或更正自己的個人資料，這也是**歐盟《一般資料保護規則》**（*General Data Protection Regulation*, GDPR）中主張人民對政府擁有之個資「進入與退出」權（option-in and option-out）的根本原因所在。此外，政府應在元宇宙與 Web 3 的發展中發揮監管作用，確保數位權利的核心不被侵犯，特別是要加強對弱勢群體的保護。長期來看，虛擬世界中的自發性自我保障的公民參與需要在政府的引導下形成，以期能確保數位權利保障能隨著技術發展不斷更新，從而實現更加公正與永續的數位環境。

三、數位政府治理

　　數位政府治理是指運用資通科技來提升公共服務的效率及政府運作的透明度。其主要目標是提高政府資料治理及決策制定的效率，並增強公民對政府的信任與參與。也就是說，數位政府治理強調科技手段在民主治理之中的應用，尤其在數位轉型過程中，注重公民參與和資訊共享的價值，致力於構建一個更具回應性、透明度和開放性的政府架構，以滿足現代社會的多樣需求，進而提升公共服務的品質和政府效能。數位治理推動過程中面臨多重挑戰。首先，技術發展和基礎建設的速度往往無法滿足社會需求，導致數位落差擴大。再者，如何平衡政府透明度與個人隱私保護成為難題。此外，數位政府的推動還常受到傳統官僚體制的阻礙，這包括現有組織資源有限、協調能力不足，以及法律與政策框架不健全等問題，這些因素使得政府數位轉型的進程往往低於目標理想。尤其在科技快速變化的環境中，政府如何保持政策的適應性與穩定性，並同時有效應對新挑戰，成為數位政府治理中最核心的挑戰。

　　為解決這些問題，本書提出了多項解決方案。首先，政府應推動全面數位轉型，並建立強大的資料治理體系，包括內部整合與公私協力。再者，政府應制定完善的法規來保護個人資料隱私，並利用數位科技提高公共決策透明度及公民參與度。最後，縮小數位落差也是重要任務，確保所有公民能平等享受數位技術的便利。最終，數位治理的成功依賴於政府資源的合理配置及跨部門協同合作，政策、法律及科技之間的平衡與協調也是未來發展的關鍵。

四、數位智慧創新

數位智慧創新是推動政府數位轉型的核心動能，透過新興科技和數位技術來提高政府效能和治理能力。這一過程包括從傳統官僚體制過渡到更具開放性、與協力創新的治理模式，強調數位工具的應用，以應對當前社會的棘手問題。數位智慧創新在全球危機中尤為重要，例如 COVID-19 疫情期間，各國政府利用數位科技快速應對公共衛生、經濟及社會挑戰，充分顯示出其在提升政府應變能力與效率上的必要性及價值。儘管數位智慧創新潛力巨大，但推動過程中也面臨許多挑戰。首先，資料品質（data quality）與持續更新是創新成功的基礎，尤其是在 AI 技術應用時，需要保證資料的高品質與可信度。其次，來自組織內部的抗拒與行政負擔會阻礙創新推進，許多機構對改革存有恐懼，特別是對失敗風險的擔憂。最後，數位創新的政策設計需慎重，不能將人民視為實驗對象，應根據實際需求制定前瞻且可操作的方案，以確保創新的可行性與有效性。

圖 2　資料品質是建構數位民主治理的重要基礎，而資料品質的維繫，有賴政府建構良好的資料策略，以及足夠的行政資源

資料來源：作者應用 AI 生成。

本書強調，數位智慧創新成功的關鍵在於建立一個開放、合作且包容的體系。政府應首先強化資料治理與開放協作，使各方共同參與數據的生成與應用。其次，組織文化需逐步適應創新的快速變遷，特別是在面對技術失敗時保持靈活性，並擁有進行滾動評估和持續調整的韌性。最後，數位創新應以人為本，確保公共政策設計符合公眾利益，並鼓勵公民積極參與，透過跨部門與跨專業的合作，推動永續的創新治理模式，以實現長期發展目標。

五、數位社會發展

最後，數位社會發展的核心在於公私部門與公民之間的合作，以及如前一項所言之資料治理的重要性。數位技術的進步不僅僅是科技的發展，它帶來了社會各層面的變革，包括增加公民參與、改變社會互動方式，並為經濟發展注入新的動力等。數位社會的建立不僅依賴於科技的普及，更要求個人具備足夠的數位素養，能夠有效使用數位資源，參與到社會和經濟活動中。因此，數位社會發展以公民數位素養的提升與數據治理為核心，致力於創建一個包容性和永續發展的數位生態系統。數位社會發展面臨的主要挑戰之一是數位落差。雖然技術發展加快，但並非所有人都能平等獲取和使用這些技術，這導致了數位機會的不平等，這現象可能源自經濟、教育或基礎設施等差距。在資料公開與使用的同時，如何保護個人隱私，並確保數據使用的透明性和效率，成為數位社會發展中不可忽視的挑戰，應建立適當的規範與制度來應對。

為了推動數位社會發展，本書提出了幾個重要政策建議。首先，應強調數位技術的包容性與連結性，確保每個人都有機會使用數位技術，尤其是在資通科技應用方面，這可以透過加強資料公開、建設基礎設施和降低技術使用門檻來實現。其次，協力治理是推動數位社會發展的重要方式，公私合作有助於建立信任機制，促進數位生態系統的協同效應。最後，提升公民數位素養是關鍵策略，應透過教育與政策手段，增強公民在數位社會中的參與能力和自主性，從而促進社會與經濟的協同發展。

藉由以上本書五柱模式的討論，我們可以體會到數位民主治理是一個國家治理受到內外環境不斷刺激與變遷的過程，除了傳統民主政治血液中就存在的瑕疵，還有治理國家過程中政府角色、資源、

與正當性的不確定性，再加上科技在市場環境中不斷推陳出新的迭代變革，在這三重的變化壓力下，政府改革的有識之士有義務要找出一套「摸著石頭過河」的策略心法；不過，還好民主政治的成長與發展雖然屢屢遇到許多問題，但終究是一個最貼近眞實人生的一種治理體制，如美國第 39 任總統卡特（Jimmy Carter, 1924-）曾經說過：「**民主的經驗就像生活本身的經驗一樣：總是在改變，變化無窮，有時甚至是動盪不安，但在逆境中經過考驗卻更顯其價値。**」[3] 接下來，本文將交叉應用五柱模式與 DEG 三大元素進行評估。

圖 3　美國第 39 任總統卡特（任期 1977 ～ 1981 年）
圖片來源：維基百科。

數位民主治理五柱與數位時代治理三元素的交叉評估

　　本小節將致力於探討數位民主治理的五大柱模式「**數位公民主權、數位權利保障、數位政府治理、數位智慧創新、數位社會發展**」，透過數位時代治理（DEG）的三大元素：「**重新整合、需求導向的全觀主義以及數字化變革**」，進行交叉評估，以揭示數位技術在現代治理中的潛力。這一交叉評估的目的是藉由整合理論與實務，深入分析數位治理中的關鍵挑戰與機遇，並爲未來的數位發展提供具體的實施框架。透過這樣的分析，讀者可以全面瞭解數位技術如何

3　原文："The experience of democracy is like the experience of life itself—always changing, infinite in its variety, sometimes turbulent and all the more valuable for having been tested in adversity."

改變政府與公民之間的互動方式，從而提出具體的改革視野，以應對日益數位化的社會需求。此外，由於本書希望成為數位民主治理教學的輔助工具，無論是高中、大學的學術教材，還是實務工作者的參考材料，能應用概念進行交叉評估，不但能提供一個共享的語言框架，也能讓理論與實務之間的溝通更加順暢。以下逐一討論每一根柱與 DEG 的交叉評估。

一、數位公民主權

數位公民主權強調公民在數位時代中運用數位技術參與公共事務、監督政府及影響公共政策決策的權利。從重新整合角度來看，政府可以利用區塊鏈和 Web 3 技術重新掌控數位主權，減少數位落差和假訊息的負面影響，並提升公民對政府決策的信任感。在需求導向的全觀主義下，數位技術能整合公民的參與渠道，增加過程中的透明性，避免公民需多次提供訊息的冗餘情況。而在數字化變革方面，公民能夠利用 AI 技術參與公共政策討論，增強其政治參與度，然而技術應用的限制與數位素養的不足仍是亟待解決的挑戰，需透過進一步的教育和技術普及來補足。

二、數位權利保障

數位權利保障的核心在於保護公民在數位環境中的基本權利，包括隱私權與數據自主權。透過重新整合，政府可以強化隱私法規，確保個人數據在數位環境中得到妥善保護，減少數據外流的風險。需求導向的全觀主義則強調建立「一次查詢」制度與資料集中管理系統，讓公民能夠有效地管理個人資料，減少繁瑣的流程，特別是針對弱勢群體的需求。而在數字化變革方面，推動數位身分系統和

資料共享平臺，進一步強化資料隱私的保護，但仍需加強技術標準與監控措施，確保公民對自身資料的控制權。

三、數位政府治理

數位政府治理旨在提升政府運作的透明度和效率。從重新整合的角度，減少官僚體系的阻力，推動數據治理和基礎設施的集中管理，有助於提升政府的運作效率。需求導向的全觀主義著眼於使用者為中心的政府服務提供，透過一站式服務滿足公民需求，進而增強公民對政府的信任感。在數字化變革中，電子化公共服務和**零接觸技術**（zero touch technologies, ZTT）的應用，降低了官僚程序中人為干預的風險，加速了政府數位轉型的步伐，並且能夠更有效地應對現代社會的需求。

> **零接觸技術**
>
> 指無需人工干預、自動化執行任務或操作的技術。其應用範圍包括自動化軟體更新、無人商店、智慧家居控制等。例如，無人商店使用感應裝置自動結帳，顧客無需排隊付款。此技術提升了效率和用戶體驗，特別是在物流、醫療、零售等領域，因其減少了人為錯誤及操作成本。在數位治理中，ZTT有潛力自動處理公共服務申請，增進政府效率。

四、數位智慧創新

數位智慧創新是推動數位轉型的關鍵因素，特別是運用 AI 和大數據技術來增強政府的創新能力。在重新整合中，AI 技術可幫助政府重新設計後端流程，降低決策過程中的資源浪費，提升決策效率。需求導向的全觀主義則強調協作平臺和智慧工具的應用，確保政策創新能夠符合公民需求，並且有效回應社會挑戰。數字化變革進一步強調 AI 和自動化技術的應用，這些技術將提高政府應對危機的速度與精準度，但同時需要持續提升數據品質與透明度。

五、數位社會發展

　　數位社會發展的推進強調公私部門合作及數據治理的重要性。在重新整合中，透過協力治理和資料共享，政府和私營部門之間的合作將促進社會進步，並縮小數位落差。需求導向的全觀主義則聚焦於公民數位素養的提升，讓社會服務能夠更有效地回應民眾需求，促進社會包容性與平等。而在數字化變革中，數位技術不僅改變了社會互動的方式，還提供了更多參與公共事務的機會，雖然數位基礎設施的建設仍需進一步完善，但其潛力已逐漸顯現。

▼ 表 1　五柱模式與 DEG 三元素的交叉評估

五柱 ＼ 三元素	重新整合	需求導向的全觀主義	數字化變革
數位公民主權	區塊鏈和 Web 3 增強公民之間的智慧連接。	需求導向的參與管道整合。	AI 協助公民參與政策討論與集體決策。
數位權利保障	強化隱私法規，掌控個人資料使用。	建立「一次查詢」與資料集中系統。	推動數位身分系統與資料共享的保護機制。
數位政府治理	減少公共組織的阻力，整合數位基礎設施管理。	一站式政府服務提升公民信任。	電子化公共服務與零接觸技術之加速轉型。
數位智慧創新	應用 AI 與大數據技術，降低資源浪費，提升效率。	協作平臺推動創新政策，回應公民需求。	AI 技術提高政府危機應對速度與精準度。
數位社會發展	協力治理與數據共享推動進步，縮小數位落差。	提升數位素養，建構需求導向的社會服務。	數位技術改變社會互動方式，提供參與機會。

資料來源：作者整理。

　　本書透過對五大數位治理憲政支柱的評估，並將其置於 DEG 的三大元素之中進行交叉分析，不僅展示了各柱之間的相互關聯，也揭示了數位技術在現代治理中的多重作用。這樣的評估為讀者帶來

了清晰的改革路徑，強調數位技術在民主、政府透明性、效率與公民參與中的潛力和挑戰。**數位公民主權**強調公民在數位時代應透過數位技術參與公共決策和監督政府，並享有與實體世界相同的權利和自由。然而，這面臨民主治理效率低、數位落差和資訊不對稱等問題。本書提出運用資通科技、Web 3 和區塊鏈等技術來增強公共決策透明度並提高公民參與的真實性。**數位權利保障**旨在確保公民在數位環境中享有隱私權、言論自由等基本權利，但快速變遷的技術帶來數據隱私保護的挑戰，尤其是元宇宙和 Web 3 技術。本書建議政府應加強數據隱私監管，並提供技術手段供公民查詢、刪除或更正資料。**數位政府治理**強調運用數位技術提升公共服務效率和政府透明度，面臨基礎建設不足和政策不健全等問題。本書主張全面數位轉型、跨部門協作，並建立強大的數據治理體系。在**數位智慧創新**方面，本書強調新興技術對推動政府創新的重要性，特別是全球危機中的應用，但需應對數據品質與技術變革的抗拒問題。**數位社會發展**側重於數據治理和縮小數位鴻溝，並透過教育和政策提升公民數位素養，實現永續發展。

最後，透過數位技術的有效應用，政府可以重新整合其資源，公民能更方便地參與治理，並且能夠保護其數位權利。同時，需求導向的全觀主義強調滿足公民需求的政策設計，而數字化變革則推動數位創新與社會進步。本書的目標不僅是為數位發展提供理論框架，更是透過實務案例的探討，為各層級教育提供學術支持，並成為實務工作者應對數位轉型的指南。這樣的交叉評估有助於數位發展部、學術界和實務工作者在未來的數位民主治理上，透過具體的行動框架與創新視角進行應用與落實，從而達成數位化社會的治理願景。接下來，這五柱之間，也會因為互動而產生新的問題。

最後反思，五柱交錯中應注意五個概念的未來發展

數位公民主權、數位權利保障、數位政府治理、數位智慧創新與數位社會發展之間相互影響，形成了一個複雜而緊密的網絡。數位公民主權的實現依賴於數位權利的充分保障，尤其是在隱私和言論自由等基本權利上。如果數位權利無法得到保障，公民的數位參與意願可能降低，甚至可能在技術應用中遭遇個人資料外洩的風險。因此，政府在推動公民參與時，必須強化數據隱私保護機制，並利用技術如數據加密，確保公民的參與不會以犧牲隱私為代價。同時，數位政府治理與智慧創新之間的關聯也十分密切。智慧創新能夠提升政府的效率，尤其是在 AI 和大數據技術的應用下，決策能力得到增強。然而，若政府在應用數據的過程中未能顧及數位權利的保障，則可能出現個人資料濫用的問題。智慧創新雖然能提升治理效能，但若無法確保透明度和公民的參與，其效果將大打折扣。因此，必須建立公開透明的數據管理系統，確保數據的使用有監督機制和審查流程，以平衡智慧創新與數據濫用之間的風險。

此外，數位社會的發展是推動數位公民主權的基礎，尤其是在縮小數位落差和普及數位素養方面。數位落差的存在不僅阻礙了公民的平等參與，也加劇了資訊不對稱，削弱了數位民主治理的效果。因此，推動數位技術普及和數位素養的提升，特別是針對弱勢群體的教育和培訓，是保障數位公民參與的關鍵。同時，數位權利保障與智慧創新之間也需要達到平衡。智慧創新帶來了數據使用的便利和效率，但也使個人隱私面臨更大的風險。因此，區塊鏈等技術可以在保護隱私的同時促進數據共享，但如何在推動智慧創新的同時避免侵犯個人資料仍是挑戰。政府應建立透明的數據監管體制，強化隱私保護技術的應用。最後，數位政府治理與數位社會發展相互

依存，數位社會的發展是數位治理有效推動的前提，而數位政府治理又反過來促進數位社會的進步。兩者之間的良性互動，依賴於基礎設施建設與資源分配的均衡，特別是確保偏遠地區能夠公平獲取數位資源。以下，本書將以深入討論與數位民主治理未來發展相關的五個概念，作爲全書反思的結束。

一、雙轉型的問題（dual transformation）

雙轉型指的是兩個互相關聯的全球變革——能源轉型與數位轉型。能源轉型是各國爲應對氣候變遷，從傳統化石燃料轉向清潔和再生能源的過程；數位轉型在 2022 年後，涉及數位貨幣、資料中心、與 AI 的快速發展，這三種發展通常需要消費大量能源。這兩項轉型相互影響，

圖 4　雙轉型
說明：數位民主治理的推動，也會遇見能源與數位同時發生且糾纏的雙轉型問題。
資料來源：作者繪製。

既能夠互相促進，也可能彼此制約（Brüggemann, 2021）。比方說，AI 技術推動了數位轉型，但其高度依賴的計算能力和能源消耗，對能源轉型構成挑戰。例如，AI 模型如 GPT-3 的訓練過程需要大量電力，據估計，訓練這樣的大型模型耗電相當於多戶家庭的數年用電量。隨著資通科技不斷進步，如何同時滿足數位技術與能源需求，成爲全球面臨的關鍵課題。這些雙轉型的互動帶來了潛在的機會，也暴露了治理面需要解決的問題，特別是如何平衡 AI 的發展與能源的永續。

　　因此，雙轉型對數位民主治理帶來多重挑戰，特別是能源資源與數位技術之間的競爭，可能會進一步加劇全球的不平等。首先，AI 所需的資源，包括數據中心和能源基礎設施，往往集中在少數國家和企業手中，導致數位經濟中的資源不均分配。這不僅使得較貧窮的國家難以負擔 AI 技術的運行與維護成本，也使全球數位治理出現技術壟斷和權力集中的趨勢，威脅數位民主的多元性。此外，數位轉型雖有助於提高社會效率，但其高耗能的問題可能抵消能源轉型的正面效果，甚至導致環境退化。這樣的技術與環境之間的失衡，可能使數位轉型的永續可能性受到質疑。同時，AI 技術的應用帶來了黑箱化而不值得信任的風險（Kaur et al., 2022），公眾對於 AI 決策過程中的透明度缺乏瞭解，未來數位民主治理可能會愈來愈難以受到有效監督，從而削弱了公眾參與數位民主的機會。

　　最後，為應對雙轉型帶來的挑戰，能源政策和數位技術的發展必須同步協調，確保兩者在推動創新時不互相牽制。政府和企業應制定長期的戰略規劃，將 AI 技術的能源消耗和碳排放納入政策評估中，以促進可再生能源的應用和低碳技術的發展。此外，研究與推動低耗能的 AI 技術，發展更高效的計算方法與硬體，將是減少數位轉型環境負擔的重要步驟。**綠色人工智慧**（green AI）技術的推動不僅可以降低能源成本，還能夠促進環境永續性（Schwartz et al., 2020）。另一方面，數位民主治理必須確保其透明度與公眾參與。政府需要建立有效的機制，保證 AI 政策的透明性，並鼓勵公眾參與數位治理的討論，特別是在能

> ### 綠色人工智慧
>
> 意指在開發和使用 AI 技術時，注重降低能源消耗和環境影響。其目標是透過優化模型與算法，減少計算資源的浪費，實現永續發展。政府可採取的政策方向包括：推動綠色計算標準、提供補貼支持低能耗技術的研發、引入碳稅以減少高耗能 AI 系統的使用，以及加強教育與合作，推廣綠色科技應用。

源與數位資源分配上。這些措施將有助於降低雙轉型所帶來的技術集中化與不平等問題，促進民主治理的平等與永續性。未來的挑戰在於，如何平衡技術創新與能源需求，同時保證數位民主的透明性與公正性，這些問題仍需全球社會的共同努力來解決。

二、資料共享資源（data commons）

資料共享資源是一種開放資料的概念（Fisher & Fortmann, 2010），旨在透過共享和公開的數據資源，讓公眾或特定社群能夠自由存取、使用及再利用這些資料，以促進公共利益和治理透明度。這一概念的核心在於將數據視為公共財產，強調數據的共享不僅能提高決策效率，還有助於公民參與和公共政策的監督。例如，Google 的 Data Commons 平臺為公眾提供了多領域的數據共享與分析服務，促進了跨學科合作和社會創新。另一個例子是歐洲的 Gaia-X 計畫（Tardieu, 2022），該計畫旨在建立符合數位主權的數據生態系統，透過推動數據共享與互動操作性來促進技術創新。這些資料共享平臺不僅強化了資料驅動的決策過程，也成為數位治理的重要基礎設施，特別是在公共服務和政策透明度方面，基本而言，數位民主治理不但要追求資料的品質，也必須注意資料作為治理公共財的推動。

因此，資料共享資源的發展對數位民主治理具有關鍵的影響，尤其在推動公民參與及增強政府課責性方面。開放數據使公民能夠基於實證數據參與政策討論，對政府決策提出建議或質疑，這不僅提升了政策的透明性，還增強了政府的課責性。然而，隨著數據資源的共享增加，一些潛在的問題也浮現。首先，數據的集中化可能

導致**技術壟斷**（technology monopoly）（Fukuyama et al., 2020），使少數擁有大量數據的國家或企業掌握決策主導權，進一步加劇全球數位治理的不平等（Moore & Tambini, 2018）。其次，資料共享雖有助於透明度的提升，但也伴隨著隱私保護和數據濫用的風險。許多國家和機構在推動開放數據時，面臨如何平衡資料開放性與隱私保護的困難。再者，如果前述的挑戰未能妥善處理，資料共享資源無法順利推動，結果就是資料私有化不但無法推動數位民主治理的進步，反而可能加劇現有的社會不平等。

> **技術壟斷**
>
> 指少數大型科技公司憑藉其規模、數據積累及網絡效應，掌控市場並抑制競爭的現象。這些公司不僅在經濟上具有壟斷地位，還對資訊的傳播和政治溝通具有重大影響。例如，Google、Facebook 等平臺，透過掌握大量資料和控制資訊流動，能夠主導市場，並對公民的認知和政治討論產生深遠影響，這對民主體制構成了挑戰，導致資訊壟斷與權力集中。

最後，為有效推動資料共享資源的發展，並解決隨之而來的問題，政府需要積極干預，並且推動政策與技術上的創新。首先，政府應制定專門法規來保障數據開放性，同時確保數據隱私得到充分保護。例如，透過立法要求公共機構開放其數據，並確保這些數據以標準化格式存儲，方便未來的數據整合與使用。其次，政府應提供資金和技術支持，促進資料共享平臺的建設與維護，這不僅涉及技術基礎設施的建設，還需對管理和使用數據的人員進行培訓。再者，政府還需鼓勵私營企業在公共利益領域開放數據，特別是在健康、環境和交通等重要領域。最後，促進公私合作也是推動資料共享生態系統發展的關鍵。例如，與科技公司合作開發先進的數據分析工具，或與非營利組織合作，確保資料共享的結果能夠服務於所有公民，而不僅僅是科技菁英。儘管如此，資料共享資源的全面實現仍面臨障礙，特別是在隱私保護、資源分配不均及技術壟斷等方

面，這些挑戰需要政府進一步的政策協調與技術創新來突破。

三、柯林瑞奇困境（Collingridge dilemma）

　　柯林瑞奇困境顧名思義由大衛・柯林瑞奇（David Collingridge）於1982 年在其著作《科技的社會控制》（*The Social Control of Technology*）中提出，描述政府在規範新興技術時面臨的雙重挑戰。首先是資訊困境，在技術早期階段，技術的社會影響尚不明確，難以預測或干預。例如，社群媒體剛興起時，假新聞問題尚未顯現，決策者對其影響無從得知。其次是政治困境，當技術已深入社會和經濟系統後，任何改變其發展方向的嘗試將面臨強大的阻力，例如，當前各國政府對網路巨頭公司的管制，往往面臨來自強大企業的遊說壓力。這兩個階段的困難，使得政府在新技術的管制上面臨挑戰，因為干預的最佳時機往往不明確或已錯過；根據 OECD 一份2018 年的報告指出（Winickoff & Pfotenhauer, 2018），這個困境在「科學、技術與創新」（science, technology, & innovation, STI）的相關政策最為明顯。

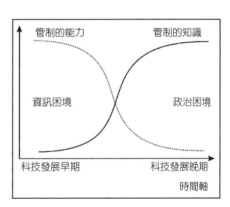

圖5　政府管制科技發展的柯林瑞奇困境
資料來源：作者繪製。

　　在數位民主治理中，柯林瑞奇困境帶來的挑戰尤為突出。隨著技術（如 AI、區塊鏈和大數據）的發展，這些技術在改善公共服務和公民參與的同時，也可能帶來新的治理問題。首先，技術早期階段難以掌握其未來的社會影響，使政府難以有效干預。例如，AI 的

應用在最初被視爲一個促進決策效率的工具，但隨著技術發展，隱私侵犯和資料偏見等問題逐漸浮現，這個時候可能該企業已經大到具備影響政府政策的地步，也成爲重要的利益團體（interest group）而難以管制。其次，當技術深入社會結構後，政府進行干預或改變技術發展方向的難度增大，例如，全球科技巨頭壟斷數據資源和技術創新，這讓政府在監管這些企業時面臨諸多挑戰。這些問題對數位民主的透明性、平等性和公民參與帶來深遠影響，讓政府在管理數位科技時陷入困境。

　　爲了應對此困境，柯林瑞奇提出「預防原則」（the precautionary principle）。首先，類似另一些學者建議的「負責任的政策前瞻」（responsible foresight）（van der Duin, 2019），即在技術發展的早期，政府進行社會、倫理和法律等地多方評估，納入不同利害關係人的意見，以確保技術符合公共利益。例如，**建設性技術評估**（constructive technology assessment, CTA）方法，可讓公民、學者和企業在技術發展的初期參與決策，減少後期帶來的負面影響。其次，政府應推動或沙盒實驗（sandbox），在一種可控的環境下，允許新技術在大規模實施前進行測試，從而儘早獲取回饋並做出調整。雖然這些策略有助於緩解困境，但仍面臨多重障礙，如利益相關者的矛盾、技術的不確定性及跨國監管的難度等。而技術壟斷的問題仍需全球共同協作來解決。因此，政策的靈活度與創新能量是應對該困境的關鍵，但眞正的突破仍有賴政府與科技業的長期協力合作。

> **建設性技術評估**
>
> 意指技術發展早期階段進行的評估方法，旨在識別並預測技術可能帶來的社會和倫理影響。透過在技術研發過程中導入回饋機制，CTA 促使技術設計及應用的動態調整，以減少風險。例如，CTA 曾成功應用於基因技術的發展過程中，協助監控該技術的社會影響，並促使政策制定者及開發者進行必要的修正，以避免社會爭議。

四、智慧自動化（intelligent automation, IA）

智慧自動化（IA）是將 AI 和機器學習（machine learning, ML）技術與自動化流程相結合，以實現更高層次的業務自動化。與傳統的辦公室自動化和流程機器人（robotic process automation, RPA）相比，IA 不僅僅執行基於規則的重複性任務，還能處理更複雜的問題，具有學習和適應能力。辦公室自動化主要專注於文書處理、數據管理等重複性的辦公任務，起源於 20 世紀中期，透過機器或電腦系統來提高工作效率（Willcocks & Lacity, 2016）。相比之下，RPA 專注於自動化具體的流程，如數據輸入或表單處理，但無法應對變化的情境或複雜的決策問題。IA 則能透過 AI 技術進行決策支持，如自然語言處理（natural language processing, NLP）或圖像識別技術，用於處理非結構化數據。例如，政府可應用 RPA 來自動處理民眾資料驗證，而 IA 則能透過 AI 分析民眾的參與行為，識別潛在的欺詐行為。RPA 與 IA 的主要區別在於，前者僅能依賴規則執行，而後者能夠學習並適應不同情境。

IA 應用於數位民主治理的環境，既帶來了效率的提升，也伴隨著技術風險。IA 可以幫助政府自動化大量行政流程，提升公共服務的透明度和效率，例如自動審核民眾請願或處理選舉資料。然而，IA 的使用也會引發一系列問題，其中最顯著的就是來自 ML 的幾個風險陷阱（Selbst et al., 2019）：㈠ **框架陷阱**是指在設計 ML 模型時，忽略了社會系統的複雜性，導致公平性等社會標準未被正確執行；㈡ **可攜性陷阱**則表現為算法設計在不同的社會環境下應用時可能出現不精確或誤導的結果，可能對某些群體造成損害；㈢ **形式主義陷阱**則強調，像公平這樣的概念無法僅僅透過數學模型解決，因為它涉及程序性、情境性等多方面的因素，無法完全公式化；㈣ **連鎖反應**

陷阱指出，當新技術融入既有系統後，可能改變既有行為模式和價值觀，導致預想不到的後果。這些風險不僅影響數位民主治理的有效性，還可能導致公眾對自動化技術的不信任。

前述 ML 的謬誤，是未來政府導入 AI 運作時產生人機協作的情境下，可能發生的**自動化謬誤**（automation bias）（Parasuraman & Riley, 1997），其處理方式有下列數端（Moray, 2003）。首先，可以引入**雙重監控機制**，即在 IA 系統做出決策後，由人類監管和審查，確保系統的輸出結果符合社會標準，減少自動化謬誤的發生。其次，政府應定期對使用 IA 的工作人員進行**培訓與教育**，以提高員工對技術風險的

> ### 自動化謬誤
>
> 意指人們過度依賴自動化系統，即便這些系統可能出錯，也會選擇相信它們的判斷，而忽視人類的判斷或其他證據。這種謬誤通常發生在高信賴度的自動化工具（如 AI 系統）中，尤其在醫療、航空等需要快速決策的領域中更加明顯。例如，醫生可能過度依賴醫療決策系統的診斷建議，而忽視自身的專業判斷，即便系統可能有誤。這種依賴可能導致嚴重後果。

敏感度，並培養批判性思維，確保員工對技術結果具備進行適當的評估。此外，系統設計上需要提升透明度和可解釋性，讓人類使用者能夠理解 AI 的運作邏輯，這樣可以有效避免系統黑箱化問題。**技術互補性**也是一個解方，即鼓勵人類與技術互補合作，將人類的直覺和數據分析相結合，提升決策品質。然而，這些措施也面臨著障礙，如技術應用中的跨國監管協調、演算法透明度的落實，以及公民隱私保護等問題。此外，技術的迅速發展可能超越現有監管框架，這要求政府和技術開發者保持持續地合作，確保自動化技術能夠促進而非剝削弱勢群體。

五、地緣政治權力競逐（**geopolitical power struggle**）

　　從 2018 年美國總統川普對中國展開貿易戰，我們可以看出地緣政治權力衝突的本質，在於國家間為了擴展或維持自身經濟、軍事與科技的優勢而進行的競逐；它還涉及全球經濟結構、技術主導權與國際秩序的重塑。全球化在此背景下發揮了雙重作用。從 20 世紀末到 21 世紀初，全球化促進了國際間的經濟互賴，加強了國家之間的經濟合作；然而，隨著利益的對立升高，國家開始利用全球供應鏈與經濟依賴來影響對手，例如透過貿易制裁、關稅政策或技術出口限制等「武器化」手段。這種情況下，全球化不再單純促進國際合作，反而變成國家權力運用的一環。隨著保護主義與區域化的興起，許多國家重新考慮其在全球市場中的角色，並逐步強化本土供應鏈與區域性合作（Olivié & Gracia, 2020）。這類全球化轉型標誌它不再是純粹的互利共贏模式，而是成為地緣政治競爭的核心舞臺。

　　資通科技在地緣政治競爭中扮演了極為重要的角色，特別是在晶片戰爭（chip war）（Allison, 2020）中更是如此，半導體技術作為現代科技與軍事裝備的基礎，在地緣大國競爭中至關重要。隨著數位化與網路技術的進步，國家間的競爭漸從傳統的軍事對抗轉向技術競爭。資通科技不僅用於提升國家治理能力，還成為國家間互相對抗的戰略資源。資訊戰中，國家可以透過操控資訊、進行網路攻擊或進行間諜活動來削弱對手的政治穩定與經濟能力。美國對中國實施晶片技術出口禁令，旨在阻止中國在取得技術突破，進而維持其全球領先地位。技術競爭對民主與非民主國家的治理競賽具有深遠影響。民主國家強調資通科技在促進透明度與公民參與上的作用，透過開放政府平臺與數位公共服務來提升治理效率；相對而言，非民主國家則更多地將資通科技應用於社會控制，如中國的社

會信用體系，被稱作**資訊獨裁者**（informational autocrats）（Guriev & Treisman, 2019）。因此，資通科技應用方式成為民主與非民主國家在國家治理競爭中的重要分歧點。

在當前的地緣政治競爭中，民主國家面臨來自中國數位威權主義的重要挑戰：「**如何在維持自由的前提下，善用資通科技來提升國家治理績效**」。隨著數位化與網路技術的普及，民主國家必須利用這些技術來加強公民參與、提升透明度與增強政府效率，然而，這也對民主國家提出了額外的挑戰，特別是在隱私保護與網路安全方面。

> **資訊獨裁者**
>
> 意指那些透過操控資訊而非直接暴力來鞏固政權的威權統治者。他們通常保持一個民主的外表，但在背後削弱政治制度，並利用媒體操控、公關手段來塑造其執政能力的形象，而非依靠恐嚇和壓制來維持統治。資訊獨裁者會限制反對派的活動，但避免大規模的暴力行為，因為暴力可能破壞他們的治理能力形象。例如俄羅斯的普京，他利用國家媒體塑造對外穩定和強勢領導的形象，同時限制異議。

如何防止資料濫用、保護公民隱私並防範網路攻擊，成為民主國家必須處理的關鍵問題；另外，民主國家在數位治理中必須面對的另一挑戰是如何保持技術創新與法治間的平衡。一方面，技術創新能夠提高公共服務的效率，另一方面，技術的濫用可能導致監控過度，甚至侵犯公民權利。面對來自非民主國家的技術挑戰，民主國家需要探索新的治理模式，既能利用數位技術提升民主治理效能，又能保障民主價值與個人自由。

本結語總結本書關於數位時代中民主治理轉型的重要議題。本書首先探討了數位技術如何徹底改變政府與公民之間的互動模式，並強調了技術創新在提升治理效率與透明度方面的潛力。我們深入分析了數位公民主權、數位權利保障、數位政府治理、數位智慧創新及數位社會發展這五個核心支柱，揭示了在數位化背景下，各國如何平衡公民參與、隱私保護與公共服務的效率提升，特別是與

DEG 三元素進行交叉評估，這些趨勢更加明顯。事實上，在數位公民主權的討論中，我們強調了公民應利用數位技術積極參與公共政策決策，然而，技術的應用也伴隨著挑戰，例如數位落差與假資訊的威脅。此外，數位權利保障則側重於確保公民在數位環境中的基本權利，特別是在數據隱私與言論自由方面的保護，這些內涵也可以從五柱之間的交互作用看出。

　　本書建議透過完善法規與技術手段來保護公民數據，並同時提高公民的數位素養。數位政府治理與智慧創新方面，我們強調了政府如何利用數位技術提升運作效率、降低行政成本，並應對現代社會的複雜挑戰。然而，這些創新舉措雖具潛力，但仍面臨如技術抗拒和數據品質等問題的挑戰。最後，數位社會發展則探討了如何縮小數位落差，並促進各方合作以實現永續的數位未來。最後，本書提出五項推動數位民主治理應該關注的概念包括：雙轉型、資料共享、科林瑞奇困境、智慧自動化，以及地緣政治權力競逐作為結束。儘管本書提供了關於數位民主治理的討論，但這只是拋磚引玉的開始。我們期待本書能激發讀者的深度思考，並歡迎各界指教並共同協力推動數位時代民主治理的優化發展。

名詞索引

一劃～五劃

《一般資料保護規則》 63, 219

人民主權 vii, 17, 18, 19, 20, 21, 22, 26, 29, 31, 32, 34, 35, 39, 41, 42, 43, 45, 49, 50, 54, 178, 212

元宇宙 iii, iv, vii, x, 54, 56, 58, 59, 60, 61, 62, 63, 70, 73, 75, 77, 78, 79, 80, 81, 82, 83, 84, 85, 86, 87, 88, 89, 90, 219, 227

公民科技 viii, 177, 203, 206, 208, 209, 213, 214

公民參與階梯 72

公私協力 viii, 49, 87, 170, 192, 193, 194, 210, 211, 220

《世界人權宣言》 55

主權交易成本 23, 31, 35

正當程序條款 76

六劃～十劃

共享價值 iv, 177, 193, 195, 196, 197, 198, 199, 201, 202, 203, 204, 208, 213

因果關係推定 83

自動化謬誤 236

自發性秩序 80, 81, 86, 88, 90

技術壟斷 230, 232, 234

沙盒（實驗）機制 48, 105, 234

協力智慧 31, 40, 41, 50, 218

協作治理 119, 192

法律保留原則 74

社會契約 17, 21, 161

建設性技術評估 234

政府數位轉型 vii, viii, 1, 4, 5, 6, 7, 12, 13, 18, 39, 42, 45, 48, 49, 50, 54, 94, 95, 97, 99, 100, 101, 102, 103, 104, 105, 106, 108, 109, 111, 123, 124, 127, 128, 133, 134, 177, 203, 212, 220, 221, 225

十一劃～十五劃

《健康保險流通與責任法案》 65

循環經濟 144, 168

智慧合約 131

開放式共創 146, 147

開放式創新 147

開放政府 92, 94, 95, 113, 114, 119, 120, 121, 122, 123, 134, 138, 147, 164, 167, 168, 178, 203, 206, 212, 237

群眾外包 146

聖塔克拉拉內容審查透明度與問責原則 84

資料驅動 45, 47, 48, 122, 133, 206, 231

資訊獨裁者 238

資通科技　ix, x, xi, xii, xiii, xv, 3, 4, 5, 6, 7, 8, 9, 10, 12, 17, 18, 19, 20, 25, 28, 32, 34, 35, 36, 37, 39, 42, 43, 44, 49, 50, 51, 92, 93, 94, 95, 99, 100, 102, 103, 106, 109, 121, 133, 134, 138, 150, 157, 178, 180, 212, 213, 215, 218, 220, 222, 227, 229, 237, 238

零接觸技術　225, 226

電子化政府　xiii, 95, 96, 99, 100, 137

演算法治理　157, 158, 160, 161, 174

演算型官僚　158

漸進主義　44, 122

綠色人工智慧　230

審議式民主　26, 27, 28, 36, 51, 171

《數位市場法》　63, 64

數位企業　198

《數位服務法》　vii, 63, 64

數位信任　v, 180

數位素養　180, 212, 222, 224, 226, 227, 228, 239

數位涵容　viii, 42, 110, 174, 176, 177, 178, 179, 180, 182, 183, 212, 213

數位機會　174, 176, 177, 178, 197, 202, 203, 206, 222

數位轉型　i, iv, vii, viii, x, xii, xiv, 1, 3, 4, 5, 6, 7, 8, 9, 10, 12, 13, 18, 39, 40, 41, 42, 45, 48, 49, 50, 51, 54, 58, 66, 94, 95, 96, 97, 98, 99, 100, 101, 102, 103, 104, 105, 106, 108, 109, 110, 111, 123, 124, 127, 128, 133, 134, 137, 138, 142, 144, 162, 173, 174, 177, 178, 180, 183, 196, 198, 201, 202, 203, 206, 212, 213, 214, 215, 218, 220, 221, 225, 227, 229, 230

十六劃～

聯合治理　216

隱私權　57, 61, 67, 68, 69, 73, 74, 75, 82, 84, 89, 90, 98, 218, 219, 224, 227

其他

ChatGPT　4, 27, 28, 45, 136

Web 3　2, 6, 18, 30, 33, 35, 36, 41, 42, 43, 50, 54, 55, 56, 58, 59, 70, 73, 75, 77, 79, 86, 88, 90, 218, 219, 224, 226, 227

參考文獻

王千文、陳敦源、潘競恒（2019）。政府 Web 2.0 網站與電子化參與之實踐：國家政策網路智庫之個案研究。**理論與政策**，**22**（4），1-37。

王皇玉（2009）。墮胎、同意、隱私權——以美、德法治視角檢視墮胎諮詢制度。**月旦法學雜誌**，**174**，164。

王國政、劉宗熹、莊宜貞（2019）。公共政策網路參與平臺「提點子」評價研析。**政府機關資訊通報**，（358），61-84。

王澤鑑（2007）。人格權保護的課題與展望（三）—人格權的具體化及保護範圍（6）—隱私權（中）。**台灣法學雜誌**，**97**，34。

王澤鑑（2008）。人格權保護的課題與展望（五）—人格權的性質及構造：精神利益與財產利益的保護（上）。**台灣法學雜誌**，**104**，82。

王鴻龍（2016）。統計學在大數據時代的角色。**主計月刊**，**727**，24-30。

史慶璞（2007）。**美國憲法理論與實務**（初版）。三民書局。

江玉林（2004）。人性尊嚴與人格尊嚴——大法官解釋中有關尊嚴論述的分析。**月旦法學教室**，**20**，121-122。

吳秀光、廖洲棚（2003）運用資訊科技再造政府：以臺北市政府線上服務的推行為例。**國家政策季刊**，**2**（1），151-176。

吳佩玲譯（2017）。**值得成為數位領先者**（It Pays to be a Digital Leader）。哈佛商業評論，6 月。https://www.hbrtaiwan.com/article/17034/it-pays-to-be-a-digital-leader

李洛維、朱斌妤（2021）。推動服務型智慧政府的核心引擎：資料治理的挑戰與對策。**文官制度**，**13**（2），115-151。

李開復、王詠剛（2017）。**人工智慧來了**。天下文化。

李震山（2001）。從生命權與自決權之關係論生前預囑與安寧照護之法律問。載於人性尊嚴與人權保障（修訂再版）。元照。

林文宏（2021）。歐盟執委會提出「數位服務法」及「數位市場法」草案。**公平交易委員會電子報**，**166**，1-3。https://www.ftc.gov.tw/upload/1100303-1.pdf

林來誠（2021）。光量子電腦漸露曙光。**光連月刊**，**160**，22-27。

林俊宏譯（2013）。**大數據**（V. Mayer-Schönberger & K. Cukier 原著）。天下文化。

林淑馨（2017）。**公共管理**。巨流圖書。

林毓生（1994）。當前文化發展的困境及其解決之道。載於邵玉銘（編），**理念與實踐：國內當前文化發展之檢討與展望**（頁 3-15）。聯經。

法治斌、董保城（2008）。**憲法新論**（3 版）。元照。

苑守慈（2019）。**繁盛經濟的數位三力**。哈佛商業評論，3 月。https://www.hbrtaiwan.com/article/18621/three-digital-powers-to-economic-prosperity

苑守慈（2020）。**繁盛共享價值生態系統與企業數位轉型**。哈佛商業評論，4 月 20 日。https://www.hbrtaiwan.com/mentor/19526/shared-value-ecosystem-and-dx-of-enterprise

國家發展委員會（2020）。**服務型智慧政府 2.0 推動計畫**。https://www.ey.gov.tw/Page/5A8A0CB5B41DA11E/99b1bd4e-c4e2-479f-abaf-81306bcd0a3d

莊文忠（2021）。科技促進民主？民眾對推動電子投票與民主發展的關聯性分析。**臺灣民主季刊**，**18**（1），83-140。

許士軍（2021）。**企業數位轉型，應兼顧策略與管理**。哈佛商業評論，5 月。https://www.hbrtaiwan.com/article/20315/for-digital-transformation-of-enterprises-strategy-and-management

陳以禮、李芳齡譯（2021）。**區塊鏈革命：比特幣技術如何影響貨幣、商業和世界運作**（Don Tapscott & Alex Tapscott 原著）。天下文化。

陳聿哲（2022）。數位科技發展與公共價值。載於陳敦源等（主編），**政府數位轉型：一本必讀的入門書**（2 版，頁 330-341）。五南圖書。

陳昇瑋、溫怡玲（2019）。**人工智慧在臺灣：產業轉型的契機與挑戰**。天下雜誌。

陳恭（2022）。區塊鏈與政府治理。載於陳敦源等（主編），**政府數位轉型：一本必讀的入門書**（2 版，頁 279-284）。五南圖書。

陳敦源（2005）。**民主與官僚：新制度論的觀點**。韋伯文化。

陳敦源（2012）。**民主治理：公共行政與民主政治的制度性調和**（2 版）。五南圖書。

陳敦源（2019）。**民主治理：公共行政與民主政治的制度性調和**（3 版）。五

南圖書。

陳敦源、朱斌妤、蕭乃沂、黃東益、廖洲棚、曾憲立（主編）（2022）。**政府數位轉型：一本必讀的入門書**。五南圖書。

陳穎芃（2023）。專法監管 AI 歐盟開第一槍。**工商時報**，6 月 16 日。https://www.ctee.com.tw/news/20230616700092-430701

彭錦鵬（2005）。全觀型治理：理論與制度化策略。**政治科學論叢**，（23），61-99。

曾冠球（2017）。良善協力治理下的公共服務民間夥伴關係。**國土及公共治理季刊**，**5**（1），67-79。

曾憲立（2022）。數位政府的公私協作。載於陳敦源等（主編），**政府數位轉型：一本必讀的入門書**（2 版，頁 214-221）。五南圖書。

曾憲立、廖洲棚、李天申（2022）。政府資料公私協作模式與應用案例：協作機制的研析。**公共行政學報**，**62**，43-77。

黃心怡（2022）。官僚體制的藝術：數位轉型中的猴子、刮鬍刀與相撲選手。**文官制度**，**14**（1），161-167。

黃心怡、曾冠球、廖洲棚、陳敦源（2021）。當人工智慧進入政府：公共行政理論對 AI 運用的反思。**文官制度**，**13**（2），91-114。

黃妍甄、黃東益（2022）。數位藩籬被跨越了嗎？我國數位政府使用的跨年度分析。**資訊管理學報**，**29**（4），335-368。

黃從仁（2020）。大數據與人工智慧方法在行為與社會科學的應用趨勢。**調查研究－方法與應用**，**45**，11-42。

楊東謀、吳孟家（2022）。政府機關推行開放資料之影響因素探討：量化研究與多群組比較分析。**圖書資訊學刊**，**20**（1），131-171。

瑞德‧布雷克曼（2022）。**區塊鏈存在四大道德風險**。哈佛商業評論，8 月 16 日。https://www.hbrtaiwan.com/special-topics/21394/why-blockchains-ethical-stakes-are-so-high

資策會（2021）。全球聚焦「社會數位轉型」友善循環三部曲：**數位創新、數位調適、數位轉型**，3 月 23 日。https://www.iii.org.tw/Focus/FocusDtl.aspx?f_type=2&f_sqno=%2B9JRnI2S4aFcVyxa9IxmKQ__&fm_sqno=13

團結香港基金（2018）。**全球先鋒雀巢公司主席分享企業共享哲學**。2022 年 5 月 27 日，取自 https://www.ourhkfoundation.org.hk/tc/node/1818

廖洲棚（2011）。**行政組際協調之嵌套賽局分析：以臺北市 1999 陳情案件為例**。國立政治大學公共行政學系未出版博士論文。

廖洲棚（2018）。探索開放政府理念下的政府與公民關係——以公共政策網路參與平臺為例。**人事行政，202**，38-46。

廖洲棚（2019）。**官僚回應性的邏輯：臺灣經驗的觀察與省思**。翰蘆圖書。

廖洲棚（2022）。**探索中層管理者在政府數位轉型中的角色：臺灣六都研考會的質性分析**。發表於 2022 年臺灣公共行政與公共事務系所聯合會年會暨國際學術研討會「邁向 2030：永續公共治理的發展與實踐」，臺灣公共行政與公共事務系所聯合會主辦，臺北。

廖洲棚、陳敦源、廖興中（2012）。**回應性政府的最後一哩路：政府公民關係管理資料加值應用之研究**（編號：RDEC-RES-101002）。行政院研究發展考核委員會。

廖洲棚、黃心怡、廖興中（2017）。**開放政府服務策略研析調查：政府資料開放應用模式評估與民眾參與公共政策意願調查**（編號：NDC-MIS-106-003）。國家發展委員會。

蔡宗珍（1999）。人民團體之名稱決定權與結社自由——大法官釋字第 479 號與附錄不同意見書評釋。**臺灣本土法學雜誌，2**，57。

蕭乃沂、朱斌妤（2018）。資料驅動創新的跨域公共治理。**國土及公共治理季刊，6**（4），74-85。

蕭乃沂、朱斌妤（2022）。數位發展與文官制度調適：以資料治理為例。**文官制度，14**（1），1-24。

蕭乃沂、陳敦源、廖洲棚（2015）。**政府應用巨量資料精進公共服務與政策分析之可行性研究**（編號：NDC-MIS-103-003）。國家發展委員會。

蕭揚基（2001）。公民與公民教育　新世紀公民教育發展方向。**公民訓育學報，10**，125-148。

賴志遠（2020）。**國際前沿科技研究計畫簡介：以人工智慧、資料科學及量子科技為例**。財團法人國家實驗研究院科技政策研究與資訊中心。

戴豪君（2022）。從歐盟數位市場法草案看我國因應之道。載於陳敦源等（主編），**政府數位轉型：一本必讀的入門書**（2版，頁393）。五南圖書。

戴慧紋（2022）。以開放資料應用強化政府治理的國內經驗。**臺灣經濟研究月刊，45**（8），56-63。

蘇偉業（2012）。南轅北轍的議題與路徑：政治轉型下臺灣與香港文官中立機制之比較。**公共行政學報，43**，35-62。

Abraham, R., Schneider, J., & Brocke, J.V. (2019). Data Governance: A Conceptual Framework, Structured Review, and Research Agenda. *International Journal of Information Management, 49*, 424-438.

Agarwal, P. K. (2018). Public Administration Challenges in the World of AI and Bots. *Public Administration Review, 78*(6), 917-921.

Allison, G. (2020). *The Chip War: Why Semiconductors Are the New Oil of Geopolitics*. Foreign Policy Journal.

Andrews, L. (2019). Public Administration, Public Leadership and the Construction of Public Value in the Age of the Algorithm and 'Big Data.' *Public Administration, 97*(2), 296-310.

Ansell, C. & Gash, A. (2008). Collaborative Governance in Theory and Practice. *Journal of Public Administration Research and Theory: J-PART, 18*(4), 543-571.

Ansell, C. & Gash, A. (2018). Collaborative Platforms as a Governance Strategy. *Journal of Public Administration Research and Theory: J-PART, 28*(1), 16-32.

Arnstein, S. R. (1969). A Ladder of Citizen Participation. *Journal of the American Institute of Planners, 35*(4), 216-224.

Arrow, K. J. (1978). Cautious Case for Socialism. *Dissent, 25*(4), 472-480.

Aucoin, P. (2004). The Design of Public Organizations for the 21st Century: Why Bureaucracy will Survive in Public Management. In W. Jenkins & E. C. Page (Eds.), *The Foundations of Bureaucracy in Economic and Social Thought* (Vol. 2, pp. 674-690). Elgar Publishing.

Bannister, F. & Connolly, R. (2014). ICT, Public Values and Transformative Government: A Framework and Programme for Research. *Government*

Information Quarterly, 31(1), 119-128.

Barber, B. R. (1998). Three Scenarios for the Future of Technology and Strong Democracy. *Political Science Quarterly, 113*(4), 573-589.

Barth, T. J. & Arnold, E. (1999). Artificial Intelligence and Administrative Discretion: Implications for Public Administration. *The American Review of Public Administration, 29*(4), 332-351.

Becher, M., Longuet-Marx, N., Pons, V., Brouard, S., Foucault, M., Galasso, V., Kerrouche, E., Alfonso, S. L., & Stegmueller, D. (2024). Government Performance and Democracy: Survey Experimental Evidence from 12 Countries During Covid-19. *The Journal of Politics, 86*(4), 1162-1176.

Bjerke-Busch, L. S. & Aspelund, A. (2021). Identifying Barriers for Digital Transformation in the Public Sector. In D. R. A. Schallmo & J. Tidd (Eds.), *Digitalization: Approaches, Case Studies, and Tools for Strategy, Transformation and Implementation* (pp. 277-290). Springer.

Börzel, T. A. & Risse, T. (2010). Governance Without a State: Can It Work? *Regulation & Governance, 4*, 113-134.

Boyd, D. & Crawford, K. (2012). Critical Questions for Big Data. *Information, Communication & Society, 15*(5), 662-679.

Boyd, M. & Wilson, N. (2017). Rapid Developments in Artificial Intelligence: How Might the New Zealand Government Respond? *Policy Quarterly, 13*(4), 36-43.

Braams, R. B., Wesseling, J. H., Meijer, A. J., & Hekkert, M. P. (2021). Legitimizing Transformative Government: Aligning Essential Government Tasks from Transition Literature with Normative Arguments about Legitimacy from Public Administration Traditions. *Environmental Innovation and Societal Transitions, 39*, 191-205.

Brüggemann, A. (2021). *The Trade-offs Between Digitalization and Climate Action: Why Digitalization Must Be Sustainable.* KfW Research, August 3. https://www.kfw.de/About-KfW/Newsroom/Latest-News/News-Details_665984.html

Bryer, T. A. (2007). Toward a Relevant Agenda for a Responsive Public

Administration. *Journal of Public Administration Research and Theory*, *17*(3), 479-500.

Bryson, J. M., Crosby, B. C., & Stone, M. M. (2015). Designing and Implementing Cross-Sector Collaborations: Needed and Challenging. *Public Administration Review*, *75*, 647-663.

Buss, T. F., Redburn, S., & Guo, K. (2006). Modernizing Democracy. In T. F. Buss, S. Redburn, & K. Guo (Eds.), *Modernizing Democracy: Innovations in Citizen Participation*. M. E. Sharpe, Inc.

Cassani, A. (2022). COVID-19 and the Democracy–Autocracy Freedom Divide: Reflections on Post-pandemic Regime Change Scenarios. *Political Studies Review*, *20*(4), 717-724.

Charkravorti, B., Bhalla, A., & Chaturvedi, R. S. (2020). *Which Economies Showed the Most Digital Progress in 2020?* Harvard Business Review, December 18. https://hbr.org/2020/12/which-economies-showed-the-most-digital-progress-in-2020

Christensen, T. & Lægreid, P. (2007). The Whole-of-Government Approach to Public Sector Reform. *Public Administration Review*, *67*(6), 1059-1066.

Cohen, J. & Fung, A. (2021). Democracy and the Digital Public Sphere. In J. Cohen, A. Fung, L. Bernholz, H. Landemore, & R. Reich (Eds.), *Digital Technology and Democratic Theory* (pp. 23-61). Autocracy Freedom Divide.

Colovic, A., Lamotte, O., & Yang, J. (2022). Investors' Decisions Following Acquisition Announcements: A Configurational Analysis of the Role of Acquirers' Resources, Capabilities, and Strategic Fit with the Target Firm. *European Management Review*, *19*(1), 75-91.

Collingridge, D. (1982). *The Social Control of Technology*. Palgrave Macmillan.

Cooper, T. L. (1984). Citizenship and Professionalism in Public Administration. *Public Administration Review*, *44*, 143-149.

Cooper, T. L., Bryer, T. A., & Meek, J. W. (2006). Citizen-Centered Collaborative Public Management. *Public Administration Review*, *66*(s1), 76-88.

Cordella, A. & Bonina, C. M. (2012). A Public Value Perspective for ICT Enabled Public Sector Reforms: A Theoretical Reflection. *Government Information Quarterly*, *29*(4), 512-520.

Cummings, L. L. & Bromiley, P. (1996). The Organizational Trust Inventory. In T. R. Kramer & R. M. Tyler (Eds.), *Trust in Organizations* (pp. 302-330). Sage.

Dahl, R. A. (1967). *Pluralist Democracy in the United States*. Rand MacNally.

Damanpour, F., Walker, R. M., & Avellaneda, C. N. (2009). Combinative Effects of Innovation Types and Organizational Performance: A Longitudinal Study of Service Organizations. *Journal of Management Studies*, *46*(4), 650-675.

Data Governance Institute (DGI) (n.d.). *Definitions of Data Governance*. Retrieved August 19, 2022, from https://datagovernance.com/the-data-governance-basics/definitions-of-data-governance/

Data Management Community (DAMA) (2017). *DAMA International's Guide to the Data Management Body of Knowledge (DAMA-DMBOK2)* (2nd ed.). Technics Publications.

Deloitte LLP (2012). *Financial Statements* 2012. https://www2.deloitte.com/content/dam/Deloitte/uk/Documents/about-deloitte/annual-results-2012.pdf

Diakopoulos, N. (2015). Algorithmic Accountability. *Digital Journalism*, *3*(3), 398-415.

Diamond, L. (2020). *Ill Winds: Saving Democracy from Russian Rage, Chinese Ambition, and American Complacency*. Penguin.

Dreyfus, H. L. & Dreyfus, S. E. (1986). Putting Computers in their Place. *Social Research*, *53*(1), 57-76.

Dunleavy, P. & Margetts, H. (2023). Data Science, Artificial Intelligence and the Third Wave of Digital Era Governance. *Public Policy and Administration*. https://doi.org/10.1177/09520767231198737

Dunleavy, P., Margetts, H., Bastow, S., & Tinkler, J. (2006). New Public Management Is Dead—Long Live Digital-era Governance. *Journal of Public Administration Research and Theory, 16*, 467-494.

Echterhoff, G. & Higgins, E. T. (2018). Shared Reality: Construct and Mechanisms. *Current Opinion in Psychology*, *23*, iv-vii.

Egger, W. D., Schatsky, D., & Viechnicki, P. (2017). *AI-augmented Government: Using Cognitive Technologies to Redesign Public Sector Work.* Deloitte University Press. https://www2.deloitte.com/content/dam/insights/us/articles/3832_AI-augmented-government/DUP_AI-augmented-government.pdf

Electronic Frontier Foundation (EFF) (2021). *EFF, Partners Launch New Edition of Santa Clara Principles, Adding Standards Aimed at Governments and Expanding Appeal Guidelines*, December 8. https://www.eff.org/press/releases/eff-partners-launch-new-edition-santa-clara-principles-adding-standards-aimed

Emerson, K., Nabatchi, T., & Balogh, S. (2011). An Integrative Framework for Collaborative Governance. *Journal of Public Administration Research and Theory*, *22*(1), 1-29.

Engstrom, D. F., Ho, D. E., Sharkey, C. M., & Cuéllar, M. F. (2020). Government by Algorithm: Artificial Intelligence in Federal Administrative Agencies. *NYU School of Law, Public Law Research Paper*, (20-54). https://ssrn.com/abstract=3551505

Etzioni-Halevy, E. (1985). *Bureaucracy and Democracy: A Political Dilemma.* Routledge & Kegan Paul.

European Commission (2022). *Press Release: New Liability Rules on Products and AI to Protect Consumers and Foster Innovation*, September 28. https://ec.europa.eu/commission/presscorner/detail/en/ip_22_5807?fbclid=IwAR0WzzsGDRNGeXDozYUj2Ix-HcZwukTVjjCnvXNtPqvM2DHpTP-IaCDKLjM

European Union (EU) (n.d.). *Excellence and Trust in Artificial Intelligence.* https://commission.europa.eu/strategy-and-policy/priorities-2019-2024/europe-fit-digital-age/excellence-and-trust-artificial-intelligence_en

European Union Agency for Fundamental Rights (EU-FRA) (2019). *Data Quality and Artificial Intelligence – Mitigating Bias and Error to Protect Fundamental Rights.* https://fra.europa.eu/sites/default/files/fra_uploads/fra-2019-data-quality-and-ai_en.pdf

Evans, A. M. & Campos, A. (2013). Open Government Initiatives: Challenges of Citizen Participation. *Journal of Policy Analysis and Management, 32*(1), 172-185.

Fan, W. & Bifet, A. (2012). Mining Big Data- Current Status, and Forecast to the Future. *SIGKDD Explorations, 14*(2), 1-5.

Fisher, J. B. & Fortmann, L. (2010). Governing the Data Commons: Policy, Practice, and the Advancement of Science. *Information & Management, 47*(4), 237-245.

Fjelland, R. (2020). Why General Artificial Intelligence Will Not Be Realized. *Humanities and Social Sciences Communications, 7*(1), 1-9.

Fountain, J. E. (2001). *Building the Virtual State: Information Technology and Institutional Change.* Brooking Institution Press.

Fukuyama, F., Richman, B., & Goel, A. (2020). *How to Save Democracy from Technology: Ending Big Tech's Information Monopoly.* Foreign Affairs, November 24. https://www.foreignaffairs.com/articles/united-states/2020-11-24/fukuyama-how-save-democracy-technology

Furr, N. & Shipilov, A. (2019). *Digital Doesn't Have to Be Disruptive.* Harvard Business Review, July-August. https://hbr.org/2019/07/digital-doesnt-have-to-be-disruptive

Geels, F. W. (2011). The Multi-level Perspective on Sustainability Transitions: Responses to Seven Criticisms. *Environmental Innovation and Societal Transitions, 1*(1), 24-40.

Ginsberg, J., Mohebbi, M. H., Patel, R. S., Brammer, L., Smolinski, M. S., & Brilliant, L. (2009). Detecting Influenza Epidemics Using Search Engine Query Data. *Nature, 457*, 1012-1014.

Guriev, S. & Treisman, D. (2019). Informational Autocrats. *Journal of Economic Perspectives, 33*(4), 100-127.

Habermas, J. (2006). Political Communication in Media Society: Does Democracy Still Enjoy an Epistemic Dimension? The Impact of Normative Theory on Empirical Research. *Communication Theory, 16*(4), 411-426.

Haenlein, M. & Kaplan, A. (2019). A Brief History of Artificial Intelligence: On the Past, Present, and Future of Artificial Intelligence. *California Management Review*, *61*(4), 5-14.

Head, B. W. & Alford, J. (2015). Wicked Problems: Implications for Public Policy and Management. *Administration & Society*, *47*(6), 711-739.

Heikkilä, M. (2021). *European Parliament Calls for a Ban on Facial Recognition*. POLITICO, October 6. https://www.politico.eu/article/european-parliament-ban-facial-recognition-brussels/

Hensmans, M. (2021). Exploring the Dark and Bright Sides of Internet Democracy: Ethos-reversing and Ethos-renewing Digital Transformation. *Technological Forecasting and Social Change*, *168*, 120777.

Hobolt, S. B. & Klemmemsen, R. (2005). Responsive Government? Public Opinion and Government Policy Preferences in Britain and Denmark. *Political Studies*, *53*, 379-402.

Hui, G. & Hayllar, M. R. (2010). Creating Public Value in E-Government: A Public-Private-Citizen Collaboration Framework in Web2.0. *Australian Journal of Public Administration*, *69*(S1), S120-S131.

Hurbans, R. (2020). *Grokking Artificial Intelligence Algorithms*. Manning.

Huy, Q. (2017). *How Automation Will Rescue Middle Management*. INSEAD Knowledge, August 31. https://knowledge.insead.edu/blog/insead-blog/how-automation-will-rescue-middle-management-7021

Ihrig, M. & MacMillan, I. (2017). *How to Get Ecosystem Buy-In*. Harvard Business Review, March-April. https://hbr.org/2017/03/how-to-get-ecosystem-buy-in

Jeffries, F. L. & Reed, R. (2000). Trust and Adaptation in Relational Contracting. *The Academy of Management Review*, *25*(4), 873-882.

Kalla, N. (2016). Digital Inclusion: A Tool for Empowerment. *IRA-International Journal of Management & Social Sciences*, *3*(3), 708-716.

Kaur, D., Uslu, S., Rittichier, K. J., & Durresi, A. (2022). Trustworthy Artificial Intelligence: A Review. *ACM Computing Surveys*, *55*(2), 1-38.

Kavanaugh, J. & Kumar, R. (2019). *How to Develop a Talent Pipeline for Your Digital Transformation*. Harvard Business Review, November 27. https://hbr.org/2019/11/how-to-develop-a-talent-pipeline-for-your-digital-transformation

Kankanhalli, A., Charalabidis, Y., & Mellouli, S. (2019). IoT and AI for Smart Government: A Research Agenda. *Government Information Quarterly*, *36*(2), 304-309.

Khatri, V. & Brown, C. V. (2010). Designing Data Governance. *Communications of the ACM*, *53*(1), 148-152.

Kim, S. & Lee, J. (2012). E-Participation, Transparency, and Trust in Local Government. *Public Administration Review*, *72*(6), 819-828.

King, C. S., Feltey, K. M., & Susel, B. O. (1998). The Question of Participation: Toward Authentic Public Participation in Public Administration. *Public Administration Review*, *58*(4), 317-326.

Klosowski, T. (2021). *The State of Consumer Data Privacy Laws in the US (And Why It Matters)*. Wirecutter, September 6. https://www.nytimes.com/wirecutter/blog/state-of-privacy-laws-in-us/

Kolbjørnsrud, V., Amico, R., & Thomas, R. (2017). Partnering with AI: How Organizations Can Win Over Skeotical Managers. *Strategy & Leadership*, *45*(1), 37-43.

Lau, P. L. (2022). *The Metaverse: Three Legal Issues We Need to Address*. The Conversation, February 1. https://theconversation.com/the-metaverse-three-legal-issues-we-need-to-address-175891

Lemstra, W. (2013). From e-Government to e-Governance: A Holistic Perspective on the Role of ICTs. In M. M. Islam & M. Ehsan (Eds.), *From Government to E-Governance: Public Administration in the Digital Age* (pp. 1-24). Information Science Reference.

Lijphart, A. (1984). *Democracies: Patterns of Majoritarian and Consensus Government in Twenty-One Countries*. Yale University Press.

Lindblom, C. (1965) *The Intelligence of Democracy: Decision Making Through*

Mutual Adjustment. The Free Press.

Loorbach, D., Frantzeskaki, N., & Avelino, F. (2017). Sustainability Transitions Research: Transforming Science and Practice for Societal Change. *Annual Review of Environment and Resources*, *42*(1), 599-626.

Margetts, H. & Dorobantu, C. (2019). Rethink Government with AI. *Nature, 568*, 163-165.

Margetts, H., John, P., Hale, S., & Yasseri, T. (2016). *Political Turbulence: How Social Media Shape Collective Action*. Princeton University Press.

Marr, B. (2022). *The Important Difference Between Web3 and The Metaverse.* Forbes, February 22. https://www.forbes.com/sites/bernardmarr/2022/02/22/the-important-difference-between-web3-and-the-metaverse/?sh=325eae735af3

Mehr, H. S. (2017). The Impact of Product and Process Approach on Iranian EFL Learners' Writing Ability and their Attitudes Toward Writing Skill. *International Journal of English Linguistics*, *7*(2), 158-166.

Meier, K. J. & O'Toole, L. J. (2006). *Bureaucracy in a Democratic State.* The Johns Hopkins University Press.

Mergel, I., Edelmann, N., & Haug, N. (2019). Defining Digital Transformation: Results from Expert Interviews. *Government Information Quarterly*, *36*(4), 1-16.

Milakovich, M. E. (2012). *Digital Governance: New Technologies for Improving Public Service and Participation.* Routledge.

Milakovich, M. E. (2014). Digital Governance and Collaborative Strategies for Improving Service Quality. In K. Liu & J. Filipe (Eds.), *Proceedings of the International Joint Conference on Knowledge Discovery, Knowledge Engineering and Knowledge Management - Volume 3 (IC3K 2014)* (pp. 109-118). Science and Technology Publications.

Moore, M. & Tambini, D. (Eds.) (2018). *Digital Dominance: The Power of Google, Amazon, Facebook, and Apple*. Oxford University Press.

Moorman, C. & McCarthy, T. (2021). *CMOs: Adapt Your Social Media Strategy for a Post-Pandemic World*. Harvard Business Review, January 19. https://hbr.

org/2021/01/cmos-adapt-your-social-media-strategy-for-a-post-pandemic-world

Moray, N. (2003). Monitoring, Complacency, Scepticism and Eutactic Behaviour. *International Journal of Industrial Ergonomics*, *31*(3), 175-178.

Nadkarni, S. & Prügl, R. (2021). Digital Transformation: A Review, Synthesis and Opportunities for Future Research. *Management Review Quarterly*, *71*, 233-341.

O'Leary, D. E. (2018). Open Information Enterprise Transactions: Business Intelligence and Wash and Spoof Transactions in Blockchain and Social Commerce. *Intelligent Systems in Accounting, Finance and Management*, *25*(3), 148-158.

Olivié, I. & Gracia, M. (2020). Is this the End of Globalization (As We Know It)? *Globalizations*, *17*(6), 990-1007.

OECD (2019). *Embracing Innovation in Government.* https://trends2019.oecd-opsi. org/

OECD (2023). *Global Trends in Government Innovation 2023.* https://www.oecd. org/en/publications/global-trends-in-government-innovation-2023_0655b570-en. html

OECD-OPSI (2021). *Public Sector Innovation Facets: Innovation Portfolios.* https:// oecd-opsi.org/wp-content/uploads/2021/10/OECD-Innovation-Facets-Brief-Innovation-Portfolios-2021.pdf

Parasuraman, R. & Riley, V. (1997). Humans and Automation: Use, Misuse, Disuse, Abuse. *Human Factors*, *39*(2), 230-253.

Perri 6 (1997). *Holistic Government.* Demos.

Perri 6 (2004). Joined-Up Government in the Western World in Comparative Perspective: A Preliminary Literature Review and Exploration. *Journal of Public Administration Research and Theory*, *14*(1), 103-138.

Pfitzer, M. W., Bockstette, V., & Stamp, M. (2013). *Innovating for Shared Value.* Harvard Business Review, September. https://hbr.org/2013/09/innovating-for-shared-value

Porter, M. E. & Kramer, M. R. (2011). *Creating Shared Value*. Harvard Business

Review, January-February. https://hbr.org/2011/01/the-big-idea-creating-shared-value

PwC (2019). *Global and Industry Frameworks for Data Governance*, December. https://www.pwc.in/assets/pdfs/consulting/technology/data-and-analytics/govern-your-data/insights/global-and-industry-frameworks-for-data-governance.pdf

Rahwan, I. (2018). Society-in-the-loop: Programming the Algorithmic Social Contract. *Ethics and Information Technology*, *20*(1), 5-14.

Rau, J. & Simon, F. M. (n.d.). *Digital Turbulence: Challenges facing Democracies in Times of Digital Turmoil*. Heinrich-Böll-Stiftung. https://il.boell.org/en/2022/02/16/digital-turbulence-building-democratic-society-times-digital-turmoil

Ray T. (2021). *The Metaverse Is a Human Rights Dilemma*. ZDNET, November 28. https://www.zdnet.com/article/the-metaverse-is-a-human-rights-dilemma/

Reeves, E. (2008). The Practice of Contracting in Public Private Partnerships: Transaction Costs and Relational Contracting in the IRISH School Sector. *Public Administration*, *86*(4), 969-986.

Riker, W. H. (1988). The Place of Political Science in Public Choice. *Public Choice*, *573*, 247-257.

Risse T. (2000). "Let's Argue!": Communicative Action in World Politics. *International Organization*, *54*(1), 1-39.

Rittel, H. W. & Webber, M. M. (1973). Dilemmas in a General Theory of Planning. *Policy Sciences*, *4*(2), 155-169.

Rodriguez, F., Scheinker, D., & Harrington, R. A. (2018). Promise and Perils of Big Data and Artificial Intelligence in Clinical Medicine and Biomedical Research. *Circulation research*, *123*(12), 1282-1284.

Rosenbloom, D. H., Kravchuk, R. S., & Clerkin, R. M. (2009). *Public Administration: Understanding Management, Politics, and Law in the Public Sector*. Routledge.

Scheffler, G. & Walters, D. E. (2024). The Submerged Administrative State.

Wisconsin Law Review, (3), 789-858.

Schumpeter, J. A. (1976). *Capitalism, Socialism and Democracy* (5th ed.). George Allen and Unwin.

Schwartz, R., Dodge, J., Smith, N. A., & Etzioni, O. (2020). Green AI. *Communications of the ACM*, 63(12), 54-63.

Selbst, A. D., Boyd, D., Friedler, S. A., Venkatasubramanian, S., & Vertesi, J. (2019). Fairness and Abstraction in Sociotechnical Systems. In *Proceedings of the Conference on Fairness, Accountability, and Transparency* (pp. 59-68). Association for Computing Machinery.

Silvestri, M., Diercks, G., & Matti, C. (2022). *X-CURVE Booklet. A Sensemaking Tool to Foster Collective Narratives on System Change.* EIT Climate-KIC, January 25. https://transitionshub.climate-kic.org/publications/x-curve-a-sensmaking-tool-to-foster-collective-narratives-on-system-change/

Smartboost (n.d.). *Deep Learning vs Neural Network: What's the Difference?* https://www.smartboost.com/blog/deep-learning-vs-neural-network-whats-the-difference/

Smith, J. (2023). *The Creator of ChatGPT Thinks AI Should Be Regulated.* TIME, February 5, https://time.com/6252404/mira-murati-chatgpt-openai-interview/

Stivers, C. (1994). Citizenship Ethics in Public Administration. In T. L. Cooper (Ed.), *Handbook of Administrative Ethics* (pp. 435-455). Marcel Dekker.

Sullivan, C. & Burger, E. (2017). E-residency and Blockchain. *Comper Law & Security Review*, 33(s), 470-481.

Sun, T. Q. & Medaglia, R. (2019). Mapping the Challenges of Artificial Intelligence in the Public Sector: Evidence from Public Healthcare. *Government Information Quarterly*, 36(2), 368-383.

Susskind, J. (2018). *Future Politics: Living Together in a World Transformed by Tech.* Oxford University Press.

Tardieu, H. (2022). Role of Gaia-X in the European Data Space Ecosystem. In B. Otto, M. Hompel, & S. Wrobel (Eds.), *Designing Data Spaces: The Ecosystem Approach to Competitive Advantage* (pp. 41-59). Springer International

Publishing.

Thierer, A. D., Castillo, A., & Russell, R. (2017). *Artificial Intelligence and Public Policy*. Mercatus Center.

Thomas, G. (2020). *The DGI Data Governance Framework*. Data Governance Institute. Retrieved August 19, 2022, from https://datagovernance.com/wp-ontent/uploads/2020/07/dgi_data_governance_framework.pdf

Tyler, T. R. & Kramer, R. M. (1996). Whither Trust? In T. R. Kramer & R. M. Tyler (Eds.), *Trust in Organizations* (pp. 1-15). Sage.

Ubaldi, B. & Okubo, T. (2020). OECD Digital Government Index (DGI): Methodology and 2019 Results. *OECD Working Papers on Public Governance, No. 41*. OECD Publishing.

United Nations (2020). *Report of the Secretary General -- Roadmap for Digital Cooperation*, June. https://www.un.org/en/content/digital-cooperation-roadmap/

United Nations Global Pulse (2013). *Big Data for Development: A Primer.* Retrieved March 16, 2020, from https://beta.unglobalpulse.org/wp-content/uploads/2013/06/Primer-2013_FINAL-FOR-PRINT.pdf

van der Duin, P. (2019). Toward "Responsible Foresight": Developing Futures that Enable Matching Future Technologies With Societal Demands. *World Futures Review*, *11*(1), 69-79.

van Wijk, J., Zietsma, C., Dorado, S., de Bakker, F. G. A., & Martí, I. (2019). Social Innovation: Integrating Micro, Meso, and Macro Level Insights from Institutional Theory. *Business & Society*, *58*(5), 887-918.

Veale, M., Van Kleek, M., & Binns, R. (2018). Fairness and Accountability Design Needs for Algorithmic Support in High-stakes Public Sector Decision-making. In *Proceedings of the 2018 Chi Conference on Human Factors in Computing Systems* (Paper 440, pp. 1-14).

Velikanov, C. & Prosser, A. (2017). Mass Online Deliberation in Participatory Policy-making ─ Part I. In *Beyond Bureaucracy* (pp. 209-234). Springer.

Vial, G. (2019). Understanding Digital Transformation: A Review and a Research.

Journal of Strategic Information Systems, 28, 118-144.

Vigoda, E. (2002). From Responsiveness to Collaboration: Governance, Citizens, and the Next Generation of Public Administration. *Public Administration Review, 62*, 527-540.

Vogl, T. M., Seidelin, C., Ganesh, B., & Bright, J. (2020). Smart Technology and the Emergence of Algorithmic Bureaucracy: Artificial Intelligence in UK Local Authorities. *Public Administration Review, 80*(6), 946-961.

Waldo, D. (1952). Development of Theory of Democratic Administration. *The American Political Science Review, 46*(1), 81-103.

Walker, B. & Davis, H. (1999). Perspectives on Contractual Relationships and the Move to Best Value in Local Authorities. *Local Government Studies, 25*(2), 16-37.

Warren S. & Brandeis L. (1890). The Right to Privacy. *Harvard Law Review, 4*(5), 193.

Warschauer, M. (2003). *Technology and Social Inclusion: Rethinking the Digital Divide*. MIT Press.

Weber, M. (1946). Bureaucracy and Charisma: A Philosophy of History. In H. H. Gerth & C. W. Mills (Eds./Trans.), *From Max Weber: Essays in Sociology* (pp. 51-55). Oxford University Press.

Willcocks, L. P. & Lacity, M. C. (2016). *Service Automation: Robots and the Future of Work*. SB Publishing.

Winickoff, D. E. & Pfotenhauer, S. M. (2018). Technology Governance and the Innovation Process. In *OECD Science, Technology and Innovation Outlook 2018: Adapting to Technological and Societal Disruption* (pp. 221-240). OECD.

Wirtz, B. W. & Birkmeyer, S. (2015). Open Government: Origin, Development, and Conceptual Perspectives. *International Journal of Public Administration, 38*(5), 381-396.

Wirtz, B. W., Weyerer, J. C., & Geyer, C. (2019). Artificial Intelligence and the Public Sector—Applications and Challenges. *International Journal of Public Administration, 42*(7), 596-615.

Wu, J. & Shang, S. (2020). Managing Uncertainty in AI-enabled Decision Making and Achieving Sustainability. *Sustainability*, *12*(21), 8758.

Wu, T. (2003). Network Neutrality, Broadband Discrimination. *Journal of Telecommunications and High Technology Law*, *2*, 141.

Yang, K. (2020). Unprecedented Challenges, Familiar Paradoxes: COVID-19 and Governance in a New Normal State of Risks. *Public Administration Review*, *80*(4), 657-664.

Yang, K. & Callahan, K. (2007). Citizen Involvement Efforts and Bureaucratic Responsiveness: Participatory Values, Stakeholder Pressures, and Administrative Practically. *Public Administration Review*, *67*(2), 249-264.

Yazdani, M. & Narayanan, A. (1984). *Artificial Intelligence: Human Effects*. Ellis Horwood.

Yokoi, T., Obwegeser, N., & Beretta, M. (2021). *How Digital Inclusion Can Help Solve Grand Challenges*. MITSloan Management Review, June 14. https://sloanreview.mit.edu/article/how-digital-inclusion-can-help-solve-grand-challenges/

Young, M. M., Bullock, J. B., & Lecy, J. D. (2019). Artificial Discretion As a Tool of Governance: A Framework for Understanding the Impact of Artificial Intelligence on Public Administration. *Perspectives on Public Management and Governance*, *2*(4), 301-313.

Zuiderwijk, A., Chen, Y.-C., & Salem, F. (2021). Implications of the Use of Artificial Intelligence in Public Governance: A Systematic Literature Review and a Research Agenda. *Government Information Quarterly*, *38*(3), 101577.

Zuiderwijk, A., Janssen, M., & Davis, C. (2014). Innovation with Open Data: Essential Elements of Open Data Ecosystems. *Information Polity*, *19*(1-2), 17-33.

國家圖書館出版品預行編目資料

數位民主治理：主權、創新與社會發展的公共
　反思／陳敦源，張濱璿，廖洲棚，黃心怡，
　王千文著.--初版--.--臺北市：五南圖書出
　版股份有限公司,2024.10
　面；　公分.
　ISBN 978-626-393-646-1(平裝)

1.CST: 資訊化政府　2.CST:社會發展

572.9029　　　　　　　　113011553

1PDF

數位民主治理：
主權、創新與社會發展的公共反思

作　　　者 ― 陳敦源（252.6）、張濱璿、廖洲棚、

　　　　　　　黃心怡、王千文

助理編輯 ― 陳郁函

企劃主編 ― 劉靜芬

責任編輯 ― 黃郁婷

文字校對 ― 徐鈺涵、楊婷竹

封面設計 ― 姚孝慈

出 版 者 ― 五南圖書出版股份有限公司

發 行 人 ― 楊榮川

總 經 理 ― 楊士清

總 編 輯 ― 楊秀麗

地　　　址 ： 106台北市大安區和平東路二段339號4樓

電　　　話 ： (02)2705-5066

傳　　　真 ： (02)2706-6100

網　　　址 ： https://www.wunan.com.tw

電子郵件 ： wunan@wunan.com.tw

劃撥帳號 ： 01068953

戶　　　名 ： 五南圖書出版股份有限公司

法律顧問 ： 林勝安律師

出版日期 ： 2024年10月初版一刷

定　　　價 ： 新臺幣420元

經典永恆・名著常在

五十週年的獻禮──經典名著文庫

五南，五十年了，半個世紀，人生旅程的一大半，走過來了。

思索著，邁向百年的未來歷程，能為知識界、文化學術界作些什麼？

在速食文化的生態下，有什麼值得讓人雋永品味的？

歷代經典・當今名著，經過時間的洗禮，千錘百鍊，流傳至今，光芒耀人；

不僅使我們能領悟前人的智慧，同時也增深加廣我們思考的深度與視野。

我們決心投入巨資，有計畫的系統梳選，成立「經典名著文庫」，

希望收入古今中外思想性的、充滿睿智與獨見的經典、名著。

這是一項理想性的、永續性的巨大出版工程。

不在意讀者的眾寡，只考慮它的學術價值，力求完整展現先哲思想的軌跡；

為知識界開啟一片智慧之窗，營造一座百花綻放的世界文明公園，

任君遨遊、取菁吸蜜、嘉惠學子！